Chadwick · Die mykenische Welt

John Chadwick

Die mykenische Welt

Mit 47 Textabbildungen, 24 Fotos
und 6 Karten

Aus dem Englischen übersetzt von
Ingeburg von Steuben

Philipp Reclam jun. Stuttgart

Titel der Originalausgabe: The Mycenaean World

CIP-Kurztitelaufnahme der Deutschen Bibliothek

Chadwick, John:
Die mykenische Welt / John Chadwick. Aus d. Engl. übers von
Ingeburg von Steuben. – Stuttgart : Reclam, 1979.
  Einheitssacht.: The Mycenaean world ‹dt.›
  ISBN 3-15-010282-0

Alle Rechte vorbehalten. © Philipp Reclam jun. Stuttgart 1979
Die Ausgabe erscheint mit Genehmigung der Cambridge University Press
© Cambridge University Press, London 1976
Herstellung: Reclam Stuttgart. Printed in Germany 1979
Umschlagentwurf: Hanns Lohrer, Stuttgart
Karten: Theodor Schwarz, Urbach
ISBN 3-15-010282-0

Vorwort

Zahlreiche Bücher handeln von der mykenischen Kultur, die sich im spätbronzezeitlichen Griechenland entwickelt hatte. Es ist die Zeit vom 16. bis 13. vorchristlichen Jahrhundert, eine längst vergangene Epoche, mit der sich zu beschäftigen unlängst noch den Archäologen vorbehalten war. Man kannte diese Jahrhunderte eigentlich nur durch das stumme Zeugnis ihrer Paläste und Gräber, der Keramik, Siegel, Fresken und anderer Dinge, die haltbar genug waren, mehr als 3000 Jahre unter der Erde zu überdauern. Fast alle Bücher, die bisher diese Kultur darzustellen versuchten, sind von Archäologen geschrieben worden, deren Hauptinteresse den materiellen Überresten galt. Man ahnte allerdings, daß es noch eine weitere Dimension geben müsse.

Seit 1939 weiß man, daß in den mykenischen Palästen eine Schrift benutzt wurde, und seit 1952 steht fest, daß diese Schrift, die identisch mit der aus dem Knossos des 14. Jahrhunderts ist, eine archaische Form der griechischen Sprache in sich birgt. Der Entzifferung dieser Sprache durch Michael Ventris widmete ich mein Buch *Linear B. Die Entzifferung der mykenischen Schrift*, Göttingen 1959 (englische Originalausgabe: Cambridge 1958). Darin ist ein Kapitel einer kurzen Beschreibung des Lebens im mykenischen Griechenland gewidmet, wie man es sich mit Hilfe der neuen Urkunden vorstellen kann. Die Erforschung dieser Schriftquellen ist nun so weit fortgeschritten, daß eine bloße Überarbeitung dem Thema nicht mehr gerecht werden kann. Es muß ein ganz neues Buch über das mykenische Griechenland geschrieben werden, wie es nun nach und nach aus den Tontafeln Gestalt gewinnt.

Der Inhalt dieser Tafeln ist auf den ersten Blick trostlos langweilig: lange Namenslisten, Verzeichnisse von Vieh, Getreide und anderen Produkten, weiter nichts als Rechnungsbücher anonymer Schreiber. Hier und da unterbricht die lebendige Beschreibung eines verzierten Tisches oder eines reichgeschmückten Wagens die Monotonie, doch zum größten Teil sind die Tontafeln eintönige und leblose Dokumente. Ihr großer Vorzug ist ihre unbedingte Authentizität. Hier sind wirklich die Worte und Schriftzeichen von Männern und Frauen erhalten, die eine Kultur schufen, welche dem Ausgräber herrliche Schätze geschenkt hat. Diese Fakten, die Schreiber und Beamte aus vier verschiedenen Königreichen aufgeschrieben haben, sind nun für uns zugänglich. Sie sind ein ebenso verläßliches geschichtliches Zeugnis wie die materiellen Überreste und dürfen als ebenso sichere Grundlage für historische Folgerungen angesehen werden.

Aus vielerlei Gründen können wir die Dokumente jetzt besser übersetzen, die Schrift und ihre Regeln leichter verstehen. Die Art des Dialekts ist uns klarer geworden, unverständliche Wortbedeutungen sind nun vielfach erkannt. Das Studium der Originaltexte verhalf uns oftmals zu verbesserten Lesarten. Manch neuer Text ließ sich aus unleserlichen Stücken ganz oder teilweise rekonstruieren, weil die Lage der verschiedenen Fragmente, die zu einer einzigen Tafel gehören, festgestellt werden konnte. Den größten Fortschritt verdankt man wohl der Identifizierung des Inhalts der einzelnen Körbe oder Ordner, wie man sie nennen könnte. Darin wurden die Tontafeln aufbewahrt, bis ein Feuersturm sie alle durcheinanderwarf. Die Zuordnung gelang, weil man in vielen Fällen die Handschriften der einzelnen Schreiber unterscheiden konnte. Ein ganzer Korb mit Täfelchen steckt voller Aufschlüsse über die Wirklichkeit, auf der die Verzeichnisse beruhen, während ein einzelnes Täfelchen oft nicht mehr als ein einzelnes aus einer Kartei herausgefallenes Kärtchen sagt.

Es schien also ein Buch notwendig, das ein Bild des mykenischen Griechenland zeichnet, wie es sich aus dem dokumentarischen Material ergibt. Es wird selbstverständlich durch die archäologischen Quellen ergänzt, die ich weitgehend herangezogen habe. Der Schwerpunkt liegt jedoch auf den neuen Urkunden, die wir nun für das Wirtschaftsleben dieser Zeit besitzen. Eine bis in alle Einzelheiten gehende Erörterung jeder bisher bekannten Urkundengruppe würde aber zu weit führen, zumal alle Hauptgruppen schon in M. Ventris / J. Chadwick, *Documents in Mycenaean Greek*, Cambridge 1956 (2. Aufl. 1973) untersucht sind. Von einigen Gruppen verstehen wir noch immer zu wenig, als daß sie viel zu der Art von zusammenfassender Darstellung beitragen könnten, die wir hier versuchen. Aber angesichts der Fortschritte der letzten zwanzig Jahre bin ich gewiß, daß wir besonders aus neu gefundenen Texten allmählich immer mehr Aufschlüsse gewinnen werden, die das allgemeine Bild vervollständigen.

Manche meiner Kollegen werden vielleicht meinen, ich sei bei der Rekonstruktion des Modells zur Erklärung der Urkunden stellenweise zu weit gegangen. Aber es muß ja irgendeine entsprechende Lebensform gegeben haben, denn es handelt sich schließlich um authentische, zeitgenössische Quellen. Wenn meine Vorstellung davon falsch sein sollte, lasse ich gern einen besseren Vorschlag gelten. Ich bin nicht der Ansicht, daß man kein Modell vergangener Verhältnisse entwerfen sollte, weil es nicht in allen Einzelheiten belegt werden kann. Das scheint mir eine defätistische Einstellung zu sein. Die Urkunden sind da, also muß es auch die Verhältnisse gegeben haben, aus denen sie entstanden sind. Nach meiner Erfahrung ist es durchaus nicht unmöglich, darüber Mutmaßungen anzustellen.

Um für jedes Thema das betreffende Beweismaterial zusammenzubringen, mußte ich öfter dieselbe Urkunde unter verschiedenen Rubriken behandeln. Wiederholungen sind möglichst durch Querverweise vermieden worden, aber der Leser muß es hinnehmen, daß diese sich sowohl auf Stellen weiter vorn als auch weiter hinten beziehen können. Er wird also gelegentlich den Beweis erst später finden, aus dem ich meine Schlüsse schon gezogen habe. Ich konnte hier natürlich nicht alle einander widersprechenden Theorien behandeln, die jeweils bisher vorgebracht worden sind. Ich habe aber versucht, die einleuchtendsten Interpretationen der Urkunden vorzuführen, indem ich meist der Meinung der Mehrheit gefolgt bin. Gelegentlich behaupte ich jedoch meine eigenen Lösungen gegen weitverbreitete Ansichten oder bin gezwungen, neue Lösungen zu suchen. In einigen Fällen findet sich die ausführlichere Rechtfertigung meiner Ansichten an anderer Stelle, z. B. was meine eingehende Widerlegung der gängigen Meinungen über die pylische Geographie anlangt. Soweit möglich, habe ich auf neue Untersuchungen verwiesen, ohne den Text mit Anmerkungen zu überfrachten. Diese erscheinen mit dem Namen des Autors, Erscheinungsdatum und, wenn erforderlich, Seitenzahl. Der volle Titel wird in der Bibliographie zitiert, die in einem solchen Buch natürlich nur eine Auswahl bieten kann.

Für den Experten ist »eine Tontafel aus Knossos« genauso verwirrend wie für den Laien eine Reihe unverständlicher Zahlen. Ich habe einen Kompromiß versucht, indem ich den genauen Verweis auf die Täfelchen meist in Klammern und so gesetzt habe, daß die Erörterungen nicht unterbrochen werden. Wer diesen Verweisen nachgehen will, beachte folgendes: Die Orte, aus denen die Urkunden stammen, sind mit den ersten beiden Buchstaben ihres Namens abgekürzt: KN = Knossos, MY = Mykene, PY = Pylos, TH = Theben. Die Täfelchen sind ferner in Serien aus Doppelbuchstaben eingeteilt, die dem Fachmann zeigen, zu welchem Bereich sie gehören. D. h., Siglen, die mit A beginnen, bezeichnen Listen von Männern und Frauen, C Listen mit Vieh, L mit Textilien, R mit Waffen usw. Endlich hat jedes Täfelchen noch eine Seriennummer, die, nach einem frühen Versuch damit in Pylos, nun als gesichert angesehen wird. Scheinbare Abweichungen können eintreten, wenn sich herausstellt, daß zwei numerierte Fragmente zum selben Täfelchen gehören. Normalerweise werden die Texte nach der neuesten Ausgabe zitiert: KN nach: J. Chadwick / J. T. Killen / J.-P. Olivier, *The Knossos Tablets IV*, Cambridge 1971; MY nach: J.-P. Olivier, *The Mycenae Tablets IV*, Leiden 1969; PY nach: E. L. Bennett / J.-P. Olivier, *The Pylos Tablets Transcribed*, Rom 1973; TH nach: J. Chadwick, »Linear B tablets from Thebes«, in: *Minos* 10 (1969) S. 115–137 und »Thebes Tablets II«, Suppl. zu *Minos* 4 (1975).

Hier sollte nun etwas über die Linear-A-Schrift gesagt werden, die einige Bemerkungen verdient, wenn sie auch ganz und gar nicht das Thema dieses Buches bildet. Zwischen dem 18. und dem 15. Jahrhundert hatten die Kreter eine einheimische Schrift, die sie sowohl für Buchführung als auch für Weihinschriften gebrauchten.

Hieraus wurde offenbar Linear B entwickelt, denn es ist sehr wahrscheinlich, daß sich die Griechen anfangs minoische Schreiber ausliehen, die dann ihre Schrift der griechischen Sprache anpaßten. Dadurch verstehen wir vieles vom Inhalt der Linear-A-Täfelchen. Wir kennen das System der Schrift und können den meisten Silbenzeichen ungefähre Werte zuweisen. Welche Sprache zugrunde liegt, konnte bisher nicht überzeugend dargelegt werden, obwohl wir die Bedeutung einiger Wörter kennen. Weitere Fortschritte hängen zum großen Teil von der Entdeckung und Veröffentlichung neuer Texte ab.

Eine kurze Bemerkung über die Chronologie mag hier nützlich sein. Für das ganze griechische Bronzezeitalter gibt es keine sichere Datierungsmöglichkeit. Wir gehen in erster Linie von einer Abfolge von Vasenformen aus, die wir manchmal mit der exakter datierten ägyptischen Geschichte in Einklang bringen können. Die Archäologen haben daher eine Einteilung in frühe, mittlere und späte Bronzezeit vorgenommen und benutzen die Ausdrücke ›früh-‹, ›mittel-‹ und ›späthelladisch‹ für das Festland, ›minoisch‹ für Kreta. Diese Zeiträume werden wiederum dreigeteilt, und jeder Unterabschnitt kann noch einmal in einzelne Phasen zerlegt werden. In diesem Buch wird so weit wie möglich versucht, auf Jahrhunderte genau zu datieren, aber man darf nicht vergessen, daß auch diese nur annähernd stimmen. Die folgende Aufstellung zeigt den ungefähren Ablauf der wichtigsten Ereignisse.

20. Jahrhundert (oder früher)	Vorfahren der Griechen gelangen nach Griechenland. Beginn des Mittelhelladikums
16. Jahrhundert	Beginn der späthelladischen oder mykenischen Zeit
15. Jahrhundert	Zu Beginn der große Vulkanausbruch auf Thera, um die Mitte des Jahrhunderts Einfall der Griechen in Kreta
14. Jahrhundert	Anfang: Zerstörung von Knossos (Spätminoisch III A). Ende: Beginn von Späthelladisch III B

13. Jahrhundert	Blütezeit der mykenischen Kultur. Gegen Ende Zerstörungen in Theben, Mykene, Pylos und anderen Orten
12. Jahrhundert	Späthelladisch III C
8. Jahrhundert (?)	Zeit Homers

Da in diesem Buch eine Reihe von mykenischen Wörtern vorkommt, muß das System der Umschrift erklärt werden. Die Linear-B-Zeichen können nach einem Verfahren alphabetisch transkribiert werden, das schon bei Beginn der Entzifferung entwickelt wurde. Dabei wird jedes Silbenzeichen durch gewöhnliche Buchstaben ersetzt, die annähernd den Klang des Wortes treffen, wie wir ihn rekonstruieren können. Zahlreiche Laute werden von der Schrift ausgespart und der Vorstellungskraft des Lesers überlassen. Daher brauchen wir oft zwei Transkriptionen: eine direkte Darstellung der Linear-B-Zeichen, die durch Bindestriche die den einzelnen Zeichen zugrunde liegenden Silbenwerte verknüpft (z. B. *a-to-ro-qo*), und eine rekonstruierte Form, die die mutmaßliche Aussprache dieses Wortes angibt (*anthrōquoi*). Auch Wörter des klassischen Griechisch werden hier mit lateinischen Buchstaben wiedergegeben.

Das für Linear B benutzte System bedarf hier einiger Erklärung. Die Silbenschrift stimmt nur annähernd, denn die Schrift macht keine Unterscheidungen, die für Griechisch wichtig sind. So werden z. B. aspirierte Verschlußlaute, die im Altgriechischen wie einfache Verschlußlaute, jedoch mit einem Atemstoß, ausgesprochen wurden, nicht extra angegeben. *k* kann für *kh* stehen, *t* für *th*, *p* für *ph*. Auch stimmhafte Laute sind außer dem *d* nicht besonders bezeichnet. *k* kann auch für *g* stehen, und *z* bedeutet sowohl *ts* als auch *dz*. Der Buchstabe *r*, der in der Umschrift vorkommt, kann *r* oder *l* sein. Der Buchstabe *q* wird im Wert von *qu* oder *kw* gebraucht und kann außerdem die aspirierte (*quh*) oder stimmhafte (*gu*) Entsprechung repräsentieren. Für *h* gibt es gewöhnlich kein Zeichen. Das *j* wird wie das deutsche *j* ausgesprochen. Während des Entzifferns stellten wir fest, daß bestimmte Zeichen offenbar den gleichen Wert hatten wie zuvor andere. Diese wurden mit einer Ziffer versehen, z. B. ra_2 oder ra_3. Jetzt wissen wir aber, daß alle

Zeichen dieser Art ihre eigene Bedeutung haben. ra_2 wird für *rya* oder *lya* als einzelne Silbe gebraucht, ra_3 für *rai* oder *lai*. Ähnlich stehen a_2 für *ha*, a_3 für *ai*, aber diese sind austauschbar, und *a* kann mit beiden Werten benutzt werden. Einige Silbenzeichen enthalten ein *w*: *dwe*, *dwo*, *nwa*. Sie treten selten auf, denn griechische Wörter haben selten ein *w*. Im klassischen Griechisch kommt das *w* nicht mehr vor.

Die Transkription von Zahlen ist einfach, aber man muß berücksichtigen, daß die mykenischen Zahlen ebenso wie die römischen keine feste Position haben. Ideogramme sind schwieriger zu verstehen. Mit ihrer Hilfe werden nicht etwa griechische Wörter geschrieben, es sind vielmehr Symbole, die in Verbindung mit den Zahlen spezifizieren sollen, was gezählt wird. Bei der Gestaltung der Ideogramme scheint es eine gewisse Freiheit gegeben zu haben. Die Zeichen für verschiedene Arten von Gefäßen sind z. B. im wesentlichen kleine schematische Darstellungen. Der größte Teil der Ideogramme war aber schon in der Vorgängerschrift Linear A festgelegt. Es sind einfach traditionelle Zeichen. Die meisten konnten wir entschlüsseln, einige sind noch immer ungeklärt. Es ist heute bei der Transkription international üblich, Ideogramme mit dem entsprechenden lateinischen Ausdruck wiederzugeben, der, falls erforderlich, abgekürzt wird. In neueren Publikationen findet man daher Kuriositäten wie VIR, MUL, GRA, OLIV, CUR und EQU. In diesem Buch sind sie aber stets übersetzt, und wir verwenden die deutschen Bedeutungen, also ›Mann‹ und ›Frau‹, ›Weizen‹, ›Oliven‹, ›Wagen‹ und ›Pferd‹ usw.

Ein besonderes Problem sind die Zeichen für Gewichte und Hohlmaße. Wir haben uns nach einigen Versuchen auf ein konventionelles System, nämlich Großbuchstaben von L bis Z, geeinigt, die sie bezeichnen sollen. Ihr Gebrauch wird in Kapitel 7 (S. 139–148) erläutert (s. auch Abb. 22, 24, 25).

Andere Schwierigkeiten machen uns die griechischen Ortsnamen. Es wäre pedantisch, vertraute Namen wie *Athen*, *Korinth* oder *Mykene* zu ändern. Dennoch hat sich natürlich bei Namen, auch wenn sie seit der Bronzezeit die gleichen geblieben sind, die Aussprache gewandelt. Der Ort, der in mykenischer Zeit vermutlich

Mukānai hieß, wurde in klassischer Zeit *Mykēnai* (*y* wie *ü* ausgesprochen) und heißt heute *Mikíne*. Rekonstruierte mykenische Wörter schreiben wir daher mit *u* statt mit *y*, mit *ā*, wo später ein *ē* steht, mit *qu* und *gu*, woraus später *p* und *g* oder *b* und *t* werden, je nach dem Kontext. Das *w* fällt im klassischen Griechisch fort. Klassisch heißt es also *basileus*, wo im Mykenischen *guasileus* steht, *anax*, wo es *wanax* hieß usw.

Problematisch ist auch die Schreibweise der modernen griechischen Orts- und Personennamen. Nach langem Zögern habe ich mich zu einem Kompromiß entschlossen, der dem Benutzer eine möglichst korrekte Aussprache ermöglichen soll, während die offizielle Schreibweise weitgehend beibehalten wurde. Ich gehe folgendermaßen vor:

Vokale und Diphthonge werden lang oder kurz gesprochen, je nachdem, ob sie einen Akzent haben oder nicht. Die Akzente sind daher immer angegeben. Als ausländischer Besucher ist man häufig hilflos, wenn im Führer dieser überaus wichtige Bestandteil fehlt. Zwar wird man als Fremder, der nach *Knóssos* anstatt nach *Knossós* fragt, sofort berichtigt, aber es muß doch gesagt werden, daß es oft mehr als eine Betonung gibt. *Monemvásia*, *Monemvasía* und *Monemvasiá* werden gleichermaßen gebraucht. Man sollte auch beachten, daß sich im Griechischen der Akzent mit der Flexion ändern kann. ›Athen‹ ist in der literarischen Form *Athíne*, ›aus Athen‹ aber *Athinón*. Ein *h* am Anfang ist stumm. Das häufig vorkommende *Hágios*, ein Bestandteil bei Ortsnamen, der ›Sankt‹ bedeutet, wird etwa [’ajos] ausgesprochen. Viele Feinheiten müssen hier natürlich unberücksichtigt bleiben, über die sich der Leser in Lehrbüchern über das Neugriechische informieren kann.

Dieses Buch wäre ohne den Rat und die Hilfe vieler Freunde nie entstanden. Es ist mir eine Freude, die Namen all derer zu nennen, die es ganz oder teilweise kritisch gelesen haben: J. T. Killen, C. G. Thomas, Miss C. W. Shelmerdine und Mrs. C. Murray. Mrs. B. Black hat fast die ganze Schreibarbeit übernommen. Für die Erlaubnis zur Wiedergabe von Fotos bin ich einer Reihe von Personen und Instituten sehr verpflichtet. Ihnen allen sei hier gedankt.

Ich hoffe, daß mein Buch einen breiten Leserkreis ansprechen wird und nicht nur für Studenten brauchbar ist, die sich mit frühgriechischer Kultur beschäftigen. Ich gedenke hier besonders meiner griechischen Freunde. Mein kleiner Beitrag zur Geschichte ihres Landes soll eine Gegengabe für viele schöne Aufenthalte in Griechenland sein und für die Ehrungen, die sie mir zuteil werden ließen. Die griechische Sprache hat sich kontinuierlich vom 14. vorchristlichen Jahrhundert bis zum heutigen Tag entwickelt, und den Widerhall des bronzezeitlichen Griechisch bringt P. A. Sinópoulos, ein Dichter unserer Zeit, vollendet zum Ausdruck:

xechíthike kambanolálima triandatrión eónon.
»Da erdröhnte Glockengeläut, dreiunddreißig Jahrhunderte alt.«

Cambridge, im Juni 1975   *J. C.*

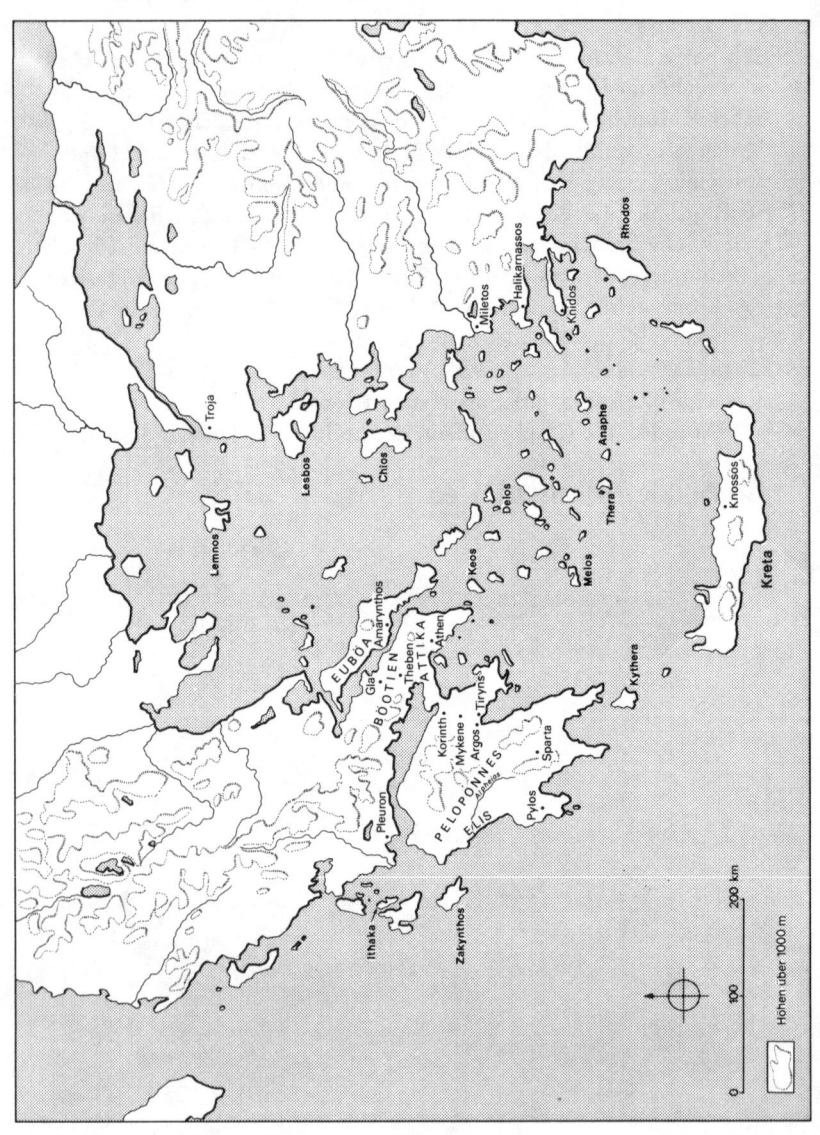

Karte von Griechenland und der Ägäis.

Erstes Kapitel
Die Hellenisierung Griechenlands

Wenn man über vergangene Zeiten spricht, werden oft sinnlose Fragen gestellt, die gleichwohl nicht unvernünftig erscheinen. Es gibt z. B. keine Antwort auf die Frage, wo die Engländer waren, als Caesar in Britannien einfiel, weil es damals noch keine Bewohner gab, die als Engländer zu bestimmen waren. Man kann auch nicht fragen, wann die Griechen nach Griechenland gekommen sind, denn dann hätte es ja außerhalb Griechenlands schon Griechen geben müssen. Diese Frage ist freilich häufig zu hören und meist auch beantwortet worden.

In beiden Fällen kommt es darauf an, was wir unter ›Griechen‹ und ›Engländern‹ verstehen. Für mich sind es Menschen, die Griechisch oder Englisch sprechen; denn die Fragen wären überflüssig, wenn nur die Bewohner Griechenlands oder Englands gemeint wären. Die Frage nach den Griechen setzt also ein Bestehen der griechischen Sprache voraus, eine Behauptung, für die es keine Beweise gibt. Seit dem 14. vorchristlichen Jahrhundert kennen wir die griechische Sprache aus in Griechenland entstandenen Schriftzeugnissen, dann auch aus späterer Zeit und anderen Ländern als Folge der Kolonisierungsbewegung. Ihr Mutterland ist immer ungefähr das heutige griechische Staatsgebiet gewesen, das sich damals wahrscheinlich weniger weit nach Norden erstreckte als heute.

Das Gebiet, in dem eine Sprache gegenwärtig gesprochen wird, braucht aber nicht das Ursprungsland dieser Sprache zu sein. Ungarisch und Türkisch müssen z. B. viel weiter aus dem Osten in das Gebiet gelangt sein, in dem sie heute gesprochen werden. Vom Griechischen können wir nur sagen, daß es offenbar außerhalb Griechenlands keine Spuren hinterlassen hat, außer wo es sich in historischer Zeit ausbreitete. Aber auf der Landkarte des antiken Griechenland finden sich Dutzende von Ortsnamen, die im Griechischen keinen Sinn ergeben und daher deutlich machen, daß hier einst eine andere Sprache gesprochen wurde, obwohl wir nichts über diese Sprache wissen. Namen wie *Korinthos, Zakunthos, Athānai* (Athen), *Mukānai* (Mykene), *Knōsos* (das übliche »Knossos« ist unrichtig), *Amnisos, Tulisos* stammen sicher aus einer oder mehreren unbekannten Sprachen, die früher in Griechenland gesprochen wurden.

Solche Anzeichen für die Existenz einer nicht-griechisch sprechenden Bevölkerung im prähistorischen Griechenland waren es, die bedeutende Gelehrte zu der Frage veranlaßten: »Wann kamen die Griechen nach Griechenland?« Aber trotz vergleichbarer Fragen zu wohlbekannten historischen Ereignissen, z. B. »Wann kamen die Engländer nach Neuseeland?«, dürfen wir hier nicht übersehen, daß es Griechisch vor der Einwanderung vielleicht noch gar nicht gegeben hat. Es könnte sich erst auf griechischem Boden entwickelt haben, geradeso wie unser heutiges Englisch in England entstanden ist, indem das Angelsächsische mit dem normannischen Französisch und anderen fremden Bestandteilen verschmolz. Warum sollte man dieser Theorie nicht den Vorzug geben?

Unsere traditionelle Vorstellung, daß Scharen griechisch sprechender Krieger in Wellen über den Balkan eindrangen und Griechenland unterjochten, gründet sich auf die Arbeiten des großen österreichischen Sprachwissenschaftlers Paul Kretschmer vom Ende des 19. Jahrhunderts. Nach der Ansicht, die am häufigsten vertreten wird, gab es drei Züge von Eroberern, die üblicherweise (nach der klassischen Einteilung in griechische Dialekte) ›Ionier‹, ›Achäer‹ und ›Dorer‹ genannt werden. Es war sogar möglich, diese Eroberungen archäologisch zu datieren: Die Ionier sollen das Volk gewesen sein, das Griechenland um 2000 v. Chr. betrat, die Achäer sollen um 1700 v. Chr., die Dorer um 1200 v. Chr. eingefallen sein. Hier zeigt sich aber die Schwäche dieser Theorie; denn sie besagt, daß die Dorer des 12. Jahrhunderts, von kleineren Unterschieden abgesehen, noch immer eindeutig die Sprache ihrer ionischen Vettern gesprochen hätten, zu denen sie seit achthundert Jahren den Kontakt verloren hatten. Wir wissen aus ähnlichen Fällen, daß sich in so langer Zeit weit größere sprachliche Unterschiede einstellen, als wir hier beobachten können. Die Datierung prähistorischer sprachgeschichtlicher Vorgänge durch sprachliche Indizien, durch den Vergleich von Dialekten und verwandten Sprachen, ist zwar nicht exakt genug, um diese traditionellen Ansichten allein mit ihrer Hilfe zu entkräften, sie liefert uns aber ein überzeugendes Gegenargument. Wir wollen also eine andere Auffassung untersuchen.

Dabei gehen wir von der Annahme aus, daß es die griechische Sprache nicht vor 2000 v. Chr. gegeben hat, daß sie vielmehr in Griechenland entstanden ist, als dessen einheimische Bevölkerung sich mit Eindringlingen vermischte, die eine andere Sprache hatten (Chadwick, 1963). Es ist schwer zu sagen, was für eine Sprache das war. Griechisch gehört zum großen indogermanischen Sprachgebiet, das sich von Island und Irland bis nach Nordindien erstreckt und sich in verhältnismäßig kurzer Zeit über die beiden Amerika, Afrika und Australien verbreitet hat. Durch den Vergleich der am frühesten überlieferten Sprachen dieser Sprachfamilie kann man eine vorgeschichtliche Sprache, das Proto-Indogermanisch, teilweise rekonstruieren. In dieser Weise könnten wir auch Latein aus Italienisch, Französisch, Spanisch, Portugiesisch und Rumänisch rekonstruieren, wenn es verloren wäre. Es ist fraglich, ob die in Griechenland eingefallenen Völker reines Proto-Indogermanisch sprachen. Eine Anzahl der charakteristischen Merkmale ihrer Sprache ist uns aber bekannt, wenn sich auch schwer sagen läßt, welcher Entwicklungsstand zur Zeit des Einfalls erreicht war.

Als diese Proto-Griechen, wie wir sie nennen wollen, Griechenland erreicht hatten, vermischten sie sich mit den dort ansässigen Bewohnern, die sie unterwerfen konnten, und entlehnten ihrer Sprache eine Reihe von Wörtern für Dinge, die sie noch nicht kannten. Die falsche Aussprache des Griechischen durch die Ureinwohner führte zu ständigen Wechseln in der Lautbildung. Die Lehnwörter sind besonders interessant, unter ihnen die Namen zahlreicher Pflanzen und Tiere, die verschiedensten Bezeichnungen für Töpferwaren sowie Begriffe, die – wie das Wort für ›Bad‹ – einen hohen Stand der Zivilisation verraten. Unter den Pflanzen sind auch zwei Bäume genannt, Zypresse und Terebinthe. Keiner von beiden gedeiht in Gegenden mit hartem Frost, und man trifft sie deshalb auf dem

Balkan nördlich des ägäischen Beckens nur in besonders geschütz-
ten Lagen an. Die Proto-Griechen können daher kaum außerhalb
des ägäischen Beckens auf diese Wörter gestoßen sein. Da aber das
Wort für ›Zypresse‹ in den späteren griechischen Dialekten die
charakteristischen Abweichungen zeigt, ist es wahrscheinlich, daß
die Aufsplitterung des Griechischen in Dialekte, wenigstens in diesem Fall, innerhalb Griechenlands stattgefunden hat. Auch in
archäologischer Hinsicht gibt es bei dieser Theorie keine Schwierigkeiten. Der Einzug der Proto-Griechen fällt spätestens ins
19. Jahrhundert, und wir sind uns heute im klaren darüber, daß
sich die wichtigsten Veränderungen mancherorts schon früher, um
2200 v. Chr., abgespielt haben. In dieser Zeit wurden viele Städte
zerstört und nach neuen Plänen wieder aufgebaut. Die Veränderungen im 16. Jahrhundert, die wir archäologisch feststellen können,
müssen nicht unbedingt mit der Ankunft neuer Völker in Verbindung gebracht werden. Sie scheinen hauptsächlich darin zu bestehen, daß der kretische Einfluß auf Griechenland zunimmt.
Problematisch sind die Ereignisse gegen Ende der mykenischen
Epoche. Die griechische Überlieferung besagt, daß um diese Zeit
die Dorer, ein neuer Zweig des griechischen Volksstammes, in die
Peloponnes einwanderten. Gewiß, so nannte sich dieses Volk, das
in klassischer Zeit die ganze Peloponnes mit Ausnahme ihrer Mitte
bewohnte und nah verwandte Dialekte sprach. Eindeutige archäologische Spuren dieser Wanderung sind aber unmöglich festzustellen. Wenn die Dorer aus Nordgriechenland kamen, können sie
nicht aus Thessalien gewesen sein, das offenbar zum mykenischen
Kulturbereich gehörte. Sie können sich nur von Nordwesten her
auf den Weg gemacht haben, wenn wir uns an das wenige halten,
das die klassischen Griechen von diesem Ereignis in Erinnerung
haben. Aber es ist kaum vorstellbar, daß die rauhen Berge von
Ätolien und Epirus eine Bevölkerung hervorgebracht haben, die
groß genug war, das südliche Griechenland in jenem erforderlichen Ausmaß zu kolonisieren. Meiner Meinung nach bedarf dieses
Problem einer fundierteren Lösung; dies würde aber den Rahmen
dieses Buches sprengen und sei daher der weiteren Diskussion überlassen.

Rekonstruktion der Vorgeschichte

Wir versuchen hier eine kurz gefaßte Rekonstruktion der griechischen Geschichte vom 22. bis zum 12. Jahrhundert. Sie beginnt mit dem Einfall eines kriegerischen Volkes, das eine charakteristische Keramik besaß und Pferde hatte, die kleiner als unsere heutigen waren. Wir wissen noch nicht, woher diese Krieger kamen. Sie ließen sich wahrscheinlich zuerst in Zentralgriechenland und auf der nördlichen Peloponnes nieder, vermischten sich mit den einheimischen Völkern und schufen so die griechische Sprache, die sich auf dem übrigen Festland verbreitete, außer vielleicht in Makedonien. Wann Griechisch auf die Inseln kam, ist ungewiß. Nach Thukydides (1,4) hatten die Kreter dort die Oberhoheit. Aus archäologischen Gründen nimmt er für die Inseln die Anwesenheit von Karern an, die er als die Bewohner Südwestanatoliens kannte (1,8). Kreta gehörte bis ins 15. Jahrhundert einem Volk, von dem sich mit Bestimmtheit sagen läßt, daß es nicht Griechisch sprach. Wir haben seine Sprache schriftlich überliefert, können sie aber nicht sicher identifizieren (Chadwick, *Linear B*, 1967, S. 12–15, 154–156). Es ist die Sprache, die zu den Tontäfelchen und anderen Inschriften in Linear A gehört, welche in vielen Teilen Kretas gefunden wurden, Reste davon auch auf den ägäischen Inseln. Natürlich ließen sich die Kreter auch außerhalb Kretas nieder, auf den Inseln Keos (Kéa vor Attika), Kythera (Kíthira vor Lakonien), Melos (Mílos), Rhodos und vor allem Thera (Santoríni).

Die meisten Kenntnisse über die minoische Zeit auf den Inseln verdanken wir den großartigen Grabungen auf Thera, die die Griechen vor kurzem unter dem verstorbenen S. Marinátos in Akrotíri unternommen haben. Als dieses Buch entstand, war erst die südliche Spitze einer vermutlich ausgedehnten Stadt freigelegt. Aber schon zeichneten sich große Gebäudekomplexe, Straßen und Plätze ab, man hatte Mauern gefunden, die sieben oder acht Meter hoch erhalten waren. Keines der bisher erforschten Gebäude ist ein typisch minoischer Palast, dessen Anlage wir aus Kreta gut kennen, aber die vorzügliche Mauertechnik und die prächtigen Wandmalereien (s. Taf. 10) zeigen, daß wir es mit mehr als Privathäusern zu tun haben. Dieser Bezirk muß zumindest von wichtigen Beamten bewohnt gewesen sein. Er ist eher mit einem Bau wie dem Kreml als mit dem Buckingham-Palast zu vergleichen.

Um das 16. Jahrhundert wird der minoische Einfluß auf das Festland sehr deutlich. Der Grund dafür ist aber nicht in einer militärischen Eroberung zu sehen. Die Festlandsbewohner, die wir jetzt wohl ›Griechen‹ nennen dürfen, waren immer kriegerisch und an Jagd und Waffen interessiert, während die Minoer in offenen Palästen wohnten, die keine natürlich geschützte Lage hatten. Von Kreta holte sich das Festland offenbar alle verfeinerte Kultur in Kunst und Handwerk. Auf Fresken und vielen anderen Kunstwerken sind die Stierspiele dargestellt, Kretas berühmteste Sportart (s. Abb. 1). Aber nichts erinnert hier an eine spanische *corrida de toros*, denn die Teilnehmer sind unbewaffnet. Sir Denys Page hat darauf hingewiesen, daß unsere herkömmliche Auffassung von diesem Sport falsch sein muß. Es ist selbst für einen hochtrainierten Athleten physisch unmöglich, mit einem Salto über den Rücken eines angreifenden Stieres zu setzen, geschweige denn, von einem anderen Mitspieler, der hinter dem Stier steht, aufgefangen zu werden. Daß es dennoch so aussieht, liegt an der Unfähigkeit des Künstlers, perspektivisch richtig zu zeichnen. Bei den Stierspielen muß es darum gegangen sein, den Stier zum Angreifen zu reizen, um im kritischen Augenblick hoch in die Luft zu springen, so daß der Stier, ohne den Springer zu verletzen, darunter durchlaufen konnte. Da es höchst gefährlich gewesen wäre, den Stier zu berühren, der eine Geschwindigkeit von etwa fünfzig Stundenkilometern hatte, mußte man mit angezogenen Beinen springen. Etwas Ähnliches gibt es noch in Südfrankreich. Es muß ein faszinierender Sport mit ernsthaftem Risiko für die Wettkämpfer gewesen sein und bestätigt unseren Eindruck von den Minoern als zivilisiertem, beherrschtem Volk, dem es an Mut nicht fehlte. Seltsam, daß die spätere griechische Überlieferung dieses Spiel als ein blutiges Opfer ansah. Das Volk, das dem Wort ›fremdsprachig‹ die Bedeutung ›barbarisch‹ verlieh, wollte den Kretern keinen ehrenhaften Sport zugestehen.

Auf dem Festland finden sich nun zahlreiche Beispiele von kretischer Kunst und kretischem Handwerksgeschick, deshalb sicher auch kretische Künstler und Handwerker. In diese Zeit fällt wohl auch die Übernahme einer Schrift von den Minoern, die der Buchhaltung diente. Bei der Verwaltung eines kleinen Landgutes kann man auch ohne schriftliche Aufzeichnungen einen hinreichenden Überblick behalten. Vergrößert sich aber der Aufsichtsbereich, wird

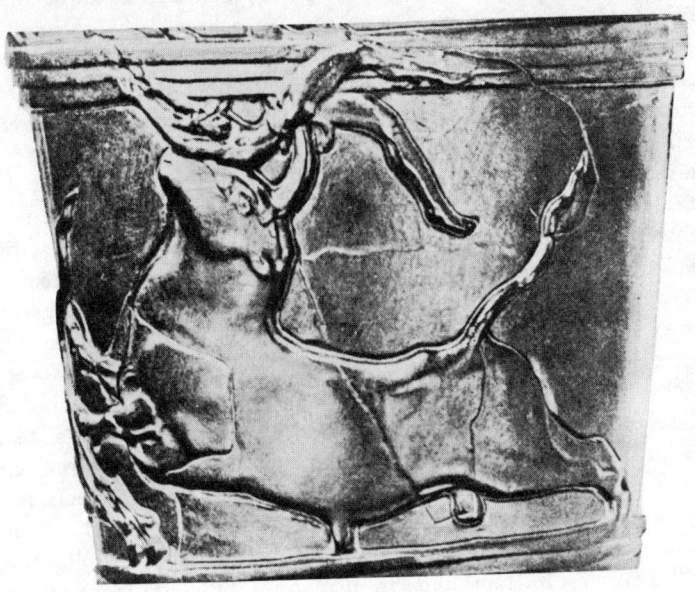

Abb. 1. Stierspiele auf einer Vase aus Hágia Triáda.

eine Art Buchführung unerläßlich. Auf dem Festland wurden um diese Zeit (s. Kap. 5) wahrscheinlich kleinere Güter, die jeweils im Besitz eines dort ansässigen Barons waren, miteinander vereinigt, zum Teil mit friedlichen Mitteln, zum Teil gewaltsam. Schließlich brauchten die so entstandenen Königreiche ein Heer von Beamten zur Regierung und Verwaltung der Erträge. So kam es zur Einführung der Buchhaltung.

Die Minoer hatten schon seit langem ein Buchführungssystem entwickelt und waren dazu übergegangen, ihre Schrift auch zur Registrierung von Weihgeschenken in Heiligtümern zu benutzen. Die Griechen entliehen von ihnen das System der Schrift, paßten es ihrer eigenen Sprache an und verbesserten die Buchführung. Eine sehr einfache Neuerung: mit jeder Eintragung fingen sie eine neue Zeile an. Die Täfelchen wurden daher »nach Maß« gefertigt, so daß ihre Größe gewöhnlich dem Text entsprach, den sie aufnehmen sollten. Um diese Zeit wird auch ein Anwachsen des Wohlstandes beobachtet, und die mykenische Wirtschaft erlebte einen »Aufschwung«, wie die Wirtschaftswissenschaftler heute sagen. Die wirtschaftlichen Grundlagen für diese günstige Entwicklung werden wir später untersuchen.

In der minoischen Welt stand jedoch nicht alles zum besten. Während des 16. Jahrhunderts hatte ein heftiges Erdbeben auf Thera schweren Schaden angerichtet. Es hatte sich offenbar gleichzeitig auch in Kreta ausgewirkt, wie aus archäologischen Schichten in Knossos, Phaistos und anderen kretischen Orten hervorzugehen scheint. Daß der südliche Teil der Ägäis häufig von Erdbeben heimgesucht wird, hat seine Ursache in Bewegungen der Erdoberfläche. Neuere Untersuchungen haben das bestätigt. Es scheint, daß Griechenland und die Ägäis auf einer sehr kleinen Scholle sitzen, die an ihrem südlichen Rand von der sich nach Norden bewegenden riesigen afrikanischen Scholle überlagert wird. So entstand ein tiefer Graben im Meeresboden südlich von Kreta, und es kam zu häufigen Erdbeben an den Rändern der ägäischen Scholle. Das Erdbeben des 16. Jahrhunderts, dem etwa hundert Jahre früher bereits ein anderes vorausging, war offenbar besonders schwer. Aber die Minoer bauten ihre Städte wieder auf, und das Leben ging weiter wie zuvor. Es scheint sogar, als ob sich Wachstum und Wohlstand in der folgenden Zeit zunehmend entfaltet hätten.

Nicht lange danach, um 1500 nach Marinátos, wurde Thera von einem neuen Erdbeben erschüttert, das nicht so heftig wie das vorhergehende war. Aber es muß von einem Vulkanausbruch begleitet gewesen sein, ein besorgniserregendes Ereignis. Thera war damals eine Insel von ansehnlichem Ausmaß, ungefähr kreisförmig, etwa 16 Kilometer im Durchmesser, und in der Mitte erhob sich ein rie-

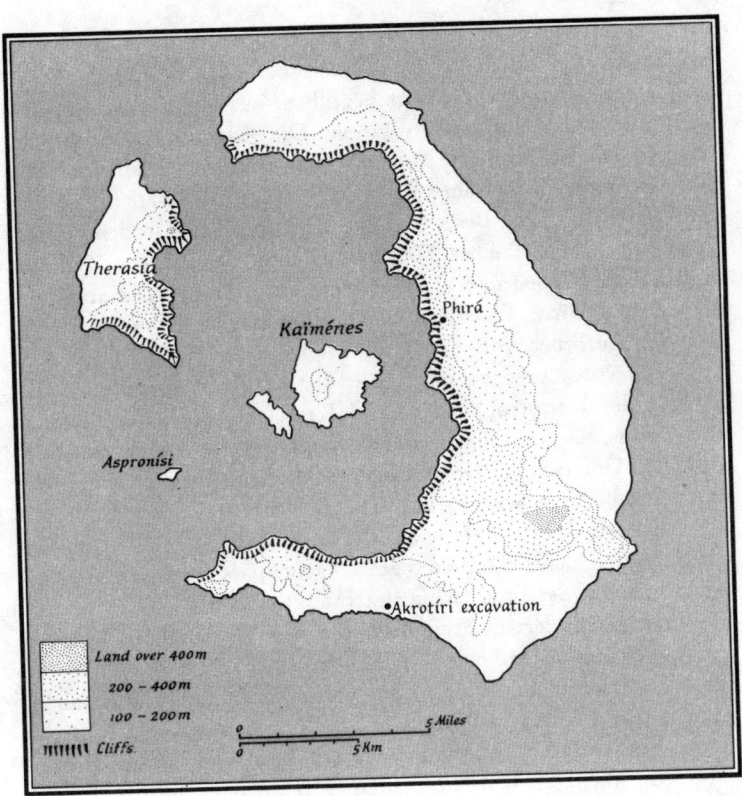

Karte von Thera.

siger kegelförmiger Berg. Wahrscheinlich waren schon Anzeichen für eine wachsende Tätigkeit des bis dahin ruhigen Vulkans wahrgenommen worden; denn die eleganten Häuser wurden verlassen, und ihre Bewohner zogen vermutlich nach Kreta hinüber, das größere Sicherheit bot. Freilich konnte nur die Oberschicht fliehen, die armen Leute blieben. Sie fingen an, die Trümmer fortzuräumen, die das Erdbeben hinterlassen hatte, um die unversehrten Teile der alten Häuser weiter zu bewohnen.

Kurz darauf, vielleicht nur Monate später, trat die erwartete Katastrophe ein. Bei einem heftigen Vulkanausbruch wurde die Stadt unter einer tiefen Ascheschicht begraben, aus der sie die Archäologen nun wiederauferstehen lassen. Die Gewalt des Ausbruchs steigerte sich, bis der harte Fels nur noch eine leere Hülle war, die alles geschmolzene Gestein ausgeworfen hatte. Als letzte Steigerung explodierte der ganze Berg, und das Meer ergoß sich in den Krater. Heute ist, in Form eines Halbmonds, nur der östliche Teil der Insel übriggeblieben und ein viel kleineres Eiland, das einmal zur Westküste gehörte. Eine Vulkanexplosion ist ein seltenes Ereignis, aber der Ausbruch von Thera scheint in vieler Hinsicht mit dem Ausbruch von Krakatau im Jahre 1883 vergleichbar zu sein. Gegenüber der Katastrophe der Insel Krakatau, die in der Sundastraße zwischen Java und Sumatra liegt, gibt es jedoch einen erheblichen Unterschied. Der Verlust an Materie, der die Gewalt der Explosion bedingt, war im Fall Theras wenigstens viermal, möglicherweise sogar zehnmal so groß. Für weitere Vergleiche müssen wir in erdgeschichtliche Zeiten zurückgehen, als ein ähnlicher Ausbruch z. B. auf der Insel Ischia stattfand.

Die hier geschilderten Ereignisse, die die Wissenschaft bestätigt hat, gaben Anlaß zu mancher Kontroverse. Eine Beziehung zu Platons seltsamer Erzählung vom versunkenen Atlantis ist abzulehnen. Wenn Thera in Platons Darstellung gemeint sein sollte, so irrt er hinsichtlich Größe und Lage der Insel und bei der Zeitangabe, von kleineren Unrichtigkeiten ganz zu schweigen. Falls hier aber wirklich eine ferne Erinnerung an diese Begebenheit bewahrt wäre, dann ist sie doch zu verzerrt, als daß sie uns bei der Suche nach der Wahrheit nützen könnte. Wer allerdings Rätselraten liebt, wird sich damit immer gut unterhalten.

Ein wichtigeres Thema ist die Wirkung, die die Explosion anderwärts gezeitigt haben muß. Der Explosionsknall war natürlich unvorstellbar laut. Die Krakatau-Katastrophe war bis nach Australien zu hören, und vom Schicksal Theras muß die ganze Ägäis durch ein ungeheures Donnern erfahren haben. Wahrscheinlich verdunkelte sich der Himmel im Umkreis von mehreren hundert Kilometern durch die Aschenwolken, die der Vulkan ausstieß. Auf See dürfte die Wirkung aber am unberechenbarsten gewesen sein. Als die äußere Gebirgswand an zwei Stellen zerriß und das Meer hereinschoß, entstand eine enorme Fluthöhe und bildete eine Druckwelle, die man in Japan *tsunami* nennt. Sie muß über das ganze Ägäische Meer hinweggegangen sein, wie Bimssteinschichten auf der Insel Anáphi, 27 Kilometer östlich von Thera, beweisen, die man dort in Höhen bis zu 250 Metern fand. Bimsstein soll auch an anderen Stellen vorkommen, beispielsweise bei Nichória auf der südlichen Peloponnes, wo er zwar in eine Schicht der fraglichen Zeit gehört, aber wegen seiner Lage – viel zu hoch und zu weit vom Meer – nicht von der Flutwelle dort hinaufgetragen worden sein kann, vielmehr wurde er in bestimmter Absicht dorthin befördert. Überhaupt ist die Suche nach Schäden, die von der Flutwelle verursacht wurden, enttäuschend verlaufen. Die zerstörerische, tödliche Wirkung der Krakatau-Flutwelle reichte bis Hawaii. Müßte nicht der Ausbruch von Thera in den begrenzten Gewässern der Ägäis noch größeres Unheil verursacht haben?

Natürlich wurden viele Küstensiedlungen überschwemmt, aber archäologische Spuren davon sind nur sehr schwer zu erkennen. Meereswellen verhalten sich im übrigen ziemlich kompliziert. Zunächst dürfte sich in der unmittelbaren Umgebung des Vulkans der Meeresspiegel über eine größere Fläche hin leicht gesenkt haben, so unmerklich, daß z. B. Boote in der Nähe von Krakatau keine ungewöhnlichen Wellen festgestellt haben. Auf See wäre die minoische Flotte wahrscheinlich unbeschädigt geblieben. In seichtem Wasser läuft freilich eine Flutwelle hoch auf. Die Welle, die Krakatau erzeugte, war an manchen Orten über 30 Meter hoch. Dies muß allerdings nicht für alle Küsten zutreffen, denn in tiefen Küstengewässern wird die Flutwelle zurückgeworfen und ihre Wucht allmählich gebrochen. Die Siedlung Gourniá an der Nordküste Kretas, nur wenige hundert Meter vom Meer auf einem niedrigen Hügel gelegen, ist daher wohl gar nicht überschwemmt worden. Dafür werden wahrscheinlich noch mehr Beweise zu finden sein, wenn sich die Archäologen erst einmal danach umsehen.

Die Wirkung der Flutwelle läßt sich hier aber auch ohne unmittelbaren archäologischen Befund mit Sicherheit angeben. Die Schiffe, die sich auf hoher See befanden, sind vermutlich unbeschädigt davongekommen. Aber alle Schiffe in Küstennähe, im Hafen oder am Strand müssen von der gewaltigen Woge emporgehoben, vielleicht ein Stück landeinwärts geschwemmt und unweigerlich zerschmettert worden sein. Wenn die minoische Flotte in einem Hafen an der Nordküste Kretas gelegen hat, ist sie wohl mit einem Schlage zerstört worden. Das war wahrscheinlich das Schicksal der Schiffe in allen Häfen des Ägäischen Meeres. Lediglich an Kretas Südküste könnte sich die Flutwelle weniger verheerend ausgewirkt haben. Man kann aber wohl davon ausgehen, daß der größte Teil der minoischen Flotte außer Gefecht gesetzt wurde. Die Flotte galt stets als das Machtinstrument, dem Kreta seine Unbesiegbarkeit verdankte und das die Kreter zu den Beherrschern der Ägäis gemacht hatte. Die Könige der Griechenreiche am Ägäischen Meer mögen in ähnlicher Weise betroffen worden sein, aber sie hatten wahrscheinlich viel kleinere Seestreitkräfte. An der Westküste Griechenlands und im Korinthischen Golf hat die Schiffahrt sicher alles unbeschädigt überstanden. Aus diesem Grund dürfte den Griechen ein Wiederaufbau ihrer Flotte möglich gewesen sein, nachdem sie sich vom zunächst erlittenen Verlust erholt hatten. Man mag erkannt haben, wie wichtig die Flotte für die Verteidigung war, nachdem die minoische Vorherrschaft auf See gebrochen war. Um diese Zeit hat man offenbar auch mit dem Bau von Befestigungsanlagen begonnen, die meisten Siedlungen blieben allerdings unbefestigt. Wenn es zutrifft, daß die Minoer beim Wiederaufbau ihrer Flotte weniger begünstigt waren, hätten wir hier eine Erklärung für den geglückten Griecheneinfall auf Kreta. Vorher aber brauchten die Griechen Zeit zum Flottenbau und zur Organisation dieser ungeheuren gemeinsamen Anstrengung, deren es zum Erfolg einer Invasion bedurfte.

Am schwersten einzuschätzen ist die Wirkung der Vulkanasche, die vielleicht die größten Schäden verursacht hat. Die ausgestoßene Asche gelangte hoch in die Atmosphäre, aus der sie mit dem Wind als Aschenregen herabfiel. Zwei amerikanische Geologen, D. Ninkovich und B. C. Heezen, haben 1965 Aschenablagerungen auf dem Meeresboden um Thera nachgewiesen. Die unterschiedliche Stärke der Ascheschicht in verschiedenen Richtungen zeigt, daß der Wind aus Nordwest gekommen sein muß. Die Asche ist also in Richtung Mittel- und Ostkreta und der Dodekanes getragen worden. Es ist schwer zu sagen, wie dick die auf Kreta herabgesunkene Ascheschicht war. An Kretas Südküste, in der Gegend von Mírtos, in über 80 Seemeilen (146 Kilometer) Entfernung und im Windschatten des Dikte-Gebirges, sollen geringfügige Mengen nachgewiesen worden sein. Eine Ascheschicht von vermutlich zehn Zentimetern Höhe dürfte die Flora vernichtet haben. Geringe Aschemengen können zwar den Boden fruchtbarer machen, aber größere Mengen lassen jede Vegetation absterben. Freilich zerstreuen Wind und Regen auf die Dauer die Ascheschicht, und das Land gewinnt seine Fruchtbarkeit zurück. So geschah es alsbald auf Krakatau, das allerdings in einer tropischen Regenzone liegt. Ostkreta könnte daher eine Zeitlang unfruchtbar gewesen sein, doch die archäologischen Befunde lassen nichts davon erkennen. Das Leben in den Palästen ging anscheinend ohne Unterbrechung weiter.

Das nächste Ereignis ist noch immer rätselhaft. Den Ausbruch von Thera scheint man mit Sicherheit an das Ende von Spätminoisch I A (etwa um 1500 v. Chr.) setzen zu können. Gegen Ende von Spätminoisch I B, vielleicht um 1450, wurden die kretischen Paläste von einer Katastrophe heimgesucht. In ganz Kreta, vielleicht mit Ausnahme von Knossos, gingen minoische Häuser in Flammen auf. Die Versuchung ist groß, die Chronologie so zu strecken, daß wir die Zerstörung des minoischen Kreta noch dem Vulkanausbruch anlasten könnten. Aber wenn auch der Zeitabstand schwer abschätzbar ist, so scheint doch die Lücke zu groß, als daß man beide Ereignisse zusammenfallen lassen könnte. Selbst ein Vulkan ist schließlich nicht in der Lage, über 160 Kilometer hinweg Feuersbrünste zu verursachen. Auch die Druckwelle, die in der Luft entstanden war, wird schwerlich eine solche Reichweite gehabt haben, um alle Lampen Kretas umzuwerfen. Die Folge der Katastrophe von Thera bedeutete wohl eine Schwächung der minoischen Kräfte, und zwar in dem Maße, daß es den Festlandgriechen etwa eine Generation später gefahrlos schien, Kreta mit allen Mitteln anzugreifen. Sie zerstörten die Zentren minoischer Macht mit Ausnahme von Knossos, in dessen Üppigkeit sie sich niederließen und Teile des Palastes nach eigenem Geschmack umgestalteten.

Eine Folge der griechischen Machtergreifung in Kreta war sicher auch die verstärkte Abwanderung kretischer Handwerker auf das Festland. Später werden wir zeigen, daß sie sich anschließend dort aufgehalten haben müssen. Kreta erlebte noch eine Phase, in der es stark zentralistisch regiert wurde, doch die Zerstörung von Knossos war nur aufgeschoben, nicht abgewendet. Wann genau, ist noch umstritten, wahrscheinlich aber in der ersten Hälfte des 14. Jahrhunderts brannte der große Palast von Knossos, wiederum aus ungeklärten Gründen, nieder und sollte nie mehr zu einem bedeutenden Herrschaftssitz werden. Damit ist allerdings nicht gesagt, daß Knossos keinen König mehr gehabt hätte, sondern daß dieser, wenn es ihn gegeben hat, einen neuen Palast an einem anderen, noch unentdeckten Platz gebaut haben muß. Es war vielleicht auch nur ein unbedeutender Prinz, unfähig, bei anderen Herrschern Kretas seinen Willen durchzusetzen.

Hier müssen wir uns nun wieder dem Festland zuwenden, wo eine entwickelte griechische Gesellschaft zu Hause war. Die Mykener, genannt nach Mykene, dem ersten und bedeutendsten Ort, der sorgfältig ausgegraben werden sollte (s. Taf. 17), bewohnten das ganze südliche Griechenland. Nach Norden reichte das Land mindestens bis Böotien, wenn nicht Thessalien. Es war anscheinend in kleinere Staaten aufgeteilt, die manchmal größer waren als die Stadtstaaten der klassischen Zeit. Wir kennen Paläste in Theben und Athen, Mykene, Tiryns und Pylos, aber es gab sicher noch andere, etwa in Sparta, Elis oder im Bereich von Korinth. Nur dort, wo sich Archive mit Tontafeln erhalten haben, können wir die Gebiete einigermaßen abgrenzen, die unter der Herrschaft dieser Paläste standen. Wir beziehen uns hier auf Pylos, denn aus Mykene und Theben sind zu wenige Täfelchen erhalten, als daß wir damit arbeiten könnten. Die Größe des Königreiches Pylos kann mit ziemlicher Genauigkeit angegeben werden, und zu anderen Königreichen haben vermutlich ähnlich große Gebiete in der Umgebung gehört. Es wäre befremdlich, wenn nicht ganz Lakonien von einem Palast in der Nähe von Sparta regiert worden wäre.

Aus strategischen Gründen ist es ausgeschlossen, daß sich so eng benachbarte Paläste wie Mykene und Tiryns die Ebene von Argos geteilt hätten. Sie lagen nur 15 Kilometer voneinander entfernt, und Tiryns muß von Mykene abhängig gewesen sein.

Das mykenische Griechenland scheint seinen Höhepunkt im frühen 13. Jahrhundert erreicht zu haben. In diesem Jahrhundert wurde auch die trojanische Siedlung zerstört, die der Archäologe ›Troja VII A‹ nennt. Es geschah offenbar durch Feindeshand, wenn auch durch kein archäologisches Zeugnis belegt ist, daß die Zerstörer mykenische Griechen waren. Aber um die Mitte des Jahrhunderts wendete sich das Blatt, und wir treffen wieder auf Bekanntes, niedergebrannte Siedlungen und verlassene Stätten. Ganz Griechenland befand sich in einem Gärungszustand, und die prächtigen Paläste gingen einer nach dem anderen in Flammen auf. Das Leben ging freilich weiter, aber von nun an auf einer viel niedrigeren Kulturstufe. Höher entwickelte Fertigkeiten, wie das Bauen in Stein und die Schrift, geraten in Vergessenheit, und man kehrt zur Urform bäuerlichen Daseins zurück.

Wenn wir die Daten dieser Zerstörungen genau aufzeichnen könnten, wäre die Abfolge sicher sehr aufschlußreich. Aber archäologische Zeitangaben können nicht genau genug sein, und auch moderne naturwissenschaftliche Methoden wie der C-14-Test besitzen nicht das erforderliche Maß an Exaktheit. Manche Stätten sind offenbar zwei- oder dreimal zerstört worden. In Mykene brannten die Häuser außerhalb der Mauern lange vor den Gebäuden innerhalb ab, und bis zur endgültigen Zerstörung scheint noch einmal einige Zeit verstrichen zu sein. Auch in Theben wurden zwei Zerstörungen festgestellt, die, wie es scheint, innerhalb kurzer Zeit stattgefunden haben, aber der Gesamteindruck läßt keine präzisen Schlüsse zu. Es steht lediglich fest, daß die Zeit der mykenischen Königreiche mit ihrer zahlreichen, blühenden Bevölkerung vorbei war. Im nächsten Jahrhundert ist Griechenland nur noch dünn besiedelt. Die Überlebenden suchen sich Orte, die den Piratenzügen von See her weniger ausgesetzt sind.

Zweites Kapitel
Die Urkunden

Im vorigen Kapitel haben wir eine historische Übersicht gegeben, deren Hauptzüge den vereinten Forschungsbemühungen der Archäologen vieler Länder aus den letzten hundert Jahren zu danken sind. Aber seit es Michael Ventris 1952 gelungen ist, die Linear-B-Schrift zu entziffern, haben wir noch eine andere Möglichkeit, mehr über das mykenische Griechenland zu erfahren. Dieses Buch soll vor allem zeigen, was aus den Tontäfelchen und anderen Quellen hervorgeht und wie wir zu diesen Ergebnissen gelangt sind.

Wir besitzen verhältnismäßig wenige Schriftstücke aus dem mykenischen Griechenland. Lediglich in Knossos und Pylos sind größere Mengen gefunden worden, in Mykene und Theben bisher nur einige. Aus Tiryns haben wir gerade so viele, um sagen zu können, daß es sie auch hier gegeben hat. Unsere Kentnisse sind daher äußerst ungleichmäßig und lassen sich in manchen Fällen nicht unbedingt verallgemeinern. Die Homogenität der mykenischen Kultur ist jedoch so auffallend, daß die Verhältnisse in anderen Teilen Griechenlands nicht viel anders gewesen sein können.

Die genaue Anzahl der Täfelchen läßt sich schwer nennen, denn die meisten bestehen aus mindestens zwei Fragmenten, und oft sind es viel mehr. Es wäre irreführend, ein kleines Fragment als ein Täfelchen zu zählen, obwohl es zu einer sonst unbekannten Urkunde gehören kann. Man spricht besser in runden Zahlen von etwa 3000 Täfelchen aus Knossos und ungefähr 1200 aus Pylos. Pylos ist sogar unsere Hauptquelle, weil die Tontafeln dort im Durchschnitt größer sind.

Abb. 2. Knossos-Täfelchen: (*a*) Ra 1548: drei Schwerter; (*b*) Sc 230: ein Wagen, ein Paar Pferde und eine Tunika für Opilimnios; (*c*) K 875: ein Verzeichnis von henkellosen Gefäßen; (*d*) Gg 701: Honigkrüge; (*e*) L 693: Leinen und Bronze.

Diese Tonklumpen (s. Abb. 2) sehen nicht gerade vielversprechend aus. Sie sind jedoch so kostbar für uns, weil sie eine völlig neue und unanfechtbare Informationsquelle über die früheste griechische Kultur darstellen, die wir sonst nur durch die Archäologie und vage Überlieferungen der klassischen Zeit kennen. Es ist schade, daß uns die Tontafeln nichts über Geschichte und Gedankenwelt

Abb. 3. Bügelkannen aus Theben mit Inschriften.

der Menschen mitteilen, die auf ihnen geschrieben haben, aber mancher wird staunen, was man alles von ihnen erfahren kann. Wenn es die Mykener auch unnötig fanden, ihre Geschichte oder diplomatische Korrespondenz zu überliefern, so hinterließen sie doch Aufzeichnungen über die Verwaltung ihrer Königreiche und über Tätigkeiten auf verschiedenen wirtschaftlichen Gebieten.

Außer auf den Täfelchen haben wir auch gemalte Linear-B-Inschriften auf Vasen aus zahlreichen Fundstätten, und es werden immer mehr entdeckt. Einzelne Zeichen, meist in das fertige Gefäß eingeritzt, kommen häufig vor und könnten im allgemeinen den Besitzer, manchmal vielleicht den Hersteller anzeigen. Von diesen Zeichen stammen viele aus dem Fundus der Linear-B-Schrift. Es sind fast immer einfache Zeichen aus wenigen Strichen, die von Menschen, die nicht lesen oder schreiben konnten, deshalb unabsichtlich verdoppelt worden sein mochten. Man kann daher von einer wirklichen Inschrift nur dann sprechen, wenn wir wenigstens eine Folge von drei zusammenhängenden Zeichen haben.

Solche Inschriften gibt es auf mykenischen Vasen, gewöhnlich auf Vorratsgefäßen. Sie wurden vor dem Brennen aufgemalt, und nach der Fertigstellung konnte nichts mehr hinzugefügt werden. Die weitaus größte Anzahl der ganz erhaltenen Inschriften besteht aus einem Wort, das stets ein Personenname zu sein scheint, sofern wir es identifizieren können. Aber wir haben auch eine verhältnismäßig kleine Vasengruppe mit längeren Inschriften, die zum größten Teil aus dem bisher ausgegrabenen kleinen Gebiet des mykenischen Palastes von Theben stammt (s. Abb. 3). Für diese ist eine aus drei Wörtern bestehende Formel typisch, aber man kann, wegen der Verteilung der Wörter um den Krug herum, den Anfang der Inschrift nicht immer ohne weiteres erkennen. Sie scheint jedoch durchweg nach folgendem Schema angelegt: Personenname, Ortsname und ein anderer Personenname im Genitiv. Der Ortsname kann direkt als solcher oder als hiervon abgeleitetes Adjektiv erscheinen, in einem Fall scheint er durch das Adjektiv »königlich« ersetzt. Erstaunlicherweise stellte sich heraus, daß wir nicht weniger als vier der Ortsnamen, die auf Gefäßen vom Festland erscheinen, von Knossos-Täfelchen als Städtenamen auf Kreta kennen. In Kreta wurde bisher kein Gefäß mit längerer Inschrift gefunden. Aber manche Krüge aus Theben sind offenbar in Kreta hergestellt (s. S. 80), und es könnte also sein, daß es kretischer Brauch war, den Ursprungsort auf zum Export bestimmten Krügen zu verzeichnen. Dies sollte vermutlich eine Art Etikett oder Warenzeichen sein, das die Originalabfüllung der enthaltenen Flüssigkeit garantierte. Künftige Archäologen werden sicherlich einmal lange Kataloge unserer Warenzeichen zusammenstellen, wenn man erst bei den Glasbehältern des 20. Jahrhunderts angelangt sein wird.

Abb. 4. Rekonstruktion des Archivs von Pylos mit einem Schreiber bei der Arbeit. Gemälde von Henry Hankey.

Die Täfelchen waren aus gewöhnlichem Ton, manchmal um ein Stützwerk aus Stroh gefertigt, das natürlich verschwunden ist, aber das Loch, das zurückblieb, ist deutlich zu sehen, wenn das Täfelchen zerbrochen ist. Man schrieb mit nadelspitzem Griffel, vielleicht einem Dorn auf einem Halter, und ließ es dann trocknen. Der Ton trocknete nach wenigen Stunden oder höchstens einem Tag so weit, daß Zusätze oder Tilgungen nicht mehr möglich waren. Später entdeckte Irrtümer konnten daher nicht mehr korrigiert werden. Manchmal sieht man noch, daß ein Zeichen hinzugefügt wurde, nachdem der Ton zu trocknen begonnen hatte. Anders als die assyrischen Tontafeln wurden die griechischen nicht gebrannt und wären längst zu Staub zerfallen, wenn die Häuser, in denen sie aufbewahrt wurden, nicht zufällig durch Feuer zerstört worden wären. Das Feuer hat kurioserweise die Täfelchen konserviert und den Ton gebrannt, wenn auch ziemlich unregelmäßig, so daß ein Täfelchen unterschiedlich gefärbt sein kann.
Die beschriebenen Täfelchen wurden in Körben aufbewahrt, viel-

leicht auch in hölzernen Kästen, denn man hat Scharniere bei ihnen gefunden, und wahrscheinlich auf Regalen an den Wänden der Schreibstuben entlang aufgestellt. Die Körbe waren durch Klümpchen aus nassem Ton gekennzeichnet, die man wie Etiketten außen aufklebte. Einige sind erhalten und durch den Abdruck des Flechtwerks auf der Rückseite zu erkennen (s. Abb. 5). Die Inschriften auf den Etiketten waren durchweg kurz und bündig. Auf einem Korb aus Pylos mit einer Serie von Täfelchen, die Rüstungen verzeichnen (Sh), steht als einziges Wort nur »Panzer« (Wa 1148).

Abb. 5.
Ton-Etikett aus Pylos mit
Abdruck von Flechtwerk
auf der Rückseite.

Abbildung 4 versucht, die Vorgänge im Archivbereich von Pylos zu rekonstruieren, während dort gearbeitet wurde. Ich bin Henry Hankey sehr zu Dank verpflichtet, der freundlicherweise das Bild nach meinen kurzen Angaben gemalt hat. Der Schreiber sitzt auf einem Stuhl (*thrānus* auf den Täfelchen) im Nebenraum, und durch die Tür im Hintergrund sehen wir in den Hauptarchivraum, in dem die meisten Täfelchen gefunden wurden. Die beschriebenen Täfelchen sind ordentlich in mit Aufschriften versehenen Körben verstaut, einige liegen zum Trocknen aus, bevor sie weggeräumt werden.

Der Schreiber hält das Täfelchen, das er in Arbeit hat, in seiner Linken. Häufig kann man auf der Rückseite, wo es gehalten wurde, noch die Fingerabdrücke sehen. Große Tontafeln haben dort manchmal Vertiefungen, die der Stellung von Daumen und Fingern

entsprechen. Neben ihm steht ein Beamter, der von einem Inspek-
tionsrundgang zurückgekommen ist und nun die Angaben diktiert,
die registriert werden sollen. Er hat ein Kerbholz dabei, um sich
die Zahlen genau merken zu können. Das ist allerdings frei er-
funden, aber sicherlich haben die Beamten provisorische Gedächt-
nisstützen irgendwelcher Art benötigt, um die richtigen Zahlen
einzusetzen. Der kleine Junge im Vordergrund knetet den Ton zu
einem neuen Täfelchen für den Schreiber.

Abb. 6. Knossos-Täfelchen De 5032, aus Fragmenten zusammengesetzt.

Man kann sich die Wirkung eines Brandes in diesem Raum vorstellen. Die Körbe und Kästen, in denen die Täfelchen lagen, waren
aus brennbarem Material, und wenn wir zu Recht hölzerne Regale
annehmen, müssen sie ein mächtiges Feuer ergeben haben. Auf
jeden Fall enthielten die Wände hölzerne Balken. Bei der Zerstörung der Regale zerbrachen die Täfelchen und wurden über den
ganzen Boden verstreut. Manche Fragmente wurden dicht beisammen gefunden und von den Restauratoren der Grabung zusammengeklebt (s. Abb. 6). In anderen Fällen bedurfte es geduldigen Nach-
forschens und einfallsreicher Vermutungen, um sie aneinanderpassen zu können. Leider hat man es bei Evans' bahnbrechender
Grabung in Knossos nicht für nötig gehalten, die Lage eines jeden

Stückes genau zu verzeichnen. Nur die allgemeine Fundlage wurde in den Grabungstagebüchern vermerkt, und für viele kleinere Bruchstücke fehlt sogar diese Eintragung.

Der Herausgeber dieser Schriftzeugnisse hätte sich seine Aufgabe sehr vereinfachen können, wenn es ausführlichere und genauere Aufzeichnungen gegeben hätte. Statt dessen haben meine Kollegen und ich bei der Arbeit an den Täfelchen aus Knossos wie vor einem gigantischen Puzzlespiel gestanden. Mehr noch, es war, als ob wir über zweitausend kleine Puzzles auf einmal hätten, wohl wissend, daß viele Teile fehlten. Hier ist die beste Gelegenheit, den Mitgliedern unseres Teams zu danken, die die meiste Arbeit getan haben. Zuerst schloß sich mir John T. Killen an, der aus Dublin nach Cambridge gekommen war und hier an der Universität erfolgreich tätig ist. Dann kam der Belgier Jean-Pierre Olivier, der in seltener Weise für mykenische Epigraphik begabt war und es sich in seiner Begeisterung nicht nehmen ließ, vierzehn Stunden am Tag zu arbeiten. Durch ihn stieß schließlich Louis Godart, ebenfalls Belgier, zu uns, der heute in Italien lehrt. Sie und andere haben unermüdlich nach zusammenpassenden Stücken gesucht und Hervorragendes geleistet, und es war ein Vergnügen, ein so ausgezeichnetes internationales Team zu leiten. Als Ergebnis ihrer jahrelangen Mühe im Museum von Heráklion ist das Arsenal der Knossos-Täfelchen heute viel vollständiger als zu Evans' Zeiten. Die Arbeit ist trotzdem noch nicht beendet und wird es vielleicht nie sein. Wir sind jedoch an dem Punkt angelangt, wo der Erfolg zwangsläufig geringer wird und man sich fragen muß, ob sich der immer größere Aufwand noch lohnt. Daß zwei Fragmente zum selben Täfelchen gehören, läßt sich heute manchmal auch dann nachweisen, wenn die eigentliche Verbindungsstelle nicht auffindbar ist. Man kann sogar mutmaßen, was auf dem fehlenden Stück gestanden hat.

Mit den Pylos-Tafeln ist man viel sorgfältiger umgegangen. Emmett L. Bennett jr. vom Institut für Klassische Philologie (Institute for Research in the Humanities) in Madison (Wisconsin), USA, der sie ursprünglich herausgegeben hatte, arbeitete eng zusammen mit dem Ausgräber Carl Blegen und seiner Mannschaft. Schon die erste

Ausgabe von 1951 bedeutete einen wesentlichen Schritt zur Entzifferung der Schrift, denn sie stellte einen nahezu fehlerlosen Katalog der Zeichen aus Pylos zusammen. Die folgenden Ausgaben durch Bennett brachten neue Texte und vervollkommneten die Lesarten von älteren, aber die ursprüngliche Leistung war so hervorragend, daß Verbesserungen hier kaum nötig waren. Bennett hat auch sehr viel zu der Arbeit an den Täfelchen aus Knossos beigetragen, und seine wegweisende Kampagne im Jahre 1950 brachte die erste befriedigende Klassifizierung dieser Texte.

Eine weitere wichtige Aufgabe des Epigraphikers ist es, nicht nur die einzelnen Täfelchen, sondern auch den Stapel zu rekonstruieren, aus dem sie stammen. Wenn Täfelchen von einem hohen Regal gestürzt waren, haben sie vermutlich weit verstreut auf dem Boden

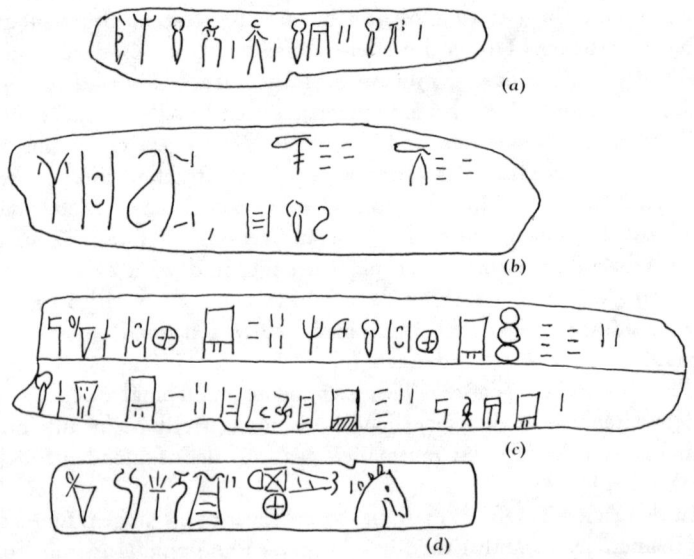

(a)

(b)

(c)

(d)

Abb. 7. Knossos-Täfelchen: (*a*) Ag 88: ein Mann, eine Frau, zwei Mädchen und ein Junge; (*b*) Db 1227: 50 Widder und 50 Schafe; (*c*) Ld 587: verschiedene Kleidungsstücke; (*d*) Sc 103: Pferd, Wagen und Tunika.

gelegen, mochte auch niemand daran gerührt haben, bevor die Archäologen kamen. In der Praxis ist das allerdings ein seltener Glücksfall. Die Suche nach Nutzsteinen mehr noch als nach Schätzen, schutzsuchende Tiere und schließlich auch Naturgewalten haben dazu beigetragen, die ursprüngliche Lage zu verändern. Hier liegen zum Teil die Ursachen der immer noch zahlreichen Kontroversen um die Datierung der Täfelchen aus Knossos.

Bennett konnte schon vor der Entzifferung die Verteilung der Täfelchen auf Serien klären, indem er die Ideogramme sorgfältig untersuchte. Unschwer ließen sich Täfelchen, die z. B. Männer und Frauen verzeichneten, von anderen unterscheiden, die Schafe, Kleidungsstücke oder Wagen aufführten (s. Abb. 7). Nach der Entzifferung wünschte man sich eine verfeinerte Einteilung; es galt nach Möglichkeit herauszufinden, in welchen Stapeln die Täfelchen abgelegt waren, denn der gesamte Inhalt eines solchen Stapels kann als eine einzige Urkunde betrachtet werden. Ich habe daher den Terminus ›Satz‹ für den Teil einer Serie vorgeschlagen, d. h. für eine Gruppe von Täfelchen, die nach der Absicht ihrer Verfasser zusammenbleiben und als eine einzige Urkunde gelesen werden sollten. Da man dazu freilich die Gedanken der Menschen vor 3200 Jahren erraten muß, bleibt das Ziel eher ein Ideal. Wir sind ihm aber doch erstaunlich nahe gekommen, und die ›Sätze‹ gewähren uns brauchbare Einblicke in die Arbeitsweise mykenischer Beamter.

Gelegentlich ist am Fundort nicht nur der Satz erhalten, sondern auch die Reihenfolge, in der die Täfelchen hintereinander geordnet waren. Abbildung 8 zeigt das beste Beispiel, ein Foto, das Evans während seiner Grabung in Knossos aufgenommen hatte. Wir sehen die eben aufgedeckten Täfelchen der Serie Pp. Das Täfelchen am unteren Bildrand, wie es häufig zu einem solchen Satz gehört, enthält die Addition und nennt nichts als die Summe der anderen. Ob es das erste oder das letzte in der Reihe war, können wir aus seiner Lage nicht erkennen, aber wahrscheinlich hat es oben auf dem Stapel gelegen, und das Bild muß eigentlich von unten nach oben gelesen werden. Solche Details sind keineswegs bloß pedantisch, denn wenn in einem Satz Ortsnamen registriert sind wie etwa

Abb. 8. Serie Pp aus Knossos in Fundlage.

in der Serie Pp, könnte die Reihenfolge etwas über die geographische Lage der Ortschaften aussagen.

Eine genaue Untersuchung der Handschriften hat die Verteilung der Täfelchen auf die richtigen Stapel sehr erleichtert. Auch mykenische Schreiber hatten ihre unverwechselbare Handschrift, so wie sich heute Schriften voneinander unterscheiden. Wir erkennen sie an der Schreibweise bestimmter Zeichen, die häufig vorkommen. Einige haben z. B. ein umgekehrtes V als Grundmotiv, und man kann die Schreiber danach einteilen, ob sie das V mit geraden oder auswärts gewölbten Seiten schreiben. Bei genauer Betrachtung der

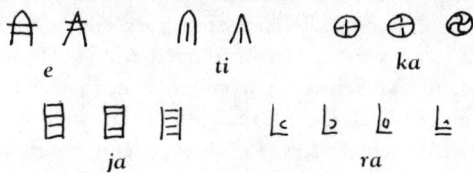

Abb. 9. Verschiedenartige Zeichenformen, die einzelne Schreiber verwenden.

Furchen, die der Griffel im Ton aufgeworfen hat, läßt sich sagen, in welcher Reihenfolge sich überschneidende Striche gezogen wurden. Bei dem kreuzförmigen Bestandteil, den einige Zeichen haben (z. B. *ka* in Abb. 9), kann entweder der vertikale Strich den horizontalen kreuzen oder umgekehrt, und die Striche können sogar gebogen sein. Dabei ist es genauso wichtig, wie nebeneinanderliegende Striche angeordnet sind, ob sie verbunden sind oder nicht, ferner die Lage und Form kleinerer Schriftbestandteile und das Verdoppeln von Linien. Auf diese Weise konnten Bennett (1958) und Olivier (1967) eine große Anzahl der fleißigsten Schreiber aus Knossos und Pylos verläßlich identifizieren.

In der Regel wurden die Täfelchen, die zu einem Stapel gehörten, auch von nur einem Schreiber geschrieben, wobei es freilich Ausnahmen gibt. Gelegentlich haben zwei Schreiber gemeinsam ein Täfelchen beschrieben, so, als ob man die jeweils zuständigen Buch-

halter angewiesen hätte, ihren eigenen Informationsbeitrag zu
leisten (z. B. PY Ed 411). An jedem Ort haben wir viele verschiedene Handschriften, in Knossos wahrscheinlich siebzig und mindestens vierzig in Pylos. Man sieht, daß es hier keine Berufsschreiber
waren wie im Orient, sondern gebildete Beamte, die ein Täfelchen
beschreiben können, wie und wann es verlangt wird, aber auch
noch andere Aufgaben haben. Einige höhere Beamte scheinen selten
eigenhändig geschrieben zu haben und überließen wohl den größten
Teil der Arbeit ihren Untergebenen, aber gelegentlich nahmen sie
den Griffel auch selber in die Hand.

Wenn man die Urkunden aller Fundstätten zusammennimmt,
würde auf jeden Schreiber durchschnittlich nur eine sehr kleine
Anzahl entfallen. In Wirklichkeit sind aber einige Schreiber sehr
produktiv, andere weniger. Daraus dürfen wir jedoch nicht schließen, daß mykenische Schreiber womöglich noch träger waren als
gelegentlich unsere heutigen Sekretärinnen. Die meisten von ihnen
hatten wahrscheinlich andere Pflichten, denn einer allein hätte
leicht in ein paar Wochen alle erhaltenen Urkunden aus Pylos
oder Knossos schreiben können. Sicher gab es in den Büros auch
Augenblicke der Langeweile, und ein Schreiber hat vielleicht sein
Täfelchen umgedreht und eine Skizze oder ein Muster auf die
Rückseite gezeichnet (s. Abb. 10). Glücklicherweise haben wir drei
schöne Beispiele von solchen Kritzeleien, von denen die meisten
vermutlich im Abfallkorb endeten. Evans hielt das Exemplar aus
Knossos für die Entwurfsskizze eines Gemmenschneiders, aber man
muß es wohl kaum so ernst nehmen. Die gröbste Zeichnung zeigt
das Stück aus Pylos, ein interessantes frühes Beispiel für das berühmte Labyrinthmuster, von dem die verschiedensten Arten auf
Stein bis hin nach Irland gefunden wurden.

Wenn jeder Beamte für eine bestimmte Abteilung zuständig war,
können wir aus der Zusammenstellung aller von ihm beschriebenen Täfelchen ersehen, welchen besonderen Aufgabenbereich er
hatte. In Pylos z. B. gab es einen Beamten, der offenbar nur Täfelchen mit Wagenrädern (Sa) und ein Etikett (Wa 1148) beschrieben
hat. Das Etikett würde man mit dieser Gruppe nicht verbunden
haben, aber die Handschrift zeigt, daß es hierher gehört. In

Knossos hatte ein Beamter mit Wolle, Tuch und weiblichen Arbeitskräften zu tun, er kümmerte sich anscheinend um die Organisation der Textilindustrie.

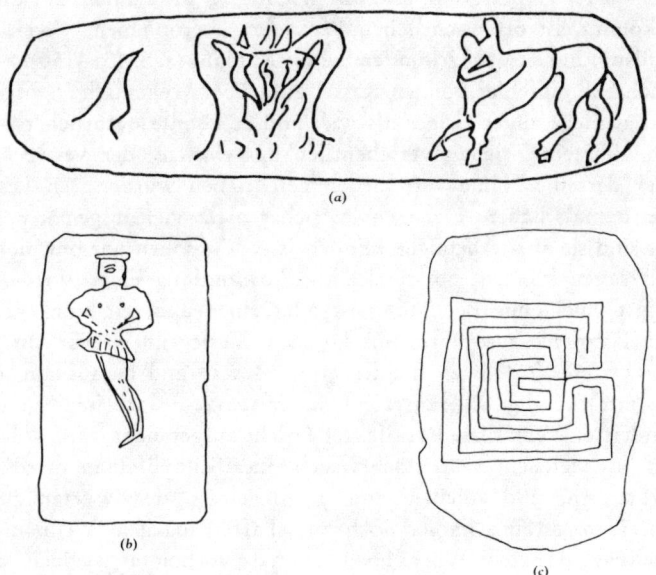

(a)

(b)

(c)

Abb. 10. Kritzeleien aus: (*a*) Knossos, (*b*) Mykene, (*c*) Pylos.

Ist ein Täfelchen einmal beschrieben, trocknet es schnell, und man kann keine weiteren Eintragungen mehr darauf machen. Eine große Tafel für viele Eintragungen konnte daher nur dann benutzt werden, wenn alle Informationen zur selben Zeit vorlagen. Trafen die Nachrichten aber einzeln ein, so mußte man für jede ein kleines Extratäfelchen benutzen. Diese konnte man dann wie eine Kartei nach Belieben ordnen. War sie vollständig, ließen sich alle Angaben auch auf große Tafeln übertragen. Hiervon haben wir vorzügliche Beispiele in den »Grundbuchtafeln« aus Pylos, wo ein umfangreicher Satz kleiner Einzeltäfelchen (wie die Serie Eb) gruppenweise auf große Tafeln (Ep) übertragen wurde und eine lange zusammenhängende Urkunde entstand. Zwischen den beiden Versionen bestehen leichte Unstimmigkeiten, und man hat versucht, sie verschieden zu datieren. Die Unterschiede scheinen aber nur die Wörter zu betreffen, und das Wichtigste, die Zahlen, auf die es ankommt, ist offensichtlich unverändert übernommen, soweit die Vollständigkeit der Urkunden Schlüsse zuläßt (s. S. 151–156).

Auch Schreibfehler können Rätsel aufgeben. Mykenische Schreiber waren nicht zuverlässiger als wir, und es konnte natürlich passieren, daß ein Zeichen versehentlich ausgelassen oder verwechselt oder derselbe Name verschieden geschrieben wurde. Den Lesern von damals haben solche Fehler sicher nicht viel ausgemacht, für uns sind sie aber erhebliche Hindernisse. Wie sollen wir mit Sicherheit sagen können, ob die leichte Abwandlung einer Wiederholungsformel ohne Bedeutung ist oder einen anderen Sinn ergibt? Die Form *wo-zo-e* hatte uns lange in Verlegenheit gebracht, bis ein weiteres Täfelchen damit gefunden war und herauskam, daß das merkwürdige Wort irrtümlich für *wo-ze-e*, ›arbeiten‹, gestanden hatte. Wenn diese Parallelstelle nicht aufgetaucht wäre, würden wir uns vielleicht heute noch wegen eines Schreibfehlers den Kopf zerbrechen, und solchen sind gewiß einige der Wörter zuzuschreiben, die uns immer noch zu schaffen machen. Wenn unbestreitbar dasselbe Wort noch einmal vorkommt, jedoch eine Silbe mehr enthält, sollten wir dann eines davon als fehlerhaft ansehen, und wenn ja, welches könnte das richtige sein?

Oft haben die Schreiber ihren Irrtum bemerkt und verbessert, solange der Ton noch feucht war. Manchmal läßt sich noch erkennen, was getilgt wurde, oder feststellen, daß ein oder zwei Zeichen nachgetragen wurden, als der übrige Text schon fertig war. Wenn ein Schreiber keinen Platz mehr hat, zwängt er das Wort über die Zeile, schreibt rechts über den Rand und sogar auf die Rückseite (PY Va 1324), die in der Regel nicht beschrieben ist. Sie kann aber benutzt werden, wenn der Platz auf der Vorderseite nicht reicht. Manchmal sieht es so aus, als ob der Text der Rückseite keine Beziehung zu dem auf der Vorderseite hätte. Zwischen dem bunten Katalog von Krügen, Schüsseln und anderen Gefäßen auf MY

Ue 611 und den Eintragungen auf der Rückseite über Oliven, Feigen und Wein scheint es kaum eine Verbindung zu geben; sie waren wohl nicht nur Behälter. Manchmal gibt es auch Vermerke an der unteren Kante eines Täfelchens.

Man kann nicht genug betonen, daß es den Benutzern dieser Urkunden hauptsächlich auf die Zahlenangaben ankam. Zahlen und Mengen sind die wichtigsten Dinge, die man nicht dem Gedächtnis anvertrauen kann. Der übrige Text nennt nur kurz, worauf sich die Zahlen beziehen. Es sind Überschriften, aus denen der Leser Personen und Orte ersieht, die mit den angegebenen Mengen zu tun haben. Die Auswertung der Urkunden muß daher mit den Zahlen beginnen, und es würde jede Untersuchung stark beeinträchtigen, wenn man das übersähe. An dieser Klippe sind denn auch schon vielversprechende Theorien gescheitert, während andere, die auf den Zahlen gründen, wahrscheinlich Bestand haben werden. Viele der Erkenntnisse, die das Material zu diesem Buch liefern, entstanden aus der Untersuchung der Zahlen auf den Täfelchen.

Es erschwert unsere Situation sehr, daß die Archive so unvollständig erhalten sind, aber in einigen Fällen wissen wir diesem Mangel abzuhelfen. Wo wir zwei Sätze von Täfelchen gleichen Inhalts haben, ist es natürlich leicht, den einen mit Hilfe des anderen zu vervollständigen. Nützlich sind auch die Summierungstafeln, die die Gesamtsumme angeben. Wenn sich z. B. die auf der entsprechenden Täfelchenserie erhaltenen Zahlen auf siebzig Prozent der angegebenen Summe belaufen, können wir daraus schließen, daß wahrscheinlich dreißig Prozent der Notizen fehlen. Es kommt auch vor, daß eine Serie unzerstört überliefert zu sein scheint. Dazu gehören offenbar die o-ka-Täfelchen aus Pylos, über die wir in Kapitel 9 (s. S. 230–239) ausführlich sprechen wollen. Es gibt mehrere Gründe, weshalb wir diese Serie für vollständig halten, hauptsächlich aber deswegen, weil nicht das kleinste Stück als zu einem fehlenden Täfelchen gehörend identifiziert werden konnte.

Die größte Lücke in unseren Kenntnissen beruht auf einem Tatbestand, den wir nur unterstellen können, nämlich dem Vorhandensein von Urkunden auf vergänglichem Material. Sie wurden durch das Feuer vernichtet, das die Tontafeln gebrannt hat. Es ist schwer zu glauben, daß so sorgfältige Rechnungsführer nicht wenigstens jedes Jahr eine Zusammenfassung ihrer buchhalterischen Tätigkeit aufbewahrt haben sollten. Die uns erhaltenen Täfelchen sind jedoch alle aus dem letzten Jahr des Bestehens der Paläste. Ihre Verweise auf »dieses Jahr« und »letztes Jahr« wären sinnlos, wenn die Aufzeichnungen über mehrere Jahre im Archivraum aufbewahrt worden wären. Das wird noch bestätigt durch vorhandene Monats-, aber fehlende Jahresangaben. Auch die Form der Schriftzeichen selber mit den zierlich gebogenen Strichen und komplizierten Strukturen legt nahe, daß sie nicht für Ton entwickelt worden war. Dem mykenischen Schreiber müssen Tinte und Feder ebenso vertraut gewesen sein wie der Griffel, und Ton war für ihn ein zweitklassiges Material, das man wegwerfen oder aufweichen, kneten und wiederverwenden konnte. Über alles, was nicht auf den Täfelchen steht, dürfen jedoch nur vorsichtige Vermutungen angestellt werden, und unsere Kenntnisse sind selbst in bezug auf das laufende Jahr äußerst lückenhaft.

Ton war billig, besseres Schreibmaterial sicherlich teuer. Man wird also eher Häute aller Art verwendet haben, auch wenn es schon Papyrus gegeben hat, der aus Ägypten importiert gewesen sein könnte. Wohl nicht nur zufällig nannte man in Zypern, wo sich viele mykenische Traditionen bis in klassische Zeit gehalten haben, den Lehrer *diphtheraloiphos,* wörtlich ›der auf Häute malt‹. Häute kommen auch auf den Täfelchen vor (*diphtherai*), aber offenbar nicht in Zusammenhang mit dem Schreiben. Es finden sich auch Männer, die als *a-ro-po* bezeichnet werden, was nach der zweiten Hälfte des zyprischen Kompositums *aloiphoi* heißen könnte, aber ihre Erwähnung ist zu selten, als daß damit die gewöhnlichen Schreiber gemeint sein könnten. Da das Wort für ›Schreiber‹ nicht auf den Täfelchen erscheint, nehmen wir an, daß Bildung bei Sekretären und Beamten vorausgesetzt wurde und der Schriftkundige daher keinen besonderen Namen hatte.

Gelegentlich könnte unsere Unkenntnis auch damit zusammenhängen, daß zufällig nichts erhalten ist. Aus Pylos besitzen wir die Verzeichnisse von zahlreichen Wagenrädern, nicht aber von

Wagenkästen, während es in Knossos beides gibt. Die entsprechenden Täfelchen aus Pylos sind offenbar einfach nicht gefunden
worden, vielleicht weil sie mit den Wagen zusammen an einer noch
nicht ausgegrabenen Stelle aufbewahrt wurden. Wie wir später
sehen werden, sind die bisher in Knossos und Pylos freigelegten
Flächen nur ein Bruchteil, aber wohl der wichtigste, der Gesamt-
fläche, die diese Städte einst bedeckten. Ein weiterer Grund für
das Fehlen bestimmter Verzeichnisse liegt gewiß in der Jahreszeit,
zu der die Paläste zerstört wurden (s. S. 250–256). Es hat nämlich
den Anschein, als ob man einmal im Jahr die Tontafeln des vergangenen Jahres fortgeräumt hätte, um reinen Tisch für das neue
Jahr zu machen.

Abb. 11. Knossos-Täfelchen Dg 1158 mit dem Verzeichnis einer Schafherde.

Das gewöhnliche kleine, länglich geformte Täfelchen ist auch als
›Palmblatt‹ bezeichnet worden. Man bezieht sich damit auf einen
antiken Autor, der vom Schreiben auf Blättern spricht. Es kann
sein, daß Blätter verwendet wurden, um rasch eine Notiz darauf zu
werfen, aber das eigentümliche Aussehen eines blattförmigen Täfelchens hängt einfach mit der Behandlung des Tons zusammen. Ein
Tonklumpen, zwischen den Händen gerollt, ergibt die Form einer
Zigarre und nimmt, flachgedrückt, genau die Gestalt unserer Täfelchen an. Die Tontafeln sind meist »maßgeschneidert«, also in
der Größe der Länge des Textes angepaßt, mit dem sie beschriftet
werden sollten. Wenn zu den Urkunden außerdem noch eine Summierungstafel angelegt und mit ihnen zusammen abgelegt wurde,
zog man manchmal eine Gruppe kleiner Täfelchen (z. B. Serie Ed
in Pylos) einer großen Tafel vor. Das größte bekannte Täfelchen

mißt 16 × 27 Zentimeter und ist etwa 3 Zentimeter dick. Die meisten sind jedoch viel kleiner.

Ein typisches kleines Tontäfelchen muß wie eine Karteikarte in Verbindung mit den anderen Täfelchen gelesen werden. Abbildung 11 zeigt hierfür ein charakteristisches Beispiel. Wir finden zunächst den Namen eines Schäfers, *Aniatos*, in großen Buchstaben eingetragen, es ist das Schlüsselwort, das die Herde kennzeichnet. In kleineren Buchstaben steht *Phaistos* in der Zeile darunter, der Name der Gegend, in der die Herde gehalten wird. Darüber lesen wir den Männernamen *Werwesios*, offenbar ein Beamter, dem die Herde zugewiesen ist. Es folgt die Zahl der Schafe: 63 männliche, 25 weibliche, 2 »alte« (ergibt die nicht genannte Gesamtzahl von 90 Stück), und die Anzahl der Tiere, die dem Herdensoll von 100 Schafen fehlt, nämlich 10 Stück. Die letzte Zahl hatte vorher 12 geheißen und wurde korrigiert, irgendwann hatte der Schreiber offenbar die beiden »alten« Schafe vergessen. So wie eben können wir die Notizen auf dem Täfelchen nur dann deuten, wenn wir es mit allen anderen, die ähnlich sind, vergleichen. Das Geschlecht der Tiere ist mit einer Markierung am Ideogramm für ›Schaf‹ angegeben, die Wörter für ›alt‹ und ›zu ergänzen‹ sind abgekürzt. Im übrigen besteht der Text, von den Zahlen abgesehen,

Mann	Rad	Schaf	Weizen
Frau	Dolch	Ziege	Gerste
Pferd	Amphore	Ochse	Bogen
Wagen	Eimer	Olive	Stoff

Abb. 12.
Identifizierbare Ideogramme.

Abb. 13.
Traditionelle Ideogramme.

aus drei Namen. Begreiflicherweise ist man daher bei der Deutung einer einzelnen Urkunde oft ratlos und kann ihren Sinn nur dann erfassen, wenn sie in den Archiven im richtigen Zusammenhang steht.

Die anderen Bestandteile der Schrift sind Zahlen und Ideogramme. Die Zahlen machen keine Schwierigkeiten, obwohl sie häufig beschädigt und unvollständig sind. ›Ideogramme‹ nennen wir die Zeichen vor den Zahlen. Sie sind oft bildhaft und geben den Gegenstand an, der gezählt ist. Unter ihnen sind Männer, Frauen, Pferde, Wagen, Räder, Schwerter, Becher und Gefäße verschiedenster Art leicht zu erkennen. Andere Zeichen sind so stark stilisiert, daß man sie schwer deuten kann und wir darauf bauen müssen, sie aus dem Zusammenhang begreifen zu können. Beispiele aus dieser Gruppe sind Schafe und Ziegen, Ochsen und Oliven, Weizen, Gerste, Bogen und Tuchwaren. Manchmal gab es kein traditionelles Ideogramm, sondern ein Silbenzeichen wird wie eine Art Abkürzung benutzt. Diese Abkürzung kann nun leider gelegentlich zu einem uns unbekannten Wort gehören. ›Flachs‹ wird z. B. *SA* geschrieben, obwohl das griechische Wort dafür *linon* ist. Da dies aber einmal zur Erläuterung von *SA* benutzt wurde, nehmen wir es als tatsächliche Bedeutung an. Dieselbe Abkürzung kann in verschiedenen Zusammenhängen verschiedenartige Bedeutung haben. Deshalb darf es nicht verwundern, daß es noch eine weitere Anzahl von Zeichen gibt, die wir nicht interpretieren können, deren Sinn sich allenfalls vermuten läßt.

Die großen Tontafeln in der Form von »Buchseiten« sind nicht nach einem regelmäßigen Schema angelegt. Eine große Tafel kann ein in sich abgeschlossenes Dokument sein (z. B. KN U 4478, s. Abb. 14, PY Tn 316) oder zu einer Tafelserie gehören. Zu den besten Beispielen zählen die sogenannten Küstenwacht-Tafeln aus Pylos, ein aus fünf großen Tafeln bestehender Satz, der eine einzige lange Urkunde darstellt. Eine solche Urkunde beginnt oft mit einer Überschrift von meist nur einer Zeile (z. B. PY An 654.1), manchmal auch von bis zu drei Zeilen (z. B. PY Jn 829), die in formelhaften Wendungen den Gegenstand definiert, der dann ausführlich in einer Reihe von Eintragungen behandelt wird. Manch-

Abb. 14. Knossos-Täfelchen U 4478 in Form einer Buchseite.

mal ist die Urkunde durch ein bis zwei freigelassene Zeilen in Abschnitte unterteilt. Das Wort *o-da-a₂*, das etwa ›und wie folgt‹ bedeuten muß, ist ein klarer Hinweis darauf, daß das Thema in einem neuen Abschnitt auf derselben Tafel oder der folgenden Tafel der Serie fortgesetzt wird. Es verbindet nicht nur den neuen Abschnitt mit dem vorhergehenden, sondern erspart auch das jeweilige Wiederholen der Einleitungsformel.

Allzu oft zeigt es sich, daß die großen Tafeln nur ein Verzeichnis von Personennamen enthalten. Die Überschrift ist nur eine kurze Formel, die unverständlich bleibt, weil wir die Begleitumstände nicht kennen. Sehr oft ist auch der obere Rand der Tafel beschädigt, so daß die einleitenden Wörter, die uns den Sinn der Urkunde deuten könnten, verloren oder fragmentarisch sind. Eine Liste von Frauennamen aus Mykene (V 658) trägt als Überschrift anscheinend nur das eine Wort *demnia*, ›Bettzeug‹, und eine andere, ziemlich ähnliche aus Pylos (Vn 851) hat außer diesem Wort auch keine weitere Überschrift. Könnten diese Frauen Übernachtungsgäste gewesen sein, die man für die Nacht mit Bettdecken versehen hatte? Auf der Tafel aus Mykene sind die Frauen übrigens paarweise aufgeführt. Dabei ist die zweite Frau zweimal nicht namentlich genannt, sondern nur als »und Tochter« angegeben. Ob diese Paare wohl das Bett teilen mußten?

Das System der Schrift ist schwerfällig, aber dem Material der Archive angemessen. Namen und Wörter sind mit Silbenzeichen geschrieben. Sie werden, wie es üblich ist, mit Hilfe von Silben transkribiert, die man durch Bindestriche trennt (z. B. *de-do-me-na*, *i-je-re-ja*, *a-re-ku-tu-ru-wo*). Diese Transkriptionen bieten nur Anhaltspunkte für mögliche Interpretationen, die nach einer Reihe von komplizierten Regeln vorgenommen werden müssen. Aus diesen Möglichkeiten muß wiederum eine Wortform gewonnen werden, die unserer Kenntnis des Griechischen entspricht. *de-do-me-na* kann z. B. ohne weiteres als *dedomena*, ›entrichtet, gegeben‹, angesehen werden, *i-je-re-ja* bedeutet *hiereia*, ›die Priesterin‹, und *a-re-ku-tu-ru-wo* den männlichen Vornamen *Alektrŭon*. In einigen Fällen muß die Rekonstruktion Dialektmerkmale berücksichtigen, die im klassischen Griechisch fehlen. Aus *qa-si-re-u* läßt sich z. B.

das Wort *guasileus* rekonstruieren, dessen klassische Form *basileus* ist. Das Wort kann, wie in diesem Fall, eine leicht abweichende Bedeutung haben; *guasileus* heißt im Mykenischen ›Häuptling‹ oder ›Führer‹ und ist im Griechischen das allgemein gebräuchliche Wort für ›König‹ geworden. In einigen Fällen, hauptsächlich bei technischen Termini, ist ein Wort zwischen der mykenischen und der klassischen Zeit aus der griechischen Sprache verschwunden, so daß wir es nun nicht mehr wiedergewinnen können. Gelegentlich kann jedoch aus der Verwendung des Wortes auf seine ungefähre Bedeutung geschlossen werden. In diesem Buch wird bei mykenischen Wörtern, wenn es möglich ist, die rekonstruierte Form wiedergegeben, während bei einer direkten Umschrift der Linear-B-Zeichen die Silben, wie oben erwähnt, mit Bindestrichen getrennt werden.

Das sehr einfache Zahlensystem ist zum Registrieren von Mengen hinreichend geeignet, wir haben Beispiele von bis zu fünfstelligen Zahlen. Aber es fehlen ihm, wie allen in der Antike bekannten Systemen, die Dezimalstellen, die arithmetisches Rechnen für uns so einfach machen, und das Zeichen für Null. Wie wir sehen, wurden arithmetische Aufgaben ausgeführt und dazu vermutlich eine Art Rechenmaschine benutzt. Größere Mengen von Produkten wie Getreide oder Wein wurden in immer kleiner werdenden Mengeneinheiten gemessen, wie sie in England heute noch z. B. als Scheffel, Gallone, Quart, Pinte und Viertelpinte in Gebrauch sind. Im Gegensatz zu vergleichbaren Meßsystemen sind die Einheiten des mykenischen Systems untereinander durch komplizierte Wechselbeziehungen verbunden, die den Eindruck erwecken, als beruhten sie auf dem von den Assyrern verwendeten Sexagesimalsystem. Demzufolge wird die größte Trockenmaßeinheit in Zehntel aufgeteilt, die dann jeweils in 6 Teile zerlegt werden ($10 \times 6 = 60$), deren jedes wiederum in Viertel zerfällt. In ähnlicher Weise teilt sich die größte Gewichtseinheit in 30 Doppeleinheiten, die auch jeweils in Viertel zerlegt werden (s. auch S. 139–148). Bei der Addition scheint man keine Schwierigkeiten gekannt zu haben, insbesondere wenn es darum ging, eine größere Anzahl kleiner Einheiten in die nächsthöhere Einheit des Systems umzurechnen.

Wir besitzen allerdings ein Beispiel für einen eindeutigen Fehler in diesem Stadium (PY Jn 658.11), aber man darf auch in anderen Fällen zweifeln, ob die Addition richtig ist.

Eine vielgeübte Additionsmethode war das stückweise Abzählen. Wir besitzen Täfelchen, auf denen ins Unreine geschrieben wurde, und auf der Rückseite eines aufschlußreichen Exemplares (PY Ea 59, s. Abb. 15) ein klares Beispiel dafür, wie Summen aufgerechnet wurden. Für jede Einheit wurde ein Strich gemacht, und diese faßte man in Zehnergruppen zusammen. Jede Zehn stellte man durch zwei übereinandergeschriebene Fünfen dar. Der Text ist wegen der Beschädigung des Täfelchens leider unvollständig, aber darunter erscheint in der üblichen Schreibweise die Zahl 137, offensichtlich die Summenangabe.

Abb. 15. Stückweises Abzählen auf der Rückseite eines Täfelchens (Pylos Ea 59).

Trotz der Schwierigkeiten und ungelösten Probleme sind wir aber nun imstande, ein Täfelchen nahezu vollständig zu lesen, auch wenn wir nicht jedem Zeichen einen Lautwert zuweisen können. Es gibt nur wenige solcher Zeichen mit unsicherem Lautwert, und sie treten sehr selten auf. Für einige von ihnen existieren Versuchswerte, die mangels Beispielen noch unbestätigt sind. Von den Ideogrammen ist der größte Teil identifiziert, einige sind freilich noch immer ungeklärt oder umstritten. Die Abkürzungen sind am müh-

samsten zu entziffern. Eine Art viereckiges Kästchen mit einge-
schriebenem Silbenzeichen *ke* könnte z. B. ein Wort bedeuten, das
in mykenischer Schreibweise mit der Silbe *ke* beginnt. Ohne weitere Hinweise ließ sich aber bisher nicht erraten, welches der vielen in Frage kommenden Wörter hier gemeint ist.

Das größte Problem ist eigentlich nicht, diese Urkunden zu »lesen«,
sondern zu verstehen, was sie mitteilen sollten, nicht nur die Wörter, sondern die wirklichen Vorgänge, die hier festgehalten wurden.
Schritt für Schritt gelingt es uns, diese Welt besser zu erkennen, in
der solche Schriftzeugnisse entstanden sind. Mein Buch soll der
Versuch sein, soviel von dieser Welt wiedererstehen zu lassen, wie
der Stand unseres Wissens erlaubt.

Drittes Kapitel
Mykenische Geographie

Messenien

Der König von Pylos (s. Taf. 12) muß vom Dach seines Palastes eine weite Aussicht über den Landstrich gehabt haben, der den südlichen Teil der peloponnesischen Westküste ausmacht. In nordöstlicher Richtung verstellte ihm die 1218 Meter hohe, zackige Bergkette, die heute Hagiá heißt, den Blick. Sie verläuft ungefähr von Nord nach Süd und verliert allmählich an Höhe bis zu einem niedrigen Sattel, über den die heutige Landstraße nach Kalamáta führt. Landeinwärts nach Süden wird man den Likódimos gesehen haben. Das ist der heutige Name für den Berg hinter dem modernen Ort Pílos am südlichen Ende der Bucht von Navaríno. Auch die Bucht, die vom offenen Meer durch die Felsbarriere der Insel Sphaktería getrennt ist und einen ausgezeichneten Hafen bildet, wird zum großen Teil sichtbar gewesen sein. Hier wurde im Jahre 425 v. Chr. die spartanische Kriegsmacht durch die athenische Flotte vernichtet. Die Haupteinfahrt in die Bucht liegt im Südwesten. Die Seite nach der Küste hin ist zwar sehr flach, bietet jedoch sogar für große Schiffe vorzüglichen Ankergrund. Im Altertum zog man allerdings die Schiffe auf den Strand, wenn sie nicht gebraucht wurden. Im Norden der Bucht liegt eine enge Durchfahrt zwischen Sphaktería und dem Festland. Vom Aussichtspunkt des Königs aus wird sie durch eine große Klippe verborgen, von der man die heute trockengelegte Lagune am Nordende der Bucht überblicken kann. Die Küstenlinie könnte sich hier seit der Antike verändert haben, aber Fachleute nehmen eher an, daß das Versanden der Lagune mit dem leichten Anstieg des Meeresspiegels Schritt gehalten hat, so daß die Situation nicht viel anders gewesen sein mag. Genau nördlich liegt eine interessante kleine Bucht, die heute Voïdokiliá, ›Ochsenbauch‹, heißt (s. Taf. 14). Sie wird durch eine Sandbank gebildet, die in halbmondförmigem Bogen mehr als

einen Dreiviertelkreis beschreibt. Wenn es diese Bucht damals schon
gegeben hat, könnte sie mit ihren sandigen Ufern, auf die man in
der Antike die Schiffe zog, ein vortrefflicher Hafen gewesen sein.
Die felsige Einfahrt wäre nicht allzu schwer zu bewältigen gewesen. In der Umgebung sind Spuren davon gefunden, daß die Gegend in mykenischem Besitz war. Eine Tholos (ein bienenkorb-
förmiges Grab) auf dem nördlichen Vorgebirge spricht dafür, daß
in der Nähe eine Siedlung bestanden hat. Höchstwahrscheinlich
hatte der König hier seinen Hafen, etwa 6 Kilometer vom Palast
entfernt.

Nach Westen zu bleibt das Meer unsichtbar, verborgen hinter einer
bewegten, niedrigen Hügelkette, die den Blick aufhält. Unsere erste
Frage wäre nun, ob dieser ganze Landstrich von 20 mal 10 Kilometern dem König unterstand und, wenn ja, wie weit darüber
hinaus seine königliche Macht reichte.

Zunächst ein paar allgemeine geographische Überlegungen. Die
Archive zeigen ganz deutlich, daß der Palast der Verwaltungsmittelpunkt eines ausgedehnten Gebietes war. Solche Zentren errichtet
man normalerweise an Orten mit guten Verkehrsverbindungen und
nicht an besonders abgelegenen Stellen, es sei denn, bestimmte
Naturgegebenheiten würden dafür sprechen. In diesem Küstenstreifen müssen alle Verkehrswege ungefähr von Nord nach Süd
verlaufen, denn der Gebirgszug läßt sich nur an zwei Punkten
ohne Schwierigkeiten auf Straßen überqueren. Die eine Stelle liegt
30 Kilometer nördlich hinter Kiparissía, wo man durch ein breites
Flußtal ins Binnenland gelangt, die andere gegenüber der Bucht
von Navaríno, wo ein Gebirgssattel nach Süden führt. Dadurch
wird deutlich, daß das Königreich nach Norden hinauf mindestens
bis Kiparissía gereicht hat, denn südlich des strategischen Punktes,
wo die Berge bis ans Meer reichen, findet sich keine Verteidigungslinie, die eine befriedigende Grenze abgäbe. Nach Süden ist wiederum vor dem heutigen Pílos keine Grenze zu erkennen. Hinter
Pílos kommt nur noch eine kurze Halbinsel, überwiegend aus hoch
gelegenem, unebenem Gelände bestehend, die schließlich mit der öden
Spitze des Kap Akrítas endet. Gewiß hat sich das Königreich über
den gesamten Küstenstreifen von Kiparissía bisMethóni erstreckt.

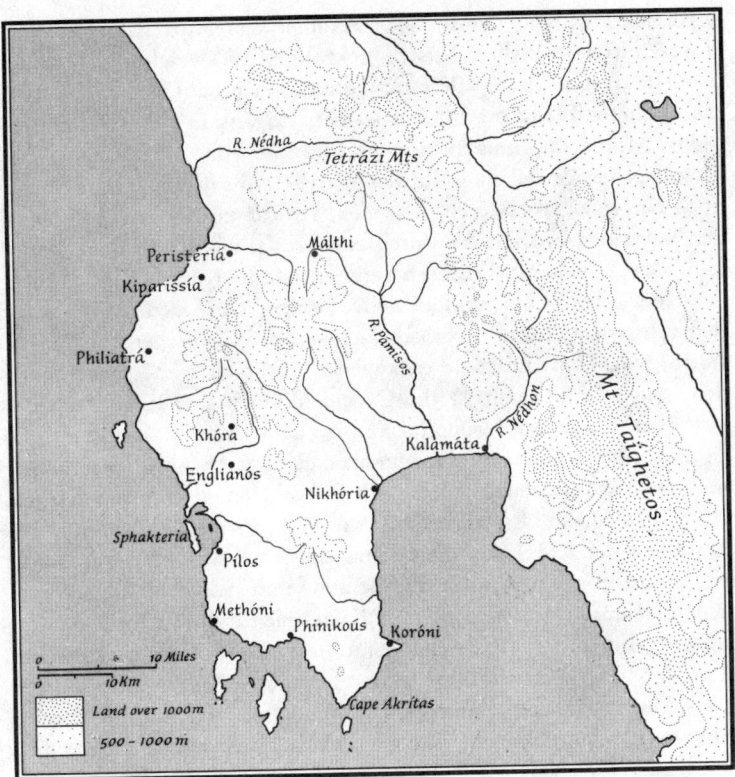

Karte von Messenien.

Kiparissía nun bietet eine Verteidigungslinie, aber wir wissen, daß das breite Tal nördlich davon in mykenischer Zeit dicht besiedelt war. Sowohl im Haupttal als auch in den nach Norden und Süden davon ausgehenden Seitentälern konnten die Archäologen in beharrlicher Forschungsarbeit eine reiche Zahl von Siedlungsstätten aufdecken. Das Besondere an diesen Siedlungen ist übrigens, daß von jeder wenigstens noch eine, wenn nicht mehrere andere Siedlungsstätten eingesehen werden können. Das ganze Siedlungssystem wird überragt von der luftigen Anhöhe von Kiparissía, die von einem mittelalterlichen Kastell gekrönt wird, welches sicher auf den Überresten älterer Befestigungsanlagen erbaut ist (s. Taf. 10). Durch dieses Tal ist ein zweiter leichter Zugang in die große messenische Mulde im Inneren möglich, die sich vom oberen Ende des Messenischen Golfs nach Norden erstreckt. Wenn wir unsere Suche noch ein wenig fortsetzen, kommen wir zur nördlichen Talgrenze des Kiparissía-Flusses, die durch eine wilde, nicht sehr hohe Bergregion gebildet wird. Dadurch verengt sich die Küstenebene südlich des Néda-Flusses bis auf Paßbreite. Anders als in dem weiter südlich gelegenen Flußtal kommen hier keine mykenischen Siedlungsstätten vor, man findet sie erst wieder ein Stück weiter nach Norden. Auch heute noch ist die Gegend dünn besiedelt und scheint von Natur aus ein Niemandsland zu sein. Hier haben wir nun endlich eine brauchbare Nordgrenze. Eine noch nördlicher angenommene Staatsgrenze würde den Palast weniger zentral gelegen erscheinen lassen. Es wäre dann sinnvoll gewesen, ihn weiter im Norden zu errichten, da die Grenze sonst mehr als eine Tagesreise weit entfernt gewesen wäre. Es gilt nun festzustellen, ob die Schriftzeugnisse unsere Vorstellung vom Königreich Pylos bestätigen.

Das ist alles andere als leicht, denn die Urkunden enthalten keine Karten. Zwar läßt sich ohne weiteres herausfinden, welche Wörter Ortsnamen bedeuten, aber es ist unmöglich, sie mit bekannten Stätten zu identifizieren. Das wiederholt erscheinende *Pu-ro*, das, aus seinem Gebrauch zu schließen, die Hauptstadt bezeichnen muß, stellt die gebräuchliche mykenische Schreibweise für *Pulos* (*Pylos*) dar. Hiermit ist offensichtlich der Palast gemeint. Wir lesen nämlich bei einem antiken Geographen, daß dieser Name, den zu seiner Zeit ein Ort im Norden der Bucht von Navaríno trug, von einem älteren Siedlungsplatz »unter dem Berg Aigaleon« stammte, sicher der heutige Hagiá. Jetzt ist der Name noch weiter nach Süden gewandert. Seine moderne Form transkribieren wir hier mit *Pílos*.

Die Ortsnamen scheinen, näher betrachtet, weder der klassischen Geographie zu entsprechen noch gar der bloßen Städteaufzählung, die Homer für Nestors Reich anführt. Einige Namen erkennen wir wieder, wie etwa *Leuktron*. Auf der Landkarte zeigt sich, daß dieser Ortsname auf dem griechischen Festland dreimal vorkommt. Das nächste Leuktron befindet sich weitab auf der Máni, dem mittleren der drei südwärts weisenden Zacken der Peloponnes. Andere Orte scheinen *Erchomenos* zu heißen (später *Orchomenos*, der nächstliegende Ort dieses Namens ist in Arkadien) und sogar *Korinthos*, das schwerlich das berühmte Korinth am Isthmus sein kann. Wie überall und jederzeit wiederholten sich auch auf der Karte des mykenischen Griechenland die gleichen Ortsnamen immer wieder.

Zu Beginn der Entzifferung neigte die Forschung dazu, das Königreich Pylos unbeschränkt auszudehnen. Die meisten Kollegen nahmen kurz vor Korinth die Grenze an. Ich muß gestehen, daß ich an diesen Übertreibungen mitschuldig bin. Im Jahre 1955 hatten nämlich Ventris und ich auf zwei Namen aufmerksam gemacht, die auf den Urkunden beieinander stehen: *O-ru-ma-to* und *U-ru-pi-ja-jo*. Die beiden ließen sich sprachwissenschaftlich als *Orumanthos* und *Ulumpiaioi* rekonstruieren. Wir identifizierten sie mit dem Berg *Erymanthos* nördlich des Alpheios und den *Olympiaioi*, den Bewohnern Olympias am selben Fluß. Heute erscheint unsere Begeisterung unbegründet; denn für diese Namen sind auch andere Rekonstruktionen möglich. Wenn es zutrifft, daß sich das Königreich weniger weit nach Norden ausdehnte, sind manche Identifizierungen begreiflicherweise hinfällig, zu denen wir uns heute ohnehin nicht mehr bekennen würden, weil sich der Vokalwandel, den wir annehmen mußten, bei anderen Beispielen nicht wiederholt hat. Unglücklicherweise schien auch noch ein anderer wichtiger Ortsname auf den Täfelchen für unsere Theorie zu sprechen. Die Schreibung dieses Namens ist *Pi-*82*, wobei das zweite Zeichen nicht sicher gedeutet werden kann. Ein Teil der Forschung entschied sich für *Pi-sa₂* und identifizierte es mit dem klassischen Pisa in der Nähe von Olympia. Anderen erschien *Pi-ja₂* richtiger, und man schlug eine Identifizierung mit dem antiken Namen *Pheiai* beim heutigen Katákolon vor, das noch weiter nördlich liegt. Ich selber glaube heute, daß das fragliche Zeichen tatsächlich *swa* bedeutet. Es ist richtig, daß der Name *Piswa* ein Vorläufer des klas-

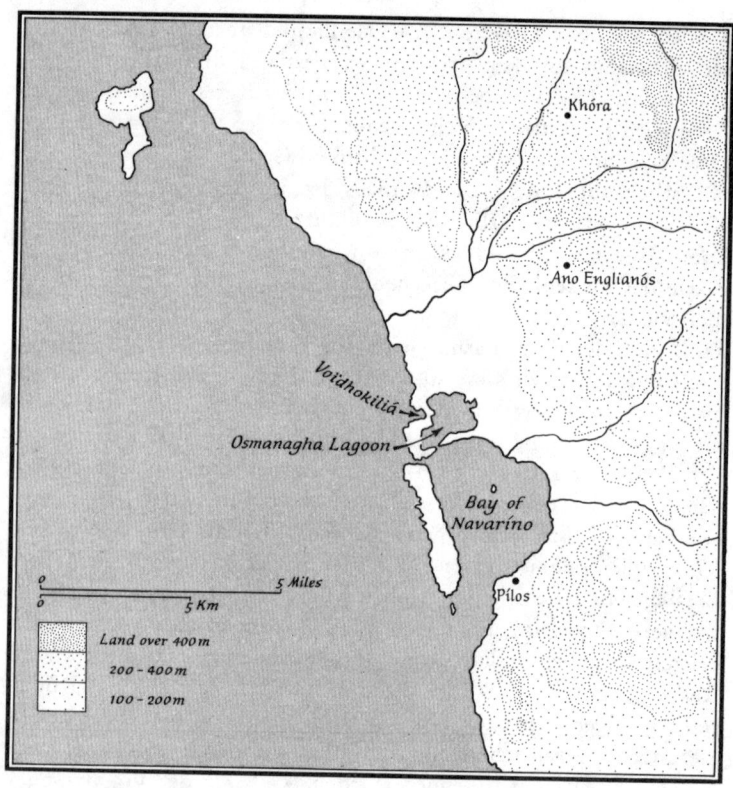

Karte der Gegend um Pylos (Englianós).

sischen *Pisa* ist, da das *w* ja im klassischen Griechisch verlorenging, aber nach meiner Ansicht liegt hier wieder ein mehrfach vorkommender Ortsname vor. In der Tat könnten einige der mykenischen Namen, die wir aus den entfernteren Gegenden der Peloponnes kennen, durch Auswanderer dorthin gelangt sein, die den Südwesten in den unruhigen Zeiten nach dem Fall von Pylos verlassen hatten.

Unter den anderen Namen sind einige gebräuchliche griechische

Wörter für geographische Bezeichnungen, wie *Rhion*, ›Vorgebirge‹, *Charadros*, ›Schlucht‹, und *Helos*, ›Sumpf‹. Der erste dieser Namen ist als die frühere Bezeichnung des späteren *Asine* überliefert, das in Mittelalter und Neuzeit, um alles noch mehr zu komplizieren, *Koróni* heißt. Die berühmte venezianische Festung liegt auf der anderen Seite des Kap Akrítas, am Westufer des Messenischen Golfs. Sie ist Pylos nahe genug, um als Ort des Königreichs in Betracht zu kommen, vorausgesetzt, wir können noch andere Hinweise darauf finden, daß sich das Reich über die Berge hinweg ausdehnte, die man vom Palast aus sah. Ein solcher Hinweis ist der Name *Nedwōn*, der auf den Täfelchen erscheint. Es kann sich nur um *Nedōn* handeln, das sich als Flußname am Ostrand der messenischen Ebene erhalten hat. Der Nedon mündet beim heutigen Kalamáta ins Meer. Hier scheinen wir nun endlich einen Anhaltspunkt zu haben.

Ein anderer Ortsname, den wir hier erwähnen müssen, ist *Kuparissos*, das griechische Wort für ›Zypresse‹. Vom modernen Namen *Kiparissía* war schon die Rede. Die antike Stadt an dieser Stelle trug denselben oder einen ähnlichen Namen. *Kyparissēeis* nennt Homer eine der Hauptstädte in Nestors Reich. Aber wie bei anderen geographischen Namen ist es vielleicht auch hier gefährlich, ihn mit einer bestimmten Stelle in Verbindung zu bringen. In der Gegend von Kiparissía wachsen freilich noch immer Zypressen im Überfluß, besonders etwas weiter südlich, bei Philiatrá. Sehr wahrscheinlich ist der Name irgendwo in dieser Gegend anzunehmen.

Soweit unsere Anhaltspunkte. Darüber hinaus muß die Landkarte des mykenischen Messenien mit anderen Mitteln rekonstruiert werden. Wir wollen sehen, was aus den Tontäfelchen über die Lage der Orte hervorgeht. Großzügig geschätzt, ergeben sich etwa 200 Namen, wobei in einigen Fällen zweifelhaft ist, ob es Ortsnamen sind. Die archäologische Geländeerkundung, die hier besonders gründlich betrieben wurde, hat etwa die gleiche Anzahl mykenischer Siedlungsstätten erbracht. Wir dürfen aber weder annehmen, daß alle Stätten gefunden wurden, noch daß alle Orte, die auf den Täfelchen erwähnt sind, innerhalb des Königreiches lagen. An einer

Stelle lesen wir z. B. »für Pleuron bestimmte Ruderer« (An 1).
Könnte hier nicht ein Schiff ins Ausland gefahren sein? Später
werden wir noch andere Belege für ausländische Namen bringen.
Auch auf den Täfelchen selbst finden sich Anhaltspunkte zur
Verteilung der Ortsnamen. Ohne die Fragmente zu berücksichtigen,
besitzen wir allein drei Exemplare (Jn 829, Cn 608, Vn 20) einer
Liste von neun Ortsnamen, die immer in der gleichen Reihenfolge
aufgeführt sind. Wir haben die Kasusendungen, die auf den verschiedenen Listen vorkommen, einander angepaßt und geben die
Zahlen an, die sich auf Vieh und Wein beziehen, wie sie auf zwei
der Listen neben jedem Namen stehen. Das Verzeichnis sieht dann
folgendermaßen aus:

		Cn 608	Vn 20
1	*Pi-swa*	3	50
2	*Me-ta-pa*	3	50
3	*Pe-to-no*	6	100
4	*Pa-ki-ja-ne*	2	35
5	*A-pu$_2$*	2	35
6	*A-ke-re-wa*	2	30
7	*E-ra-to/Ro-u-so*	3	50
8	*Ka-ra-do-ro*	2	40
9	*Ri-jo*	2	20

In einem Fall (Jn 829) lautet der siebente Name *Ro-u-so*, und
wir dürfen annehmen, daß es sich dabei um einen Alternativnamen
für *E-ra-to* handelt. Seine Form erinnert an die spätere arkadische
Stadt *Lousoi*, die ein weiteres Beispiel für einen wandernden Namen
sein kann. Es liegt auf der Hand, daß wir es hier mit den neun
Hauptstädten und Verwaltungsbezirken eines Teils des Königreiches zu tun haben. Sie haben nämlich alle, wie wir später sehen
werden, einen Gemeindeverwalter oder Statthalter.
Die Reihenfolge könnte auf verschiedene Weise zustandegekommen
sein, z. B. aufgrund der Bedeutung der Orte. Aber wir sehen an
den Zahlen der Tabelle, daß die Stadt mit den höchsten Werten
(6 und 100) nicht an erster Stelle steht. Es wird also durchaus

nicht nach der Größe sortiert. Ferner wäre eine »alphabetische« Ordnung denkbar, wenn wir davon ausgehen, daß die Mykener eine wenn auch willkürlich festgelegte Folge der Silbenzeichen gehabt haben, unserem Abc vergleichbar. Eine solche Ordnung, *i ro ha* usw., weist das japanische Syllabar auf. Die beiden Städte, die mit dem gleichen Zeichen (*a*) beginnen, stehen beisammen. Aber schon Jn 829 widerlegt unsere Theorie. Dort ist unsere Liste um sieben weitere Namen verlängert, von denen zwei mit *e* beginnen, aber nicht aufeinanderfolgen. Die einzig mögliche Lösung ist daher eine geographische Namensreihung. Aber Städte verteilen sich in der Landschaft in zwei Dimensionen, was in einer Liste auf nur eine Dimension reduziert werden muß. Eine gewisse Großzügigkeit muß daher erlaubt sein.

Wir wollen hier einmal näher auf die sieben zusätzlichen Namen eingehen, die sich auf Jn 829 finden. Es sind ebenfalls wichtige Städte oder Bezirke, die auch an anderer Stelle erscheinen, obwohl nicht in festgelegter Reihenfolge. Meist stehen sie auf Einzeltäfelchen, deren ehemalige Ordnung unbekannt ist. Nach einer beschädigten Urkunde (On 300), deren erste Zeile fehlt, scheinen die sieben Namen aber zu einer *Pe-ra-a-ko-ra-i-ja* oder ähnlich genannten Provinz zu gehören. An anderer Stelle ist dieser Name mit *De-we-ro-a₃-ko-ra-i-ja* verknüpft. Beide Wörter müssen Verbindungen aus dem Element *a₃-ko-ra-i-ja* mit den Präfixen *pera-*, ›jenseits‹, und *deuro-*, ›diesseits‹, sein. Daraus dürfen wir schließen, daß das Königreich in zwei Provinzen zerfiel, die in auffallender Weise voneinander abgegrenzt waren. Man muß sich nur vom Palast aus nach allen Seiten umblicken, um zu sehen, was gemeint ist. Die Trennung zwischen beiden Provinzen bildet die lange Gebirgskette, die zu Beginn dieses Kapitels erwähnt wurde und sich fast genau von Norden nach Süden die Halbinsel hinunterzieht. Sie scheidet den westlichen Küstenstreifen von der großen messenischen Mulde. Die Entdeckung, daß der Name für dieses Gebirge in klassischer Zeit *Aigaleon* war und die mykenische Schreibweise etwas Ähnliches wie *Aigolaïa* bedeuten mag, ist ein zusätzlicher Pluspunkt. Wir haben hier zwar keine perfekte, wohl aber eine annähernde Übereinstimmung. Daraus folgt, daß die neun Städte im westlichen Küstenstreifen liegen, die sieben anderen jenseits der Berge in der messenischen Mulde. Wir werden diese Gegend, eine der reichsten der Peloponnes, später beschreiben und uns jetzt auf die diesseitige Provinz konzentrieren.

Der Küstenstreifen macht es uns leicht, die zweidimensionale Verteilung der Städte auf die eine Dimension der Liste zu reduzieren. Grundsätzlich können wir sicher sein, daß die Liste der Küstenlinie von Norden nach Süden oder von Süden nach Norden folgen muß. Sie könnte auch vom Palast aus sowohl in nördlicher als auch südlicher Richtung gehen. Es bleibt abzuwarten, welche Möglichkeit am besten paßt. Den ersten Hinweis gibt der Name *Pa-ki-ja-ne*, der auf Tn 316 in enger Verbindung zu Pylos (*Pu-ro*) steht und der Standort verschiedener »königlicher« Handwerksleute zu sein scheint. Hier hat z. B. der königliche Tuchwalker einen Besitz (En 74.3), und es ist unwahrscheinlich, daß Bedienstete des Königs weit vom Palast entfernte Güter besaßen. Wir können also den vierten Bezirk in die Nähe des Palastes rücken, vielleicht sogar den Palast in den vierten Bezirk setzen. Pylos selbst hat nämlich einen Sonderstatus und erscheint nicht in der Liste der tributpflichtigen Städte.

Den nächsten Hinweis gibt uns *Ri-jo* (*Rhion*, ›Vorgebirge‹), das man wohl an der Stelle des heutigen Koróni suchen muß (s. S. 61). Das heißt, daß die Liste offenbar im Süden mit einem Namen endet, der uns hinter die südlichste Spitze der Halbinsel auf das Südwestufer des Messenischen Golfs führt. Die Reihenfolge geht wahrscheinlich von Norden nach Süden, und wir stellen fest, daß *Piswa* und *Metapa*, die beiden ersten Namen auf der Liste, Berührung mit der jenseitigen Provinz haben. Das ist nur möglich, wenn wir sie nach Norden hinaufsetzen, denn dort führt eine gute Verbindung durch das Flußtal bei Kiparissía in die messenische Mulde. Aber wie weit reichte das Königreich nach Norden? Angenommen, der Palast läge im vierten Bezirk, so wäre das Staatsgebiet nach Norden hin im Verhältnis kleiner als nach Süden. Wer das Reich bis hinauf zum Alpheios ausdehnen möchte, sollte deswegen vielleicht vorsichtiger sein, obwohl die Versuchung natürlich groß ist, in *Piswa* das spätere Pisa bei Olympia zu sehen.

Antike Reiche waren, bevor es Landkarten gab, fast immer durch Naturgegebenheiten begrenzt, Gebirgszüge, große Flüsse und andere Hindernisse. Solch eine vortreffliche Grenze bilden, wie wir gesehen haben, das Tal des Flusses Néda und die Tetrázi-Berge unmittelbar südlich davon. Zweifellos bezeichnet die Néda die Nordgrenze. Hier wäre besonders zu erwähnen, daß sie im Mykenischen mit großer Wahrscheinlichkeit genauso hieß, denn einer der wichtigen Leute aus dem Norden trägt den davon hergeleiteten Namen *Nedwātās*.

Die nördlichen und südlichen Begrenzungen der »diesseitigen Provinz«, wie wir den Küstenstreifen, in dem der Palast liegt, nennen könnten, haben wir auf diese Weise festgelegt. Natürlich ist die simple Nord-Süd-Ordnung eine Verfälschung, denn nicht alle Städte liegen an der Küste oder auf einer durchgehend geraden Linie. Gleichwohl bringt die geographische Situation mit sich, daß die Ost-West-Ausdehnung, mit zwei Ausnahmen, eingeschränkt bleibt. Am Nordende des Landes führt eine Verbindung durch das Tal des Kiparissía-Flusses, der auch Peristéri heißt, und das Soúlima-Tal zum Ithómi und in die obere messenische Ebene. Möglicherweise lagen die ersten beiden Bezirke, die Beziehungen zur jenseitigen Provinz erkennen lassen, abseits vom Meer in diesem Tal. Besonders in der Gegend von Piswa wird viel Schafzucht getrieben. Das Gelände ist dazu, hauptsächlich im oberen Abschnitt des Tales, vorzüglich geeignet. Ähnlich wie im Norden öffnet sich auch südlich des Palastes, auf der Höhe der Bucht von Navaríno, das Land nach Osten, und wir müssen annehmen, daß einige Bezirke im Landesinneren liegen.

Zufällig haben wir noch eine andere Städteliste. Sie ist nach allem, was unsere gerade besprochene Liste bezeugt, ebenfalls von Norden nach Süden ausgerichtet. Hier müssen aber alle erwähnten Orte an der Küste oder in ihrer Nähe liegen. Wir werden über diese Urkunde ausführlicher in Kapitel 9 (S. 234) sprechen. Im Augenblick genügt es zu sagen, daß auf unserer Standardliste erst die sechste Stadt, *A-ke-re-wa*, in der Nähe der Küste liegt, die ersten fünf Städte aber auf keinen Fall. *Ka-ra-do-ro* und *Ri-jo* erweisen sich dagegen als Küstenorte.

Es fragt sich, ob wir allmählich eine vorläufige Landkarte entwerfen könnten. Wenn wir *Pi-swa* hoch genug hinauf in die Nähe des Soúlima-Tales rücken und *Me-ta-pa* westlich davon mehr an die Küste, haben wir schon alles berücksichtigt, was wir über diese Orte wissen. *Pe-to-no* muß zwischen Kiparissía und dem Palast liegen und nach dem Ausmaß seiner Tributleistungen ein großer Bezirk sein. Man hat eine bedeutende Siedlungsstätte in Hágios Christóphoros festgestellt, nur wenig landeinwärts von Philiatrá (McDonald/Rapp, 1972, S. 276). *Pa-ki-ja-ne* bezeichnet die Gegend, in der der Palast liegt und die als wichtiges religiöses Zentrum bekannt ist. Dafür könnte von Bedeutung sein, daß man in späteren Jahrhunderten den mykenischen Gräbern von Volimídia, in der Umgebung von Chóra, nur 3 Kilometer nördlich des Palastes, göttliche Ehren erwies.

Weiter nach Süden wird es bei *A-pu₂* schwieriger. Ursprünglich hatten wir gedacht, es könnte das Homerische *Aipu* sein, das ›steil‹ bedeutet. Dieser Ort ist immer noch nicht sicher lokalisiert. *pu₂* wird jedoch niemals anstelle des üblichen Zeichens für *pu* gebraucht, wenn das griechische *pu* gemeint ist, sondern hat normalerweise den Lautwert *phu*. Das dürfen wir behaupten, seit wir die Regeln des Schriftsystems allmählich besser kennen gelernt haben. *A-pu₂* liegt nicht an der Küste, sondern vielleicht im Hinterland der Bucht von Navaríno. *A-ke-re-wa* ist ein wichtiger Hafen, der selbstverständlich an der Bucht, nicht aber an deren Nordende liegen muß. Wahrscheinlich muß man es in der Nähe des heutigen Pílos im Süden der Bucht suchen, aber obwohl dort Spuren mykenischer Besiedlung gefunden wurden, ist noch keine Stelle entdeckt worden, die dafür in Frage käme. Wegen der Überbauungen aus Mittelalter und Neuzeit läßt sich wohl eine frühere Besiedlung nicht ohne Grabung nachweisen. In Kiparissía und Kalamáta ist es ähnlich. An der Oberfläche ist nicht zu erkennen, welche Ausdehnung der antike Ort gehabt haben könnte. *E-ra-to*, auch *Ro-u-so* genannt, liegt nicht an der Küste. Als Heimat von Holzfällern muß es eine waldreiche Umgebung gehabt haben und möglicherweise landeinwärts, südöstlich der Bucht zu finden sein. Die Wälder sind leider schon lange verschwunden. Bevor wir in Koróni

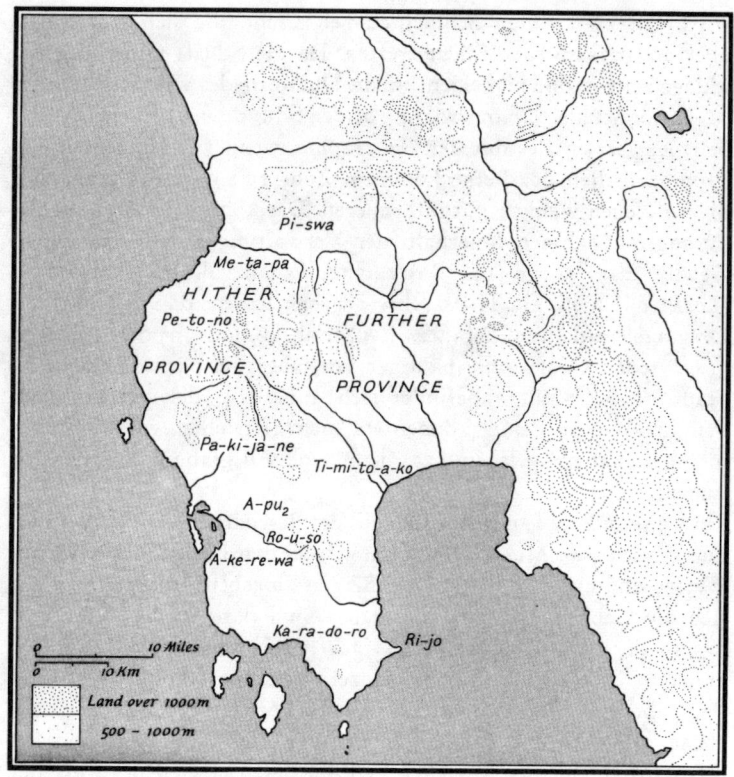

Karte der beiden Provinzen Messeniens.

auf *Ri-jo* treffen, bleibt nur noch *Ka-ra-do-ro* unterzubringen, das
ebenfalls ein Küstenort ist. Auf diesem Küstenabschnitt kommen
nur zwei Lageplätze dafür in Frage, Methóni und Phinikoús. Im
Namen *Ka-ra-do-ro* erkennt man nun sofort das allgemein gebräuchliche griechische Wort *charadros*, das ›Schlucht‹ oder ›Rinne‹
bedeutet. Methóni liegt auf einem kleinen Vorgebirge an der Süd-
westecke der Halbinsel. In seiner Nachbarschaft gibt es keine
Schluchten. Aber die Gegend von Phinikoús, weiter im Osten,

wird von zwei tiefen Schluchten beherrscht, die sich fast genau über der mykenischen Stätte treffen. Da die Schrift undeutlich ist, schlage ich vor, daß hier eigentlich die Dualform des Wortes gebraucht ist. Es könnte also *Charadrō*, ›die beiden Schluchten‹, heißen.

Schwieriger wird es mit der Geographie, wenn wir zur jenseitigen Provinz östlich der Berge kommen. Zum Teil liegt es daran, daß die Täfelchen weniger gut informieren. Das könnte mit Dezentralisierungsmaßnahmen innerhalb der Verwaltung zusammenhängen. Gewiß mag es in der Provinzhauptstadt, die *Re-u-ko-to-ro* (*Leuktron*) hieß, ein Hilfsarchiv gegeben haben, das sich mit den Ortsangelegenheiten befaßte. Leuktron kommt in der späteren griechischen Geographie häufiger vor, aber die nächste klassische Stadt dieses Namens befindet sich außerhalb der vermutlichen Provinzgrenzen. Leider können wir nicht feststellen, wo das mykenische Leuktron gelegen hat, denn eine Ausgrabung würde sich lohnen.

Ein weiteres Problem ergibt sich aus der Beschaffenheit des Terrains. Die messenische Mulde, eine breite, fruchtbare Ebene, ist reich an Wasser und auf drei Seiten von Bergen umgeben. Im Westen zieht sich die Gebirgskette hin, die man vom Palast an der Westküste aus so deutlich sehen kann, die aber noch mehr Tiefe nach der anderen Seite zu hat, wo der einzeln gelegene Ithómi 798 Meter hoch über dem Tal aufragt. Im Norden liegt die arkadische Hochebene, während das Tal im Osten durch die gewaltige Wand des Taygetos geschlossen wird. Die Gipfel des felsigen Rückgrats der Peloponnes erreichen eine Höhe von 2400 Metern. Hinter Kalamáta im Südosten liegt eine stark zerklüftete Küste, die auf dem Landweg schon immer schwer zu erreichen war. Erst in den letzten Jahren ist eine Fahrstraße gebaut worden, und bis vor kurzem fanden es die Bewohner der Küstendörfer einfacher, ihre Erzeugnisse auf dem Seeweg zu den Märkten auf der anderen Seite des Golfs zu schaffen.

Auf den Täfelchen der Küstenwacht finden sich wertvolle Hinweise auf die Länge der Küstenlinie der jenseitigen Provinz. Von den zehn Geländeabschnitten liegen neun in der diesseitigen Provinz, die sich, wie wir gesehen haben, zum Westrand des Golfes hinüber, mindestens bis Koróni, erstreckt. Nur von einer der Hauptstädte der jenseitigen Provinz wissen wir, daß sie am Meer lag oder nicht weit davon. Der andere in diesem Text erwähnte Ortsname läßt sich glücklicherweise als *Nedwōn* identifizieren, der spätere und auch der moderne Name *Nedōn*. Es ist der Fluß, an dem Kalamáta liegt. Hier scheint die Ostgrenze des Reichs gewesen zu sein. Daraus folgt, daß das Ostufer des Golfs nicht unter der Herrschaft von Pylos stand, obwohl es hier mykenische Siedlungen gab. Die Grenze zwischen der diesseitigen und der jenseitigen Provinz lag wahrscheinlich an der Westküste des Golfs, irgendwo zwischen Koróni und der mykenischen Siedlung in Nichória, die die Amerikaner unter W. A. McDonald zwischen 1969 und 1973 ausgegraben haben. An diese Stelle würde ich gerne die Küstenstadt *Ti-mi-to-a-ko* setzen, die von den Täfelchen bekannt ist.

Wir glauben also, daß die jenseitige Provinz hauptsächlich in der weiten messenischen Mulde gelegen hat. Lange Zeit war es mir unmöglich, für die sieben Bezirke den richtigen Platz auf der Landkarte zu finden. Die Lösung dieses Problems verdanke ich der Arbeit einer hervorragenden jungen amerikanischen Kollegin, C. W. Shelmerdine. Während sie bei uns in Cambridge studierte, legte sie in unserem mykenischen Seminar eine Arbeit vor, die später publiziert und von mir mit einem Anhang versehen wurde (Shelmerdine, 1973). Darin modifizierte sie einen früheren Gedanken des Amerikaners W. F. Wyatt jr. (Wyatt, 1962), um in überzeugender Weise das Verwaltungsschema darzustellen, unter das diese sieben Bezirke fallen. Sie bilden vier Gruppen: a) *Ra-wa-ra-ta$_2$*; b) *E-sa-re-wi-ja*, *Za-ma-e-wi-ja*; c) *A-sja-ta$_2$*, *Sa-ma-ra*, *Ti-mi-to-a-ko*; d) *E-ra-te-re-we*, *A-te-re-wi-ja*. Die Gruppen a) und b) sowie c) und d) gehören paarweise zusammen. Das Prinzip, nach dem sie verbunden sind, kann kaum etwas anderes als die geographische Nachbarschaft sein, denn zur Besteuerung würde man nicht zwei weit auseinander liegende Gebiete zusammenfassen. Wir müssen uns deshalb nach einer vergleichbaren Vierfachteilung des Territoriums umsehen.

Wie so oft sind Landkarten wenig hilfreich, aber sie zeigen, daß der Hauptstrom Pámisos mit seinem Nebenfluß Mavrozoúmenos das Land etwa von Norden nach Süden teilt. Bei näherer Betrachtung findet sich aber auch eine deutliche Ost-West-Linie, die durch eine niedrige Hügelkette in der Nähe von Skála gebildet wird. Die beiden sich kreuzenden Linien unterteilen die Provinz säuberlich in vier Gebiete, und wir brauchen nur noch zu bestimmen, welche Gruppe jeweils zu einem Gebiet gehört. Von *Ti-mi-to-a-ko* aus Gruppe c) wissen wir mit Hilfe der Liste Jn 829, daß es in der Nähe der Küste und wahrscheinlich auch nahe an der Grenze zur anderen Provinz liegt. Deswegen ist für die Gruppe c) im Südwesten der beste Platz. Auf derselben Liste besitzen wir auch ein Verzeichnis von linear angeordneten Namen. Sie verteilen sich allerdings, wie wir zugeben müssen, auf das Ost- und Westufer des Pámisos. Das Verzeichnis ordnet offenbar von Süden nach Norden, denn den ersten Namen kennen wir als küstennah. Da *A-te-re-wi-ja* und *E-ra-te-re-we* nachweislich Verbindung mit der anderen Provinz haben, sollte man die Gruppe d) zur Nordwestregion machen, wo es zwischen den Provinzen unschwer Kommunikationsmöglichkeiten gibt. Gruppe a) muß dann im Südosten liegen und Gruppe b) im Nordosten. Die paarweise Zusammenfassung der Regionen ist bedingt durch den Flußlauf, der die markantere natürliche Grenze bildet.

Es wäre gewiß bedenklich, die Identifizierung dieser Namen mit jetzigen Orten zu weit zu treiben. Aber *Ti-mi-to-a-ko* im äußersten Südwesten der Provinz könnte tatsächlich der mykenische Name der oben erwähnten Siedlung bei Nichória sein. Das Bild, das wir uns nun von der pylischen Geographie aus der Zeit der Tontäfelchen machen, soll den Hintergrund für die ökonomischen, sozialen und militärischen Vorgänge abgeben, die wir aus den Urkunden in Erfahrung bringen.

Kreta

Im Vergleich zu seinem Kollegen in Pylos hatte der König von Knossos (s. Taf. 2) von seinem Besitz aus einen weniger guten Rundblick. Sein Palast stand auf einem Hügel, der aber niedriger

als die Höhen der Umgebung war. Seine Aussicht blieb also auf
das Tal beschränkt, in dem der Palasthügel lag, und er hätte nur
vom Dach aus, durch eine schmale Öffnung zwischen den Bergen,
im Norden einen Schimmer des Meeres gesehen (s. Taf. 3). Zwischen mykenischen und minoischen Stätten besteht ein auffallender
Unterschied. Die Mykener suchten, wohl aus strategischen Gründen, die beherrschende Lage. Die Kreter haben sich stets nur angenehme und bequeme Orte ausgewählt, ohne auf deren strategische Bedeutung zu achten. Selbstverständlich haben die Mykener
vom Festland Knossos nur, weil es schon so bestand, übernommen
und teilweise umgebaut.

Da Kreta eine Insel ist, fragt man sich wohl zunächst, ob etwas
darauf hindeutet, daß das Herrschaftsgebiet des Königs darüber
hinaus reichte. Das ist wohl nicht der Fall gewesen, denn es kommen keine Namen vor, in denen man Festlandsorte erkannt hätte.
Einmal ist von einer Ziegenherde die Rede (C 914), die für *Akhaiwia* (Achaia) bestimmt war, ein Name, der uns sonst nirgends auf
den Täfelchen begegnet, aber an den hethitischen Namen eines
Königreichs erinnert, zu dem Kreta Verbindung hatte (*Aḫḫijawā*).
Man ist sich noch nicht einig, wo wir uns dieses Königreich zu
denken haben. Manche suchen es an der türkischen Küste oder in
deren Nähe. Es kommt uns aber unwahrscheinlich vor, daß man
von Knossos aus Ziegen übers Meer geschickt hätte, und so sehen
wir denn in *Akhaiwia* eher einen kretischen Ortsnamen.

Alle archäologischen Funde, die auf den ägäischen Inseln für
minoische Kolonien sprechen, datieren aus früheren Zeiten. Gegen
Ende des 15. Jahrhunderts hat Knossos dort auf keinen Fall noch
Einfluß besessen. Wir stellen verschiedentlich fest, daß minoische
Importe durch mykenische ersetzt wurden, ein eindeutiger Beweis
dafür, daß Griechenland um diese Zeit Kretas Vormachtstellung
in der Ägäis abgelöst hatte. Das wird offensichtlich auch durch
ägyptische Denkmäler jener Zeit bezeugt.

Unsere zweite Frage wäre sodann, wie groß der Teil der Insel war,
den der König von Knossos regierte. In Knossos sind es mehr
Namen als in Pylos, die man wiedererkennt. Knossos selbst, sein
Hafen Amnisos und der benachbarte Ort Tylissos spielten eine

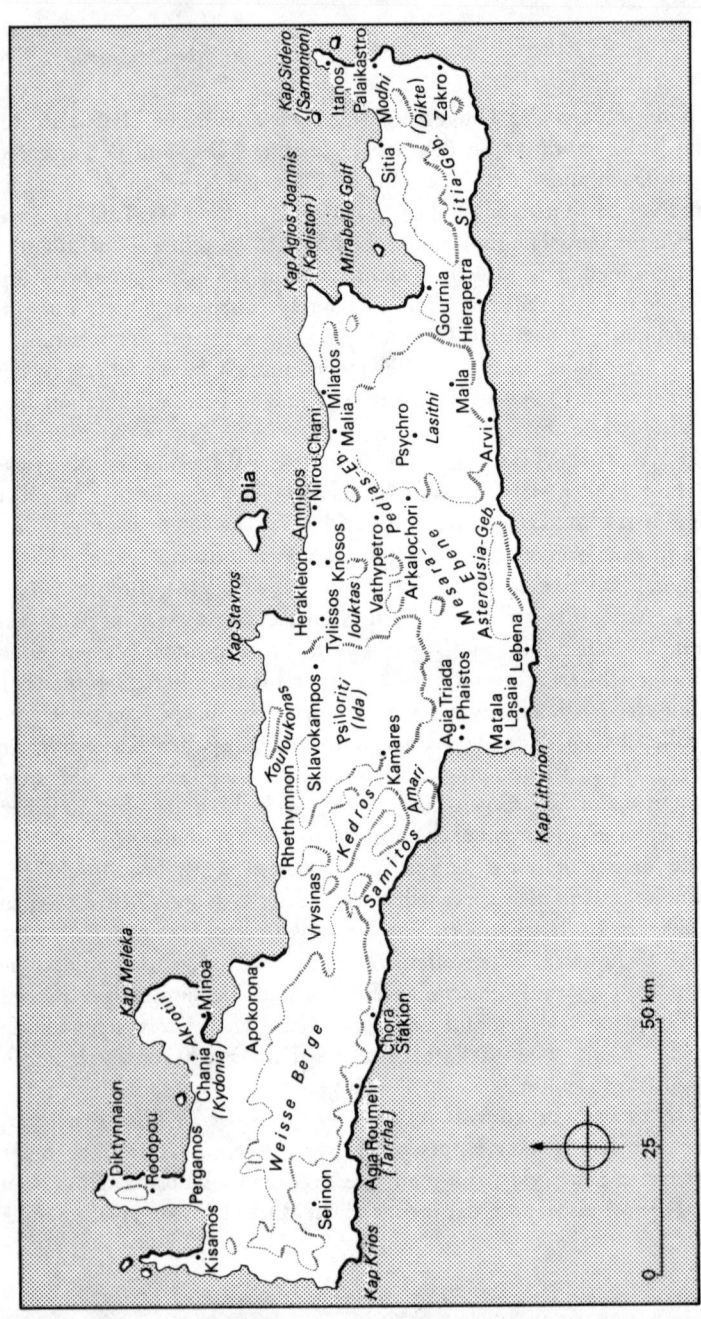

wichtige Rolle bei der Entzifferung (Chadwick, 1958, S. 63).
Andere Namen ließen sich einwandfrei identifizieren. Sie scheinen
auf den ersten Blick über den größten Teil der Insel verstreut zu
sein, und man glaubte daher, Knossos sei damals die Hauptstadt
der gesamten Insel gewesen. Später bin ich jedoch zu einer anderen Überzeugung gelangt.

Die Insel Kreta mißt von Osten nach Westen 260 Kilometer, an
ihrer breitesten Stelle aber nur 55 Kilometer. Solche Zahlen, die
sich auf der Landkarte leicht feststellen lassen, erweisen sich freilich an Ort und Stelle als irreführend. Ein großer Teil des Landes
liegt über 300 Meter hoch. Kreta hat drei Hochgebirgsmassive mit
Gipfeln von 2000 und 2500 Meter Höhe. Die Verbindungen zwischen den einzelnen Gebieten waren also schon immer schwer herzustellen, und erst jetzt, im Zeitalter von Planierraupe und Dyna-
mit, wurde ein ausreichendes Straßensystem geschaffen. Wer Kreta
in letzter Zeit besuchte, wird bemerkt haben, daß in dieser Hinsicht noch vieles geschehen muß, aber die Arbeiten schreiten voran.
Teile des Straßennetzes sind fertig ausgebaut, andere noch unfertig
in Betrieb genommen. Andere wiederum werden erst angelegt. Ver-
setzen wir uns zurück in die Bronzezeit, als zum Straßenbau nur
primitives Werkzeug und menschliche Arbeitskraft zur Verfügung
standen, und Kreta zerfällt sofort in kleine Flächen.

Von Knossos aus gesehen, das nahe der Nordküste eine zentrale
Lage einnimmt, befinden wir uns in einer weiten, fruchtbaren Gegend, die im Süden von mäßig hohen, passierbaren Bergen, im Südosten und Südwesten von Ida und Dikte-Gebirge begrenzt wird.
Entlang der Küste nach Osten zu begegnet uns kein wirkliches
Hindernis. Niedrige Hügel reichen bis an das Meer und öffnen sich
bei Mália zu einer weiteren Ebene, in der der drittgrößte minoische
Palast liegt. Dahinter beginnt wieder bergiges Gelände. Dieses
ganze Territorium muß Knossos untertan gewesen sein, und hierher gehören die Namen Tylissos und Amnisos. Dagegen kennen

Karte von Kreta.

wir immer noch nicht den klassischen, geschweige den mykenischen Namen von Mália.

Südlich der Wasserscheide liegt Kretas große Ebene, die einzige Gegend, die wahrscheinlich einen Getreideüberschuß produziert hat. Diese Ebene, die heute ›die Messará‹ heißt, schließen im Norden und Süden niedrige Berge ab. Wo die südlichen Berge steil ins Meer abfallen, gibt es kaum einen Zufluchtsort für Schiffe. Auch Paulus machte diese Erfahrung, dessen Schiff den winzigen Hafen von Kali Liménes (›Günstige Häfen‹) anlaufen mußte. Östlich liegt ein Abschnitt mit steinigem, aber nicht unpassierbarem Gelände, und an der Westküste, wo das Meer zurückgewichen sein könnte, boten sich den Schiffen des Altertums beim heutigen Ort Tymbáki ein schöner Strand und eine günstige Bucht bei Mátala.

Diese Landschaft beherrschte der große minoische Palast von Phaistos, das heute [fɛs'tos] ausgesprochen wird und dessen Name auf den Knossos-Täfelchen eine führende Rolle spielt. Knossos hat Phaistos zweifellos absolut beherrscht; Phaistos war abhängig bis in die kleinsten Details des Verwaltungswesens. Der Statthalter von Phaistos war nicht mehr als ein Vasall des Königs von Knossos. Mit den archäologischen Zeugnissen ist das nicht leicht in Einklang zu bringen. Der minoische Palast von Phaistos (s. Taf. 6) scheint zusammen mit all den anderen minoischen Zentren am Ende von Spätminoisch I B, um 1450 v. Chr., zerstört worden zu sein. Es läßt sich weder genau sagen, welche Teile des Palastes in Spätminoisch II, also zur Zeit der Knossos-Täfelchen, wieder bewohnt waren, noch ob das überhaupt der Fall gewesen ist. Aber es muß um diese Zeit eine große, blühende Stadt in der Nähe gegeben haben. Für einen etwas späteren Zeitpunkt besitzen wir verläßliche Beweismittel, daß Hágia Triáda (s. Taf. 5) von den Mykenern besetzt war. Der nur 3 Kilometer von Phaistos entfernt am anderen Ende desselben Hügels liegende viel kleinere Wohnsitz hieß vielleicht ebenfalls Phaistos. Wir kennen seinen antiken Namen nicht. Seine Existenz hat die Archäologen verblüfft, denn warum hätte der minoische König von Phaistos so nahe seinem Palast ein Herrenhaus bauen lassen sollen? Die beste Erklärung dafür wäre, daß das Meer damals näher an den Hügel heranreichte und Hágia Triáda ursprünglich der Hafenort von Phaistos war.

Bevor wir nun die Messará verlassen, müssen wir auf einen anderen Namen näher eingehen, der auf den Knossos-Täfelchen eine wichtige Rolle spielt. Er wird *Da-wo* geschrieben und stimmt mit keinem bekannten klassischen Namen überein, obwohl er an den männlichen Namen *Daos* erinnert, den häufig Sklaven trugen (latinisiert als *Davus*, enthielt er also anfänglich ein *w*). *Da-wo* ist auf den Täfelchen eng mit Phaistos verbunden und insbesondere als Produzent enormer Weizenmengen bekannt. Wir lesen den Namen auf F 852.1, gefolgt von einer unvollständigen Zahl, die mindestens 10 000 Mengeneinheiten Weizen bedeutet. Da eine Mengeneinheit (s. S. 148) an die 100 Liter beträgt, ergibt sich als Minimum die riesige Menge von einer Million Liter oder etwa 775 Tonnen Weizen. Nur eine Gegend Kretas könnte so viel Getreide hervorbringen, die Messará-Ebene. *Da-wo* muß wohl in der äußerst fruchtbaren Osthälfte der Ebene liegen, denn es ist ein von Phaistos getrennter Bezirk. Zwischen den beiden Gebieten ist zwar nichts wahrzunehmen, das eine Trennung markieren könnte, doch das Ostende wird in östlicher Richtung durch einen kleinen Fluß entwässert, der heute den hübschen Namen Anapodháris (›Kopfüber‹) trägt. Er fließt nämlich, wenn er Wasser führt, entgegengesetzt zur Hauptabflußrichtung des Gebietes durch eine Schlucht in den südlich gelegenen Bergen zum Libyschen Meer.

Von der Messará geht in nordwestlicher Richtung ein bequemer Reiseweg durch eines der beiden Täler, die hinauf zur Nordküste bei Rhéthymnon führen. Im Norden dieser Täler erheben sich hohe Berge, über die sich Straßen führen lassen. In klassischer Zeit lag die Stadt Sybrita oder Sybritos am oberen Ende des östlichen der beiden Täler, dem Amári-Tal. Das heutige Dorf an dieser Stelle thront in beherrschender Lage und hat den durchaus angemessenen Namen Thrónos. Der antike Ort ist nie ausgegraben worden, doch sollen sich minoische Scherben gefunden haben. Es wäre auch erstaunlich, wenn die Minoer ein so reiches Tal außer acht gelassen hätten. Wir interessieren uns für diesen Ort, weil der Name *Su-ki-ri-ta* auf den Knossos-Täfelchen, der vielleicht *Sugrita* entspricht, sehr an *Sybrita* erinnert. Diese Identifizierung ist zwar nicht ohne linguistische Probleme, doch sind sie keineswegs unüberwindlich. Ähnliche Verschiebungen von *b* und *g* tauchen vereinzelt in anderen Namen auf, die nicht-griechischen Ursprungs sind.

Über die Berge nördlich von Sybrita gelangt man auf etwas beschwerlichem Weg an die Nordküste in die schmale Ebene um Rhéthymnon. Nach Osten zu scheint diese ganze Gegend spätestens seit Spätminoisch III stark besiedelt gewesen zu sein. Aus Spätminoisch I ist allerdings noch wenig bezeugt. Daher wollen wir unsere Reise westlich von Knossos fortsetzen und über Tylissos und einen etwas schwierigen Zugang in den Talkessel unterhalb von Anógia gelangen. Dort lag das klassische Axos, wo auch Spätminoisch-III-Keramik festgestellt wurde. Der Name ist problematisch, denn er ist dem mykenischen *E-ko-so* ungewöhnlich ähnlich, das die syllabische Schreibweise für *Exos* darstellt. Das davon abgeleitete Adjektiv ist *E-ki-si-jo* (*Exios*). Der Vokalwechsel hat keine Bedeutung, etwas problematischer ist allerdings, daß frühe alphabetische Inschriften Kretas zeigen, daß *Axos* von einem früheren *Waxos* stammt. Das *w* ist zwar im späteren Griechisch regelmäßig geschwunden, aber wenn es sich bis ins 5. vorchristliche Jahrhundert in einem Wort erhalten hat, müßte auch die mykenische Form dieses Wortes ein *w* enthalten haben. Damit schien die Frage erledigt und die Ähnlichkeit der beiden Namen rein zufällig, obwohl alles, was wir über *Exos* wissen, gut auf *Axos* passen würde: es besitzt 2250 Schafe (Dn 1092) und ist mit *Sugrita* verbunden. Aber ein Besuch der Stätte ließ mich eine andere Möglichkeit in Erwägung ziehen. Die meisten altgriechischen Ortsnamen sind vom Griechischen her unverständlich. Wo Menschen in Gegenden mit unverständlichen Ortsnamen lebten, versuchten sie stets, diese Namen ihrer Sprache entsprechend zu verändern. Die in Italien gelegene griechische Kolonie *Malowenta*, ›die Schafreiche‹, wurde z. B. von den Römern als *Maleventum*, ›Unwillkommen‹, interpretiert und deshalb in *Beneventum*, ›Willkommen‹, umbenannt. Nach dem gleichen Prinzip ist vielleicht das nichtssagende *Exos*, das allenfalls ›außerhalb‹ bedeuten könnte, nicht von den Mykenern, aber von deren Nachfolgern, den Dorern, in *Waxos* verwandelt worden. Das könnte tatsächlich ›Einschnitt‹ oder ›Kluft‹ bedeuten oder damit zu tun haben, denn der Ort liegt ziemlich unbequem hoch oben in einer Bergkluft. Wenn wir die Schuld an dieser Verwandlung auf die Dorer schieben können, hindert uns nichts mehr daran, in *Axos* das mykenische *Exos* zu sehen. Aus dem Kontext auf den Täfelchen geht auf jeden Fall hervor, daß es in diesem Gebiet gelegen hat.

Nördlich dieser Route verläuft das Gelände wellenförmig bis zur Küste, und hier stehen wir erneut vor einem sprachlichen Problem. In klassischer Zeit hieß ein westlich von Heráklion nicht weit von der Küste liegender Ort *Kytaion*. Die Gegend eignet sich gut für die Schafzucht, ist aber sonst nicht sehr ertragreich. Nun gibt es auf den Täfelchen einen im Umkreis von Knossos gelegenen Ort, der für kaum etwas anderes als Schafe bekannt ist. Er heißt *Ku-ta-to* oder *Ku-ta-i-to*, und die unterschiedliche Schreibweise spricht für eine Form wie *Kutaiton*. Könnte es sich hier um das spätere *Kytaion* handeln? Eine einfache Erklärung für die Abweichung gibt es nicht, denn keine der beiden Namensformen hat eine bestimmte Bedeutung. Es besteht aber im allgemeinen die Neigung, schwierig klingende Wörter zu verkürzen, indem man einen von zwei ähnlichen Lauten wegfallen läßt.

Östlich von Knossos muß eine Siedlung in Mália bestanden haben, auch wenn der minoische Palast nicht wieder aufgebaut wurde. Weiter nach Osten überquert man einen ziemlich schwierigen Paß und gelangt an den Golf von Mirabéllo, der das Ziel vieler Touristen geworden ist, die im modernen Badeort Agios Nikólaos zusammenströmen. Mit dem Blick auf die Bucht liegt hoch in den Bergen der klassische Ort *Lātō*, der offenbar den Namen der Mutter von Apollon und Artemis trägt. Wir kennen sie allerdings besser mit ihrem ionischen Namen *Lētō*. Auf den Knossos-Täfelchen erscheint zwar ein Ort dieses Namens, aber in der Umgebung Lātōs ist bisher keine minoische Siedlungsstätte entdeckt worden. Der Name auf den Täfelchen mag sich also auf einen anderen Platz beziehen.

Einmal ist *Winatos* erwähnt, später *Inatos*, der heutige kleine Ort

Tsoútsouros an der Südküste. Viele bedeutende Stätten, die wir durch archäologische Zeugnisse kennen, fehlen aber in dieser Ortsnamenaufzählung. Sicher liegt es daran, daß ihre minoischen und mykenischen Namen nicht bis in klassische Zeit überliefert wurden. Bis jetzt ist es uns nicht gelungen, diese Fundstätten mit den nicht lokalisierbaren Orten zu identifizieren, deren Namen auf den Täfelchen vorkommen.

Bisher habe ich den äußersten Osten und Westen der Insel absichtlich beiseite gelassen. Die Siedlungen dort waren von Knossos weit entfernt, und die Verbindungen über Land dürften wegen der geographischen Verhältnisse schwierig gewesen sein. Westlich von Rhéthymnon und östlich von Sitía liegen natürliche Grenzen, so daß der Kontakt zu dieser Gegend wohl eher auf dem Seeweg zustande kam. Nun gibt es einige wenige Ortsnamen, die nur auf einer beschränkten Anzahl von Täfelchengruppen erscheinen. Das beste Beispiel dafür ist die Serie Co, in welcher zu jedem Ort auch die Zahl der Schafe, Ziegen, Schweine und Rinder angegeben ist. Die Schafe sind das entscheidende. Wir besitzen nämlich eine Unmenge Aufzeichnungen, mit deren Hilfe Knossos die großen Herden in ganz Zentralkreta kontrollierte, aber die eben erwähnten Ortsnamen sind in diesen Listen nicht enthalten. Wir schließen daraus, daß diese Gegenden nicht unter der unmittelbaren Aufsicht von Knossos standen, obwohl es selbstverständlich möglich ist, daß sie weniger direkt überwacht wurden.

Aus dieser Gruppe lassen sich zwei Namen sofort identifizieren. Der eine ist *Kydōniā*, bekannt als der antike Name der Stadt Chaniá, heute Kretas zweitgrößter Stadt. Homer erwähnt es indirekt, indem er sich auf seine Einwohner, die *Kydōnēs*, bezieht, der Städtename selbst hätte nicht in das Versmaß gepaßt. Über Chaniá wußten wir bis vor kurzem archäologisch nur sehr wenig, denn auch hier liegt leider wieder die moderne Stadt über dem antiken Ort. Ausgrabungen müssen auf unbebaute Flächen und auf Baustellen beschränkt bleiben, die eilends untersucht werden. Dabei entdeckte der griechische Archäologe I. Papapostólou im Oktober 1973 einen Archivraum, der zu einem minoischen Palast gehört haben muß; denn man fand eine Menge Fragmente von Linear-A-

Abb. 16. Kriegerfresko aus Pylos.

Täfelchen und ein ganzes Sortiment von beschrifteten Siegelabdrük-
ken und Etiketten. Bei anderen Arbeiten waren schon Gefäße mit kurzen Linear-B-Inschriften ans Licht gekommen. Sicherlich lag also
hier in minoischer und mykenischer Zeit eine bedeutende Stadt.

Der andere bekannte Name ist *Aptarwā*, in klassischer Zeit als
Aptara oder *Aptera* bekannt. Die zweite Form ist wiederum ein
schönes Beispiel dafür, wie ein ungewohnter Name in ein bedeutsames Wort verwandelt wird. *Aptera* heißt ›flügellos‹ und erinnert
an den Namen der *Nikē Apteros*, der die Athener auf der Akropolis einen kleinen Tempel gebaut haben. Die Stelle des späteren
Aptara ist bekannt, auf den Hügeln gelegen, überblickt es die Einfahrt zur Soúdabucht.

In den übrigen vier Namen dieser Täfelchengruppe läßt sich kein
späterer Ortsname entdecken. Mit zweien davon hat es aber eine
besondere Bewandtnis. Wir finden sie auf dem Festland wieder,
auf Gefäßen aus Theben, die Linear-B-Inschriften tragen. Einer
der Namen erscheint mindestens sechsmal. Dafür gibt es offensichtlich zwei Erklärungen: Die Gleichheit der Namen könnte erstens
bloßer Zufall sein, denn wir wissen, daß sich Ortsnamen im mykenischen Griechenland häufig wiederholen. Zweitens könnten die
erwähnten Gefäße aber auch, vermutlich mit einer Flüssigkeit ge-
füllt, aus Kreta importiert sein. Wir hätten uns für den Zufall
entschieden, wenn nicht auch Gefäße aus anderen Gegenden mit
Inschriften bemalt gewesen wären, die auf den Knossos-Täfelchen
als Ortsnamen auftauchen. Ein Gefäß aus Eleusis in Attika trägt
den kretischen Ortsnamen *Da-*22-to*, der häufig in Knossos erscheint (das mittlere Zeichen muß mit einer Zahl angegeben werden, denn sein phonetischer Wert ist noch unbekannt).

Hier haben uns nun naturwissenschaftliche Methoden weitergehol-
fen. H. Catling, der damals am Ashmolean Museum in Oxford
tätig war, analysierte den Ton von einigen mykenischen Vasen.
Dabei entnimmt man der Töpferware kleinste Materialproben und
unterwirft sie einer spektroskopischen Analyse, um die im Ton
enthaltenen Fremdkörper festzustellen. Jeder Ton enthält Spuren
von anderen Beimengungen, häufig Metallen, die den verschiedenen

Gegenden entsprechend, aus denen der Ton stammt, verschiedenartig zusammengesetzt sind. Die Analyse gibt also Hinweise, mit
deren Hilfe der Ursprungsort einer Vase festgestellt werden kann.
Die Methode müßte noch weiter entwickelt werden, hat sich aber
schon in solchen Fällen bewährt, wo die Herkunft einer Vase
feststeht. Auf die Inschriftengefäße aus Theben angewendet, sollte
sie zeigen, ob es sich dabei um lokale Produktion handelt oder
nicht. Es ergab sich, daß diese Gefäße nicht zu Tonproben aus der
Umgebung Thebens paßten, wohl aber, erstaunlicherweise, zu kretischen Proben.

Für ein eindeutiges Ergebnis müßte diese Methode vielleicht noch
vervollkommnet werden, aber es ist auffallend, daß beide unabhängig voneinander geführten Untersuchungen nach Kreta weisen.
Um so mehr scheint es uns, daß zu einem bestimmten Zeitpunkt,
wahrscheinlich nach dem Fall von Knossos, Vasen mit Linear-B-
Inschriften aus kretischen Städten auf das Festland exportiert wurden. Weitere Forschungen könnten die kretischen Gegenden ein-
grenzen, aus denen diese Vasen kamen. Die erste Untersuchung von
Catling und Millett (1965) deutete auf den äußersten Osten der
Insel. Nach dem Zusammenhang auf den Knossos-Täfelchen könnte
allerdings eher der äußerste Westen in Frage kommen, was auch
mit der Tonanalyse vereinbar wäre. Man könnte also zu dem
Schluß kommen, daß der äußerste Westen Kretas, die Provinz
Chaniá, nicht direkt zum Hoheitsgebiet von Knossos gehört hat,
aber in gewisser Hinsicht von ihm abhängig war. Das mag auch
für den äußersten Osten der Insel gelten, zu dem die Verbindung
auf dem Landweg wegen der geographischen Beschaffenheit schwierig gewesen sein muß.

Zeitweise glaubten wir, eine Stadt im äußersten Osten identifiziert
zu haben. Auf den Täfelchen erscheint häufig der Ortsname *Se-
to-i-ja*, den wir gerne mit dem klassischen *Sētaia* und modernen
Sitía in Verbindung gebracht hätten, ohne die linguistischen Probleme dabei zu übersehen. Bisher hat sich jedoch nichts Neues ergeben, das unsere Theorie stützen könnte, und da jetzt vieles dafür
spricht, daß der Ort in Zentralkreta lag, müssen wir den Gedanken wohl fallenlassen.

Nach unserer Vorstellung gab es damals auf Kreta also ein mächtiges Königreich, das in Knossos eine hochzentralisierte Verwaltung besaß. Die Insel unterstand ihm von Rhéthymnon bis Hierápetra, Osten und Westen aber wurden anders regiert und waren entweder unabhängige, befreundete Staaten oder Schutzgebiete mit eigener Regierung. Spätere Funde werden diesen Eindruck vielleicht bestätigen. Allein aus der Existenz der vielen Linear-A-Archive geht hervor, daß die Verwaltung der Insel in minoischer Zeit dezentralisiert war. Wir können allerdings außerhalb des unmittelbaren Bereichs von Knossos nicht zwischen abhängigen und unabhängigen Staaten unterscheiden. Es ist klar, daß der Herrscher von Knossos immer der Mächtigste auf der Insel war. Nach dem Fall von Knossos zerfiel das Reich in zahlreiche Kleinstaaten, und dieser Zustand dauerte bis zum Beginn der historischen Zeit.

Viertes Kapitel
Die Menschen

Trotz gewisser Bedenken kann nicht ernstlich bezweifelt werden, daß die Sprache der Linear-B-Täfelchen Griechisch war. Waren aber auch die Schreiber Griechen? Grieche sein kann zu dieser Zeit nur bedeutet haben, daß man Griechisch sprach, denn für die Antike wäre der Begriff der Nationalität ein Anachronismus. Es ist unwahrscheinlich, daß ein Volk, das eine andere Sprache hatte, seine Aufzeichnungen auf Griechisch gemacht haben sollte, es sei denn, wir setzten voraus, man habe wie im Mittelalter die einheimische Landessprache für offizielle Niederschriften als unangemessen empfunden. Mittelalterliche Urkunden wurden aus diesem Grund lateinisch abgefaßt. So etwas konnte aber nur dort geschehen, wo die gewohnte Sprache durch ihre Geschichte großes Ansehen gewonnen hatte und bei den gebildeten Ständen als Kommunikationsmittel überlebte. An den mykenischen Höfen können wir uns eine vergleichbare Situation nicht vorstellen, denn die angesehene Sprache hätte das Kretische der Linear-A-Schrift sein müssen. Linear B war eine relativ neue Schöpfung, die erdacht war, um den Bedürfnissen des Griechischen entgegenzukommen.

Nach dem ersten Eindruck kann man daher die Mykener zu den griechisch sprechenden Völkern rechnen. Das bestätigt die große Zahl von griechischen Männer- und Frauennamen, also Namen, die im Griechischen etwas bedeuten. *Alexandra* z. B. heißen heute Mädchen der verschiedensten Länder und Sprachen. Trägt aber eine Frau im Mykene des 13. Jahrhunderts diesen Namen, so werden ihre Eltern wohl seinen Sinn gekannt haben. Wörtlich heißt er überraschenderweise ›die Männerabwehrende‹, wir müssen aber bedenken, daß Frauennamen häufig von männlichen Namen abgeleitet sind. *Alexandrā* ist nur die weibliche Entsprechung zu *Alexandros* (als *Alexander* latinisiert), ›der Männerabwehrer‹, ein passender Rufname für einen Krieger.

Das griechische System der Namengebung in mykenischer und

klassischer Zeit ist ganz anders als das unsrige. Jede Person hat einen einzigen Eigennamen, der aus einem viel größeren Namensvorrat genommen wird als unsere gebräuchlichen Rufnamen. Soll jemand von einem anderen gleichen Namens unterschieden werden, so wird gewöhnlich der Vatersname dazu gesetzt. Zu meinem Vergnügen stellte ich fest, daß es bei Amtshandlungen in Griechenland noch immer üblich ist, den Vornamen durch den Vornamen des Vaters und den Nachnamen näher zu bestimmen. Als ich nämlich ein Bankkonto eröffnete, fand ich mich als » John tou Fred«, *tou* in der Bedeutung von ›des‹, also ›Sohn des Fred‹. In einigen frühen griechischen Dialekten und im Mykenischen wird der Vatersname nicht durch den Genitiv angegeben, sondern durch eine adjektivische Form, etwa *Kusamenios*, ›Sohn des Kusamenos‹. Diese Form kommt aber in unseren Urkunden nicht sehr häufig vor und scheint Männern aristokratischer Familien vorbehalten. Andere Namen können durch die Angabe des Heimatortes oder einer Besitzung unterschieden werden. Für solche Angaben bei weiblichen Namen fehlt es uns an überzeugenden Beispielen. In einer Aufzählung von Frauennamen (PY Vn 1191) geht jedem ein Männername im Genitiv voran. Höchstwahrscheinlich sind es die Namen der Ehemänner, obwohl auch Väter oder Besitzer, falls es sich um Sklavinnen handelt, in Frage kämen. Nach griechischem Recht trägt die unverheiratete Frau den Namen des Vaters im Genitiv, die verheiratete den des Ehemannes, und noch heute ist es in Griechenland üblich, daß der Nachname einer Frau im Genitiv steht.

Es wäre durchaus denkbar, daß die Bevölkerung Griechenlands im späten 2. vorchristlichen Jahrtausend nicht nur Griechisch sprach. Wie schon in meinem historischen Abriß in Kapitel 1 angedeutet, waren die Eroberung Griechenlands und die Absorption anderssprachiger Minderheiten wahrscheinlich ein langwieriger Vorgang. Wir brauchen uns nur zu vergegenwärtigen, daß es heute, 600 Jahre nach der Vereinigung von Wales mit England, noch Tausende von walisisch sprechenden Einwohnern gibt, auch wenn die Mehrzahl englisch spricht. Allein aus solchen Erfahrungen sollte man erwarten, daß sich bei der mykenischen Bevölkerung Spuren anderer, nicht-griechischer Sprachen erhalten haben.

Hie und da erwähnen die Historiker noch in klassischer Zeit andere Sprachen, beispielsweise das Pelasgische, das für uns ein bloßer Name ohne Inhalt ist. In einigen Gegenden Ostkretas verfaßte man Inschriften sogar noch bis in das 4. vorchristliche Jahrhundert in einer anderen Sprache. Aus manchen Landschaften Griechenlands hört man von unterjochten Bevölkerungsklassen, sehr wahrscheinlich handelt es sich um die Nachkommen derer, die von den Vorfahren der späteren Machthaber unterworfen wurden. Es wird zwar nicht erwähnt, daß unter ihnen auch Menschen fremder Sprache waren, aber zweifellos sind Nachfahren von Nichtgriechen dabei gewesen. In Sparta gab es sogar zwei dieser unterdrückten Klassen. Die eine Gruppe von zweitrangigen Bürgern, zwar frei, aber ohne politische Rechte, nannte man *perioikoi*, ›Umwohner‹. Sie waren offenbar die vor-dorischen Griechen Lakoniens und stammten von den Mykenern ab. Eine andere Gruppe von Leibeigenen, die *heilōtes*, trieb Ackerbau für die spartanischen Grundherren. Da der Name ›Gefangene‹ bedeuten könnte, waren sie vermutlich die unterjochte Klasse der Mykenerzeit, ein Volk nicht-griechischer Herkunft. Wie wir am Beispiel der keltischen Namen sehen, die bei englischsprachigen Walisern, Schotten und Iren noch immer sehr beliebt sind, halten die Menschen zäh an ihren alten Personennamen fest, selbst wenn sie eine neue Sprache annehmen.

Auf den mykenischen Urkunden sind mindestens sechzig Prozent aller Wörter Personennamen. Mit ihrer Hilfe sollte sich abschätzen lassen, welcher Prozentsatz der Bevölkerung einen griechischen Namen trug. Das allein wäre natürlich noch kein schlüssiger Beweis dafür, daß sie alle auch ausschließlich griechisch sprachen. Unter all den Namen ist aber keiner, von dem sich sagen ließe, daß er nicht-griechisch sei, nur weil wir in seiner syllabischen Form keinen passenden griechischen Namen entdecken können. Das liegt einmal an der Doppeldeutigkeit, die ein Merkmal dieser Schriftart ist, zum anderen daran, daß sich eine Namensbedeutung durch nichts bestätigen läßt. Einige Namen sind aber so eindeutig griechisch, daß Zweifel daran absurd wären. Ein gutes Beispiel dafür ist der schon erwähnte Name *Alexandrā*. Auf demselben Täfelchen kommt auch *Theodōrā* vor. Als männliche Namen ließen sich *Amphimēdēs, Eumenēs, Euruptolemos, Opilimnios* und *Philowergos* anführen. Sie sind nicht nur auf den ersten Blick als griechisch zu erkennen, sondern gehören auch zur Sondergruppe der zusammengesetzten Nomina, von denen jedes in zwei bedeutsame Teile zerfällt. Dieser Namenstyp ist in den indogermanischen Sprachen so weit verbreitet, daß man ihn eigentlich für ein gemeinsames Erbteil halten könnte. Aber er findet sich auch anderwärts, z. B. sind viele japanische Familiennamen recht ähnlich gebaut. Die Römer andererseits entwickelten oder entlehnten ein vollkommen anderes System. Daß solche Komposita im mykenischen Griechisch enthalten sind, spricht für eine lange Tradition, auch wenn viele der Bestandteile, aus denen sie zusammengesetzt sind, nur im Griechischen vorkommen. Wer seinen Kindern diese Namen aussuchte, folgte gewiß nur überliefertem griechischem Brauch und hat deshalb wohl auch griechisch gesprochen. Solche Namen sind nicht etwa speziell aristokratisch, denn sie finden sich auch in einer Liste mit Schäfern aus Knossos, die ja gewiß nicht aus der obersten Gesellschaftsschicht stammten.

Zahlreiche andere Namen gehören einem weiteren bekannten griechischen Typus an. Sie sind von Substantiven abgeleitet. Manchmal kann schon ein einfaches Wort aus dem allgemeinen Wortschatz zum Namen werden: *Glaukos,* ›grauäugig‹, kennt man schon bei Homer. Ein Schäfer heißt *Echinos,* ›Seeigel‹ (wegen seines stachligen Charakters?), ein anderer sogar *Poimēn,* ›Schäfer‹, und ein Bronzeschmied trägt den Namen *Chalkeus,* ›Schmied‹. Das stellt aber wohl unsere Beweisführung auf den Kopf, denn diese sprechenden Namen werden nicht Eltern ihren Kindern gegeben haben. Eher könnten griechisch sprechende Vorgesetzte auf diese Weise unaussprechliche fremde Namen ersetzt haben. Bei einfachen beschreibenden Namen wie *Eruthros,* ›Rot‹, oder *Poliwos,* ›Grau‹, dürfen wir das sicher vermuten. Einige Namen scheinen eindeutig wenig schmeichelhaft, ja geradezu obszön. Es ist nicht leicht zu sagen, was noch als Name gelten soll. Auch aus der klassischen Zeit kennen wir unhöfliche Namen, die vermutlich zunächst einmal

Spitznamen waren und, einmal in Gebrauch, von späteren Generationen ungeachtet ihrer Bedeutung weiter verwendet wurden.

Noch häufiger unterscheiden sich Namen vom gewöhnlichen Substantiv durch ein hinzugefügtes Suffix. Ein bekanntes klassisches Beispiel ist der Name *Simōn*, von *simos*, ›stumpfnasig‹, der aber offensichtlich nie als Schimpfwort galt. Im mykenischen Griechisch gibt es viele Beispiele: *Tripodiskos* besteht aus dem Diminutivsuffix -*iskos* und dem Wort für ›Dreifußkessel‹ und bedeutet ›kleiner Dreifuß‹. *Machāwōn* stammt von *machā*, ›Schlacht‹, *Argurios* von *arguros*, ›Silber‹, *Pomnios* von *poimnā*, ›Herde‹, und *Plouteus* von *ploutos*, ›Reichtum‹. Solche Suffixe finden sich auch bei Namen vom Komposita-Typus: z. B. *Opilimnios*, eine adjektivische Form, abgeleitet aus *opi* (klassisch *epi*), ›auf‹, und *limnā*, ›See‹, und *Guowaxeus*, abgeleitet aus *guous* (später *bous*), ›Ochse‹, und *agō*, ›ich führe‹.

Im klassischen Griechisch ist es am gebräuchlichsten, mit den Suffixen -*idēs* oder -*adēs*, ›Sohn‹, Nomina durch Ableitung zu bilden, wie sie bei uns in den Namen ›Hansen‹ oder ›Jensen‹ erhalten sind. Bei mykenischen Namen scheint dergleichen nicht vorzukommen, und erwartungsgemäß findet sich auch bei Homer kein Personenname dieses Typs. Homer verwendet solche Formen allerdings als Adjektive, in der Bedeutung von ›der Sohn des‹.

Wenn wir davon ausgehen, daß hier eine kleine griechische Oberschicht eine größere nicht-griechische Einwohnerschaft beherrscht und ihr erfolgreich die eigene Sprache aufzwingt, sollte man doch annehmen, daß die Abkömmlinge der Nichtgriechen weiterhin ihre alten Namen verwendeten. Einige Eltern werden natürlich ihren Kindern griechische Namen gegeben haben, um sich bei den Machthabern beliebt zu machen. So würde es nicht wundern, neben den griechischen auch eine Anzahl nicht-griechischer Namen vorzufinden, besonders beim niederen Volk. Wir dürfen aber nicht übersehen, daß man im Raum von Pylos schon Jahrhunderte vor den Täfelchen griechisch gesprochen haben muß. Findet sich ein Name aus einer anderen Sprache belegt, so muß das nicht bedeuten, daß hier noch eine fremde Sprache im Gebrauch war. Außerdem sind wir mit der Schwierigkeit konfrontiert, daß ein griechischer Name oft trotz der ambivalenten Schreibung augenfällig ist, während wir keine Möglichkeit besitzen, einen fremden Namen als solchen zu erkennen, weil er aus einer uns unbekannten Sprache stammt. Besonders Knossos hat einige für griechisches Sprachgefühl ungewöhnliche mykenische Namen, die wohl nur einer anderen Sprache angehören können. Dieser zunächst subjektive Eindruck wird dann tatsächlich dadurch bestätigt, daß uns eine Reihe von Namen der Knossos-Täfelchen fast unverändert schon auf kretischen Linear-A-Täfelchen vor der griechischen Invasion begegnen. *Di-de-ro* und *A-ra-na-ro* z. B. sind sehr wahrscheinlich hellenisierte Formen der Namen *Di-de-ru* und *A-ra-na-re*, die auf Linear-A-Täfelchen aus Hágia Triáda gefunden wurden. Eine kleine Gruppe von Namen aus Knossos beginnt mit *Piya-*, einem häufigen Bestandteil hethitischer Namen, der ›gebend‹ bedeutet. Erstaunlicherweise ist es aber bisher niemandem gelungen, die Sprache zu identifizieren, die einen großen Teil dieser nicht-griechischen Namen erklären könnte.

Es ist schwer zu sagen, wozu man die von nicht-griechischen Orten abgeleiteten Namen zählen soll. Ist der Männername *Lampsakos* griechisch oder nicht? Viel später gibt es eine griechische Kolonie in der Nähe der Dardanellen, die diesen Namen trägt. *tulisios*, das Adjektiv von *Tulisos*, der Stadt in Kreta, kommt als Männername in Pylos vor, ebenso der weibliche Name *Korinsiā* für eine Frau aus *Korinthos*, ›Korinth‹. Es hat aber wohl auch auf pylischem Boden eine Ortschaft dieses Namens gegeben. Einige Namen lassen jedoch auf Beziehungen zu fernen Ländern schließen: In Knossos muß *Aiguptios* ›der Ägypter‹ heißen, *Lukios* ist vielleicht ›der Lykier‹ (Südwestanatolien) und *Turios* ›der Mann aus Tyros‹ (heute im Libanon).

Die Behauptung, die Griechen hätten im mykenischen Griechenland nicht die Oberschicht gebildet, sondern unter nicht-griechischen Herrschern nur eine Schreiberklasse für die Buchführung abgegeben, ist sicherlich unrichtig. Die Namen der Könige von Pylos und Knossos erfahren wir leider nie (aber s. S. 96). Wären sie unverkennbar griechisch, so wüßten wir genau Bescheid. Wir besitzen aber Listen von einflußreichen Beamten, z. B. der ›Grafen‹, *e-qe-ta*, des Königs von Pylos, die zur herrschenden Klasse gehören müssen. Diese Listen enthalten nachweislich typisch griechische Namen wie *Alektruōn*, Sohn des *Etewoklewēs*, später *Eteoklēs* (An 654.8). Sein Bruder hat einen der vielen Namen auf *-eus*, die für die frühen Sagen typisch sind, wie *Achilleus* und *Odysseus*. Gelegentlich scheinen es Kürzungen von längeren Namen zu sein.

Obwohl keine einzige Gestalt der Homerischen Epen auf den Tafeln identifiziert werden kann, tragen ganz offensichtlich viele Personen Homerische Namen. Denn wenn ein pylischer Subalternbeamter *Orestes* heißt wie der Sohn des Agamemnon (An 657.3), müssen darum die Mykener in Pylos den Inhalt der Epen schon gekannt haben? Muß der Inhalt der *Ilias* schon verbreitet gewesen sein, weil sowohl in Pylos als auch in Knossos ein *Achilleus* lebt? Die Antwort muß sich ergeben, sobald wir mehr über mykenische Namen erfahren; es stellt sich allmählich heraus, daß es nicht unbegrenzt viele Namen gab. Wenn ein Name am selben Ort zweimal vorkommt, so kann er sich durchaus auf verschiedene Personen beziehen; desgleichen ist festgestellt worden, daß viele Namen an zwei oder mehreren Orten verwendet wurden. Alles neuere Material scheint dafür weitere Beispiele zu liefern. Es könnte daher sein, daß Homer aus einer Überlieferung schöpfen konnte, die echte mykenische Namen enthielt. Auffallend ist allerdings, daß viele dieser mykenischen Namen im Epos auf Trojaner angewendet wurden. Vor längerer Zeit hatte jemand den Einfall, daß das offensichtlich griechische *Alexandros*, ein anderer Name des Trojanerprinzen Paris, nichts anderes als die griechische Korruptel eines Namens ist, der in hethitischen Quellen als *Alakshandush* erscheint. Da *Alexandrā*, die weibliche Namensform, schon im 13. Jahrhundert gebräuchlich war, muß *Alexandros* ein echt mykenischer Name sein. Wahrscheinlich ist die hethitische Form korrupt, wenn es sich überhaupt um denselben Namen handelt. Es kommt aber nicht nur *Hektōr*, sondern sogar der mythische Gründer Trojas, *Trōs*, unter den pylischen Namen vor. Daraus dürfen wir schließen, daß auch die Namen für die Trojaner aus dem allgemeinen mykenischen Vorrat stammen. Natürlich folgt daraus nicht etwa, daß die Trojaner griechisch sprachen. Homer setzt sich über sprachliche Probleme hinweg, indem er Griechen und Trojaner sich fließend griechisch unterhalten läßt. Hier ist er einem Filmregisseur von heute vergleichbar, der Ausländer deutsch miteinander sprechen läßt, wiewohl mit starkem Akzent.

Der Homerische Namensschatz paßt also zu den mykenischen Namen, die uns durch Zufall erhalten sind. Homer scheint keine Namenstypen zu verwenden, die im mykenischen Griechenland unbekannt waren, und die Häufigkeit von Namen auf -*eus* ist nachweislich eine korrekte Form der Archaisierung. Es wird zwar kein einziger Homerischer Name bestätigt, aber wir können auf jeden Fall sicher sein, daß Homer Namen verwendet, die in mykenischer Zeit gebräuchlich gewesen sein könnten.

Neben den vielen Eigennamen kommen mehrere Namen vor, die Gruppen von Menschen bezeichnen. Es sind anscheinend nicht nur adjektivische Formen der Namen der Städte, in denen diese Menschen lebten. Eine Gruppe von acht Namen fällt besonders auf. Sie gehören Männern, die bei der Küstenwacht von Pylos beschäftigt waren (s. S. 234). Der eine oder andere wäre aus dem Griechischen abzuleiten, aber manche sind wahrscheinlich nicht-griechischer Herkunft. Es ist aber nirgends ein Ort erwähnt, der als ihre Heimatstadt gelten könnte. Möglicherweise sind es Namen von Stämmen, die ihre Individualität bis in die Zeit der Linear-B-Täfelchen bewahrt haben. Da es sichtlich Namen nicht-griechischer Herkunft sind, könnte es sein, daß hier Angehörige dieser Stämme aus Vorsicht nur zu nichtmilitärischen Diensten als Küstenwachtrupp unter griechischen Offizieren herangezogen waren. So gesehen, ließe sich auch erklären, warum einige der Namen auch auf Listen erscheinen, die mit der Flachsproduktion zu tun haben (s. Kap. 8).

Die Bevölkerung

Es ließen sich natürlich allerhand Aufschlüsse gewinnen, wenn wir wüßten, wie viele Menschen in einem mykenischen Königreich gelebt haben. Da die Urkunden reiches Zahlenmaterial enthalten, wäre es verlockend, sich eine Methode zu überlegen, nach der die Bevölkerungsdichte zu errechnen wäre. Aber die Täfelchen enthalten alles andere als Volkszählungsergebnisse. Sie verzeichnen nur Zahlen, die unmittelbar den Palast interessieren, der die Menge seiner Kostgänger genau angegeben haben wollte, weil er für die Ernährung aufzukommen hatte. Immerhin kann die Anzahl von fast 750 Sklavinnen, die dem Palast von Pylos direkt unterstanden, und einer ähnlich großen Kinderschar für uns ein Maßstab sein. Daß allein im Palast von Pylos 1000 Frauen und Kinder wohnten, heißt, daß die Stadt gemessen daran insgesamt mindestens 2500 Einwohner gehabt haben muß. Es können auch sehr viel mehr gewesen sein.

Die Zahl der Ortsnamen auf den Pylos-Tafeln beläuft sich auf rund 200, und etwa 200 Siedlungen hat auch die archäologische Bodenforschung in Messenien festgestellt. Darunter waren wahrscheinlich einige sehr unbedeutende Orte, während andere, z. B. die Verwaltungsmittelpunkte der einzelnen Bezirke, Kleinstädte gewesen sein könnten. Wenn wir für jede Siedlung im Durchschnitt 250 Einwohner annehmen, kämen wir auf 50 000 für das ganze Königreich. Die vorsichtigen Schätzungen, die McDonald und Hope Simpson (McDonald/Rapp, 1972, S. 141) in dieser Richtung unternommen haben, ergaben, daß man von 50 000 als Mindestanzahl ausgehen muß.

Für Asiatia, den Hauptort der jenseitigen Provinz, lassen die Täfelchen eine ungefähre Berechnung der Bevölkerungszahl zu. Wir erfahren, daß den Schmieden ein Steuerbeitrag erlassen wird, der den zwölften Teil des Steueraufkommens der ganzen Gegend ausmacht (Ma 397), und daß es einundzwanzig Schmiede gibt (Jn 750), von denen vier keine Bronzezuteilung erhalten. Gehen wir davon aus, daß die Schmiede in der Regel im Verhältnis zu ihrer Anzahl Abgaben entrichteten, dann muß die steuerpflichtige Bevölkerung 252 Personen betragen, oder 204, wenn man die Unbeschäftigten nicht mitzählt. Nehmen wir ferner an, daß die produktiven Arbeitskräfte etwa ein Viertel der Gesamtbevölkerung ausmachen, so ergeben sich für die Stadt etwa 800 bis 1000 Einwohner. Aber es gibt da noch eine weitere Unsicherheit: Wahr-

scheinlich bezieht sich die Urkunde, die die Steuerbefreiung verzeichnet, nicht allein auf die Stadt, sondern auch auf den Bezirk,
dessen Mittelpunkt dieser Ort ist. Doch könnte die Schmiedeliste
auch noch spezifischer sein. Es könnte weitere Schmiede in der
Region, wenn auch nicht in ihrer Hauptstadt gegeben haben. Die
Zahlen lassen also keine wirklich sicheren Schlüsse zu, geben uns
allenfalls eine brauchbare Vorstellung von der Größe einer mittleren Kreisstadt.

Fünftes Kapitel
Sozialgefüge und Verwaltungssystem

Mit vollem Recht sprechen die Archäologen von einem Palast, wenn ein ausgedehntes, schön gefügtes Gebäude entdeckt wird, das zahlreiche, zum Teil große, freskengeschmückte Räume enthält und von Magazinen und Vorratskammern umgeben ist. Sie setzen ganz richtig voraus, daß der Eigentümer eines solchen Bauwerks genügend Untertanen besitzen mußte, um sich diesen Luxus leisten zu können. Weder Evans (s. Abb. 17) in Knossos noch Blegen (s. Abb. 18) in Pylos scheuten sich also, von ›Palästen‹ zu sprechen, obwohl es wissenschaftlich exakter gewesen wäre, sie hätten der Versuchung widerstanden, schwärmerische Ausdrücke wie »Palast des Minos« und »Palast des Nestor« zu gebrauchen. Während

Abb. 17.
Sir Arthur Evans.
Nach einem Porträt
von Sir W. B. Richmond.

die großen Paläste mühelos kenntlich sind und die größeren Gebäudekomplexe in Knossos, Phaistos und Mália, Mykene, Tiryns
und Pylos sicherlich als Paläste zu bezeichnen sind, wissen wir
andererseits nicht genau, wie klein ein Palast sein kann. Káto
Zákros darf gewiß als Palast gelten; war aber Hágia Triáda mehr
als das Herrenhaus eines Edelmannes? Was mag die große Anlage
in Gourniá gewesen sein, und haben die Bauten von Gla in Böotien
(s. Taf. 9) zu einem Palast gehört?

Abb. 18. Carl W. Blegen.

Allein aufgrund archäologischer Zeugnisse lassen sich diese Fragen
kaum beantworten. Wir erfahren durch diese Palastbauten, daß
hier Verwaltungszentren waren, und die Verwaltung erforderte es
in mykenischer Zeit, daß schriftliche Urkunden angelegt wurden.
Das Vorhandensein eines Archivs bedeutet also, daß hier ein Palast
bestanden hat, der ein größerer Verwaltungsmittelpunkt war. Die
1973 entdeckten Linear-A-Täfelchen in Chaniá bestätigen die Existenz eines Palastes auch ohne architektonische Funde. Wo sonst
könnte es so viele Verwaltungsurkunden gegeben haben? So zeigt
auch das Archiv von Linear-A-Täfelchen aus Hágia Triáda, daß
hier ein Verwaltungszentrum gewesen ist.
Jeder Verwalter braucht einen Amtssitz, von dem aus gearbeitet

wird, und bei einer noch wenig differenzierten Gesellschaft liegt es nahe, daß der Amtssitz gleichzeitig Hauptwohnsitz ist. Zu jedem Verwaltungszentrum gehört ein Verwalter, der unabhängiger Herrscher, teilabhängiger Fürst oder ein ortsansässiger Baron sein kann, der wiederum einem höhergestellten Herrscher untertan ist. Solche Einzelheiten sind allein durch die Tätigkeit des Ausgräbers nicht festzustellen, aber die Urkunden können uns über die Verwaltungsvorgänge Aufschluß geben.

Wir waren keineswegs überrascht, als sich herausstellte, daß der Herrscher im mykenischen Staat *wanax* genannt wurde. Homer gebraucht das Wort für ›König‹, wobei dort das *w* in der Regel entfällt. Befremdlich war jedoch, daß *guasileus*, die Vorform von *basileus*, bei Homer ein weiterer Ausdruck für ›König‹ und in der Klassik der einzige dafür, bei den Mykenern eine besondere Bedeutung hatte. *basileus* war anscheinend die Bezeichnung für den ›Chef‹ einer jeden Gruppe, sogar für das Oberhaupt der Schmiede. Spuren davon finden sich noch bei Homer, denn wir lesen von vielen *basilēes* in Ithaka (*Od.* 1,394 f.), und der Phäakenkönig Alkinoos spricht von zwölf weiteren *basilēes*, die es außer ihm in seinem Volk gebe (*Od.* 8,390 f.).

Manchmal ist nicht leicht zu erkennen, in welchem Sinn *wanax* auf den Täfelchen verwendet wurde. Meistens wird mit diesem Wort der irdische Herrscher bezeichnet. Wir lesen z. B., eine Aufstellung sei angefertigt worden, »als der König Augewas zum *da-mo-ko-ro* ernannte« (ein Amtstitel) – gewiß eine irdische Handlung. In anderen Fällen fragen wir uns aber, ob ›König‹ nicht die Bezeichnung für einen Gott sein soll; in diesem Sinn wurde das Wort nämlich noch im klassischen Griechisch gebraucht. Das beste Beispiel dafür enthält eine Serie von Täfelchen aus Pylos (Fr), auf denen Duftöle und Salben verzeichnet sind, die verschiedenen Gottheiten zugeteilt wurden. Es wäre seltsam, den ›König‹ hier unter den Göttern zu finden, andererseits ist wichtig, daß der Vermerk hier auf keinen Fall nur ›für den König‹ heißt, sondern die Wendung noch mit einem zweiten Namen verbunden ist, der als Anrede dient. Dies genügte vielleicht, um deutlich zu machen, daß nicht der irdische Herrscher gemeint war.

Wirkliche Auskünfte über den König vermittelt uns nur eine Tafel aus Pylos (Er 312), auf der Landanteile angegeben sind. Hier finden wir den ›Besitz des Königs‹ verzeichnet, ›das Eigentum des *lāwāgetās*‹ und die Ländereien dreier Beamter, der sogenannten *telestai*. Interessant ist dabei die Größe dieser Güter. Der Besitz des Königs beträgt das Dreifache der Liegenschaften des *lāwāgetās*, und das Land der drei *telestai* entspricht zusammen an Umfang dem des Königs. Schon dadurch scheint er als privilegierte Person gekennzeichnet, aber er muß noch mehr Land besessen haben, denn das Täfelchen bezieht sich vermutlich nur auf seine Besitzungen an einem bestimmten Ort. Bei Handwerkern findet sich das Adjektiv ›dem König gehörend‹ oder ›königlich‹. Wir kennen z. B. einen königlichen Tuchwalker aus Pylos (En 74.3), einen königlichen Töpfer (Eo 371) und noch einen anderen Mann, dessen Handwerk nicht zu deuten ist (En 609.5). In Knossos werden Stoffe als ›königlich‹ beschrieben, die vielleicht in Muster und Farbe der königlichen Familie vorbehalten waren, ähnlich dem kaiserlichen Purpur späterer Zeiten. Darüber hinaus läßt sich wenig über den König sagen. Auf den spärlichen Urkunden aus Mykene ist sein Titel bisher noch nicht vorgekommen, und in Theben ist nur das Wort nachgewiesen.

Obwohl der Name des Königs von Pylos nie genannt wird, spricht einiges dafür, daß *E-ke-ra₂-wo* (vielleicht *Enchelyāwōn*, die Rekonstruktion ist unsicher), der eine gehobene Stellung innerhalb der Rangordnung einnimmt, der *wanax* war. Ein Verzeichnis von Spenden für Poseidon (Un 718) führt, wie die oben erwähnte Tafel mit Landanteilen, vier Stifter an. Zwei haben denselben Titel, aber *E-ke-ra₂-wo* erscheint anstelle des Königs und der *dāmos* anstelle der *telestai*. Angenommen, *E-ke-ra₂-wo* wäre der König, so ergibt sich, alle Nachrichten zusammengenommen, ein ungefähres Bild: 40 Männer dienen ihm als Ruderer in der Flotte (An 610). Er scheint riesige Ländereien zu besitzen, insgesamt 94 Maßeinheiten (Er 880), also mehr als das Dreifache des königlichen *temenos*. Sie sind mit über 1000 Weinstöcken bepflanzt. Eine so hervorragende Persönlichkeit muß wohl an der Spitze des pylischen Gemeinwesens gestanden haben. Andere Beispiele zeigen, daß eine

Person sowohl unter ihrem Namen als auch unter ihrem Titel erscheinen kann, und wenn wir beides verbinden, erhalten wir ein sehr viel anschaulicheres Bild von des Königs Besitztümern.

Den Titel *lāwāgetās*, der wörtlich ›der Führer des Volkes‹ bedeutet, findet man in Pylos und Knossos. Im späteren Griechisch, besonders in der *Ilias*, bedeutet das mit ›Volk‹ übersetzte Wort häufig ›das zum Kampf geordnete Volk, das Kriegsheer‹. Man hat daher verschiedentlich angenommen, daß der mykenische Titel den Befehlshaber des Heeres bezeichnet, was die Täfelchen jedoch nicht bestätigen. In Pylos betrug sein Grundbesitz, wie wir wissen, ein Drittel der königlichen Liegenschaften, aber nicht mehr, als im Durchschnitt einer der drei *telestai* besaß. Seine Abgaben an Poseidon (Un 718) bestehen aus zwei Widdern und bestimmten Mengen von Mehl und Wein. König *E-ke-ra₂-wo* dagegen steuert mehr als das Sechsfache an Getreide bei, viereinhalbmal soviel Wein, Honig, zehn Käse, einen Ochsen und ein Schaffell. Wie der König hat auch der *lāwāgetās* Handwerker zu seiner Verfügung, möglicherweise einen Stellmacher (Ea 421) und noch einen anderen, dessen Beruf nicht zu erkennen ist (Na 245). Zwei weitere Männer sind ihm zu unbekannter Verwendung zugeordnet. Der Titel kommt noch einmal in abgeleiteter Form in Knossos vor, aber der Kontext ist so fragmentarisch, daß wir wenig daraus erfahren. Ein Täfelchen (E 1569) verzeichnet entweder den Umfang seiner Besitzungen, denn es ist dem des *lāwāgetās* von Pylos sehr ähnlich, oder eine bestimmte Getreidemenge.

Meine schwedische Kollegin Margareta Lindgren (1973, T. 2, S. 134 bis 136) hat den äußerst bemerkenswerten Vorschlag gemacht, der Name des *lāwāgetās* in Pylos sei *Wedaneus*. Zweifellos ist *Wedaneus* ein einflußreicher Mann, der im gleichen Text wie Poseidon Getreideopfer empfängt (Es), 20 Mann besitzt, die ihm als Ruderer in der Flotte dienen, und Eigentümer vieler Schafherden zu sein scheint.

In einer Gesellschaft dieser Art braucht der König eine Anzahl Edelleute als Gesandte, die es ihm ermöglichen, die Herrschaft überall im Reich auszuüben. Diese Pflichten versieht gewöhnlich eine aristokratische Oberschicht, die häufig mit dem Königshaus verwandt ist. Sie stellt die vorgesetzten Verwaltungsbeamten, bildet die Elitetruppen der Armee aus und befehligt die Aushebungen der Infanterie. In der mykenischen Gesellschaft vertreten die *hequetai*, ›Gefolgsleute‹, diese Schicht. Der Name sollte nicht zu wörtlich genommen werden, denn an Königshöfen hat es schon immer zahllose Bedienstete gegeben, deren Pflichten nichts mit ihren seltsam klingenden Amtsbezeichnungen zu tun hatten. Eine dieser Pflichten muß aber darin bestanden haben, dem König Gefolgschaft zu leisten und ihm in Krieg und Frieden zu dienen. Eine naheliegende Entsprechung zum ›Gefolgsmann‹ ist der ›Gefährte‹ oder ›Graf‹. Tischgenossen und engste Freunde des Königs werden häufig so genannt, und das lateinische *comes*, von dem das englische *count* abstammt, hat denselben Sinn.

Der hohe Rang der Grafen wird verschiedentlich bestätigt. Sie können z. B. Leibeigene besitzen (PY Ed 847). Lejeune hatte (1966, S. 260) scharfsinnig erkannt, daß *Amphimēdēs*, einer der großen in Pylos verzeichneten Grundbesitzer, derselbe Graf ist, der in der Zusammenfassung der Einzelbuchungen dieser Serie erwähnt wird (Ed 317). Viele der Grafen, die auf den Küstenwacht-Täfelchen aus Pylos erscheinen (s. S. 230–239), tragen außer dem eigenen noch den Namen des Vaters, als eine Art Hinweis auf aristokratische Würde, der dem einfachen Volk nicht gestattet war. Der äußerst lapidare Stil der Täfelchen kann natürlich stets für den Wegfall von Ehrentiteln verantwortlich sein. Eine stark beschädigte Liste aus Knossos ist mit »Graf(en) aus Knossos« (B 1055) überschrieben, und einen Grafen kennen wir auch aus einer anderen Stadt des Königreichs (Exos, Am 821).

Sklaven, Tuchwaren und Räder können mit dem Adjektiv bezeichnet sein, das sich von ›Graf‹ herleitet. Sklavenhaltung bei Privatleuten ist anderwärts auf Täfelchen verbürgt, scheint aber, außer bei Bronzeschmieden, selten vorzukommen, was damit zusammenhängen könnte, daß man Sklaven gewöhnlich nicht verzeichnete. Da in Knossos von Stoffen die Rede ist (Ld-Täfelchen), nehmen wir an, daß die Grafen besondere Kleidung trugen, wohl eine Uniform, die weiße Troddeln oder Fransen gehabt haben könnte. Die Räder waren Wagenräder, so daß wir wohl gräfliche

Wagen mit Rädern nach speziellem Muster annehmen dürfen. Das ist alles mit dem hohen Rang der Grafen vereinbar, aber die Wagen lassen darauf schließen, daß sie auch militärische Aufgaben hatten. Es sieht so aus, als ob Knossos eine Streitmacht von etwa 200 Kriegswagen gehabt hätte, während die pylische wahrscheinlich viel kleiner war (s. S. 222, 226). Es fragt sich, ob die Grafen nicht überhaupt die einzigen Truppen waren, die in den Krieg zogen. Hauptsächlich werden sie wohl als Infanterieoffiziere gedient haben. Wie wir später sehen werden (S. 235), könnte die Armee von Pylos 11 von je einem Grafen befehligte Regimenter gehabt haben. Wo Gelände oder Straßen es erlaubten, haben sie vielleicht als rasch bewegliche Elitetruppen Verwendung gefunden, die wegen ihrer schweren Rüstung zahlenmäßig überlegene Leichtbewaffnete in Schach halten konnten.

Die örtliche Verwaltung

Neben den Edelleuten, aus denen sich der königliche Hof und die Verwaltung zusammensetzen, gibt es nicht selten eine zweite Magnatenschicht, die Großgrundbesitzer. Auch die Edelleute sind Landeigentümer, entweder durch ihre Ämter oder durch Privatbesitz, aber eine viel größere Grundbesitzerklasse versieht gewöhnlich die örtliche Verwaltung außerhalb der Hauptstadt. Diese beiden Führungsschichten sind auch dazu da, sich gegenseitig zu überwachen. Jeder Versuch der örtlichen Oberschicht, aus der zentralen Gewalt auszubrechen, kann durch den Einsatz der Grafen vereitelt werden, wie auch dem Grafen, der sich königliche Vorrechte anmaßt, durch die Macht des Grundbesitzeradels Einhalt geboten werden kann.

Man kann darüber streiten, wie weit die mykenischen Titel in diesen Rahmen eingepaßt werden dürfen. Ich würde es befürworten, hier ein System einzuführen, das ihnen sonst fehlen würde. Das Königreich Pylos war in 16 Verwaltungsbezirke aufgeteilt, von denen jeder einem *ko-re-te* genannten Statthalter und *po-ro-ko-re-te* genannten Stellvertreter unterstand (Jn 829). Die Rekon-

struktion dieser Amtsbezeichnungen ist umstritten, und wir werden
hier die Formen *koretēr* und *prokoretēr* gebrauchen, ohne behaupten zu wollen, daß diese Wiedergabe korrekt wäre. Problematisch
ist die lange Überschrift zum Verzeichnis der diesen Beamten auf-
erlegten Aufgaben. Im Haupttextteil nämlich wird nur jeweils ein
koretēr und *prokoretēr* für jeden Bezirk genannt, aber damit verbunden erscheinen noch vier andere Titel in der Überschrift. Diese
anderen könnten am ehesten Alternativtitel sein, die alle unter
die Rubriken *koretēr* und *prokoretēr* fallen. D. h., der *koretēr* eines Bezirks kann auch *dumar* genannt werden, was anderwärts etwa ›Oberaufseher‹ bedeutet. Das rangniedrigere Amt hat
seltsame Alternativtitel. Einer lautet *klāwiphoros*, ›Schlüsselträger‹,
eine Bezeichnung, die auch an anderer Stelle erscheint, z. B. auf den
Katastertäfelchen von Sphagiānes, wo eine Frau namens *Karpathia*
so genannt wird, die ausnahmsweise zwei Grundstücke besitzt
(Eb 338, Ep 704.7). Ein beschädigtes Täfelchen (Un 6), das mit
Weihgaben zu tun hat, gibt diesen Titel in Verbindung mit dem
Namen einer Priesterin wieder. Es scheint sich hier hauptsächlich
um einen religiösen Titel zu handeln, der auch, oder ausschließlich,
Frauen verliehen werden kann. Die Verbindung von weltlichem
und geistlichem Amt braucht uns nicht zu wundern. In späterer
Zeit war dieselbe Person häufig Beamter und Priester, und die
Trennung von weltlicher und geistlicher Macht ist ein relativ
modernes Phänomen. Man wäre aber höchst erstaunt, eine Frau
als Vizegouverneur eines Bezirks zu finden. Da das griechische
Wort für ›Schlüsselträger‹ sowohl auf Männer als auch auf Frauen
angewendet werden kann, dürfen wir ohne weiteres annehmen, daß
diese Amtsbezeichnung beiden Geschlechtern zustand. Im klassischen Griechisch wird der mykenische ›Schlüsselträger‹ öfter zum
›Schlüsselhalter‹ (*kleidouchos*), aber das Wort ist noch immer
Synonym für ›Priesterin‹, obwohl wir aus Inschriften wissen, daß
auch Männer diesen Titel tragen können.
Aus dem gleichen Text erfahren wir auch, daß der *koretēr* und sein
Stellvertreter in jedem Bezirk für besondere Bronzeabgaben
verantwortlich waren, über die wir noch in Kapitel 8 sprechen
wollen (S. 187). Dieselben Titel finden sich auf einem schad-

haften Täfelchen aus Pylos (Jo 438), das Goldabgaben verzeichnet (s. S. 192). Hier werden die Beitragspflichtigen manchmal mit ihren Titeln *koretēr* und *prokoretēr* aufgeführt, während wir in anderen Fällen nur den Namen des Bezirks oder den des Beamten selber lesen. Es könnte daher sein, daß die namentlich genannten Männer den Rang eines *koretēr* oder *prokoretēr* haben.

Einen ganz ähnlichen Eindruck gewinnen wir aus einer anderen wichtigen Urkunde, die aus zwei Täfelchen besteht (Aq 64 und 218). Auch hier ist bedauerlicherweise die ganze Einleitungsformel mit Ausnahme des letzten Wortendes verlorengegangen, dem wir aber entnehmen können, daß es sich um ein Verzeichnis von Menschen handelt, die eine offizielle Amtshandlung vornehmen. Zwei Männer werden außerdem *koretēr* eines Bezirks genannt. Einer dieser Bezirke gehört zu den sieben der jenseitigen Provinz (s. S. 63). Den anderen kennen wir nur aus dem schon erwähnten Verzeichnis der Goldabgaben. Es taucht hier aber der neue Titel *mo-ro-qa* auf, der mit *moroqquās*, wörtlich ›Eigner eines Landanteils‹, wiedergegeben wird. Wie immer ist es auch hier gefährlich, die Amtspflichten eines Titelträgers aus der Bedeutung des Wortes mutmaßen zu wollen. Aus der Urkunde geht hervor, daß *moroqquās* eher den Rang bezeichnet als, wie das Wort *koretēr*, das Amt. Einmal wird nämlich jemand als beides bezeichnet: »Klumenos, der *moroqquās*, *koretēr* von Iterewa«, den wir auch als Kommandanten einer Abteilung der Küstenwacht kennen. Auch der Unterbefehlshaber eines anderen Abschnitts der Küstenwacht (An 519.2) erhält diesen Titel. Drei andere Männer auf der genannten Liste (Aq 64) tragen den Titel *moroqquās* ohne nähere Bezeichnung. Es dürfte sich um einen hohen Rang handeln, der aber nicht unbedingt mit dem Königshof in Verbindung gebracht werden muß. Das Wort begegnet uns auch in Knossos, könnte dort aber lediglich ein Eigenname sein.

Zu der Liste sind allerlei Vorschläge gemacht worden, wir haben aber trotz einiger Erkenntnisse noch immer kein klares Bild. Im zweiten Abschnitt (Aq 64.12–16) sind Besitzer von Landparzellen aufgeführt, im dritten (Aq 218.1–6) Männer, die zu etwas verpflichtet sind, das nicht deutlich wird, der vierte (Aq 218.9–16) verzeichnet Männer, die kein Land besitzen. Bei all diesen Namen, außer denen des dritten Abschnitts, steht der Eintrag »ein Paar«, ohne daß angegeben wäre, worum es sich handelt. Hierzu wurden verschiedene Erklärungen vorgebracht, wobei besonders überzeugend ist, daß das Wort ›Paar‹ hier für ein Landmaß gebraucht sein könnte. Leider haben auch die Männer ohne Landbesitz den Vermerk »ein Paar«. Dem Problem wäre abzuhelfen, wenn man voraussetzt, daß sich die Urkunde auf eine künftige Landverteilung bezieht. Es sollte noch gesagt werden, daß Grundbesitz in allen Urkunden auf unterschiedliche Weise gemessen wird. In Kapitel 7 wird das zur Sprache kommen. In den ersten beiden Abschnitten steht noch eine ergänzende Eintragung: ein unleserliches Ideogramm und eine Zahl zwischen 3 und 12, die durch 3 teilbar ist. Die Eintragung bezieht sich auf eine Textstelle, die folgendermaßen übersetzt wird: »in diesem Jahr wird er nehmen (oder: nahm er) wie folgt«. Die beiden Vermerke ohne das unleserliche Ideogramm lauten: »und er wird nicht nehmen (nahm nicht)«. Das mit ›nehmen‹ wiedergegebene Verb hat wahrscheinlich einen besonderen Sinn. Es scheint eigentlich ›ergreifen‹ bedeutet zu haben und steht mit dem Wort für ›Jagd‹ in Verbindung, erhielt aber in manchen Dialekten eine allgemeinere Bedeutung. Leider erlaubt uns auch das unvollkommene Schriftsystem hier keine Unterscheidung zwischen den Zeitformen der Vergangenheit und der Zukunft. Für uns ist diese Mehrdeutigkeit ein zusätzliches Problem, den Schreibern, die mit solchen Urkunden umgingen, wird sie keine Schwierigkeiten gemacht haben.

Interessant sind die fünf Männer des dritten Abschnitts, die keinen Vermerk über »ein Paar« bekommen haben. Drei von ihnen sind Grafen, deren Namen auf den Täfelchen der Küstenwacht vorkommen, obwohl der Titel nicht genannt wird. Es sind aber zweifellos dieselben Männer, denn ihre Vatersnamen stehen zur besseren Kennzeichnung wieder dabei. Die anderen beiden Männer aus diesem Abschnitt werden lediglich als »Priester« einer bestimmten Ortschaft bezeichnet, bei einem steht noch ein Vermerk, der auch eine Art Titel sein kann.

Hier müssen wir nun einen anderen umstrittenen Punkt aufgreifen, nämlich den Rang des Titels *telestās*. Die Urkunde, auf der die Güter des Königs und des *lāwāgetās* verzeichnet sind (Er 312, s. S. 96), spricht auch von den Gütern der drei *telestai*, die zusammen so groß wie der Besitz des Königs sind. Die *telestai* gehören ohne Zweifel zu den Großgrundbesitzern, lassen sich aber noch nicht eindeutig in die Rangordnung einfügen. Am ehesten dürfen wir wohl annehmen, daß sie im selben Verhältnis zum Bezirksgouverneur standen wie die Grafen zum König. Sie waren also nach dem Statthalter und seinem Stellvertreter, die vielleicht auch aus den Reihen der *telestai* gewählt wurden, die wichtigsten Persönlichkeiten der Bezirke.

Damit komme ich zum Teil auf meine frühere Überzeugung zurück, nach der das Wort *telestēs* auch in mykenischer Zeit religiöse Bedeutung gehabt haben könnte, denn es findet sich in späterem Griechisch mit Kulthandlungen und religiösen Feiern verbunden. Heute bin ich freilich anderer Meinung, doch nicht, weil ich überzeugt wäre, daß die religiösen Bezüge fehlten. Aber man darf, wie schon bemerkt, zu dieser Zeit religiöse und weltliche Belange noch nicht trennen. Meine Theorie setzt aber in den einzelnen Bezirken eine Grundbesitzerklasse voraus, die wir nicht ohne Grund in den *telestai* sehen, gleichgültig, welche andere Funktion sie noch gehabt haben mögen.

Der Titel kommt fast ausschließlich auf Urkunden vor, die sich mit Landbesitz befassen. Davon haben wir verhältnismäßig viele, allein 14 aus dem pylischen Bezirk von Sphagiānes. In einem Fall scheint der Grundbesitz allerdings getilgt. In Kreta kommen *telestai* an vier Orten vor, über 45 z. B. in Aptarwa im Westen der Insel. Oft sind ihre Besitzungen sehr groß, und das Wort *ktoinoochos*, ›Landbesitzer‹, kann als Synonym verwendet sein. Der Titel scheint von einem Verb abgeleitet zu sein, das die Aufgabe der *telestai* bezeichnet. Wir erfahren: »ein *telestās* ist verpflichtet zu . . ., aber er . . . nicht« (PY Eb 149), wobei besagtes Verb an den leeren Stellen zu denken wäre. Daher ist der Titel wohl weniger eine ständige Amtsbezeichnung als Ausdruck der Tätigkeit des Titelinhabers in einem bestimmten Zusammenhang, wie etwa Arzt,

Rechtsanwalt und Lehrer in einem geeigneten Zusammenhang ›Hausherren‹ genannt werden könnten.

Aus Pylos besitzen wir auch Hinweise auf den *dāmos*, ein Wort, das in der späteren griechischen Form *dēmos* zum gebräuchlichen Ausdruck für das gesamte Volk geworden ist (daher unser Wort ›Demokratie‹). In Attika hat es noch eine besondere Bedeutung und wird für die örtlichen Verwaltungsbezirke gebraucht, die etwa unseren Gemeinden entsprechen. Da wir wissen, daß das Königreich Pylos zu Verwaltungszwecken in 16 Bezirke geteilt war, darf man vielleicht annehmen, daß diese damals schon ›Demen‹ genannt wurden und dieser Terminus also für die Bewohner eines Bezirks insgesamt gebraucht wurde. Das würde dann erklären, warum ein Verzeichnis von Ferkeln (Py Cn 608), die von den *opidāmioi*, den Beamten der Demen, gemästet werden, unter den Namen aller neun Bezirke der diesseitigen Provinz erscheint.

In Sphagiānes und anderen Orten ist der *dāmos* Besitzer von Gemeindeland. Auf Ep 704.5 bestreitet er in einer Erklärung die Besitzansprüche, die die Priesterin Eritha im Namen ihrer Gottheit auf ein bestimmtes Stück Land erhebt (s. S. 156). Dies geschieht interessanterweise in der redigierten Textversion, während der erste Entwurf, den wir ebenfalls besitzen (Eb 297), anstelle von *dāmos* anscheinend das Wort ›die Landbesitzer‹ enthält. Hier zeigt sich, daß der kollektive Wille eines Bezirks durch die Großgrundbesitzer zum Ausdruck gebracht wurde. Die schon erwähnte Übereinstimmung zwischen dem Güterverzeichnis (Er 312) und den Opfergaben an Poseidon (Un 718) scheint dies zu bestätigen, denn der *dāmos* nimmt hier den Platz der drei *telestai* ein. Offenbar stellt sich also heraus, daß die drei Termini in Wirklichkeit Synonyme sind.

Hier muß auch der *da-mo-ko-ro* erwähnt werden, ein Beamter, der in Pylos und Knossos vorkommt. Die lange Beschreibung von kostbaren Möbeln aus Pylos (s. S. 195) wurde verfaßt, »als der König Augewās zum *dāmokoros* ernannte«. Das war also ein königlicher Erlaß. *dāmokoros* könnte ein Kompositum aus *dāmos* und dem Wort sein, von dem *koretēr* abgeleitet ist. Welche Würde damit verbunden war, ist nicht leicht zu sagen. Ein *dāmokoros* findet sich zwar am Ende eines unvollständigen Verzeichnisses von *koretēres* (Py On 300.7) aus der diesseitigen Provinz, doch damit läßt sich nichts anfangen, denn der Zweck der Urkunde ist noch immer unbekannt, weil auch hier wieder die Überschrift verloren ist.

Die niederen Stände

Es ist nicht leicht, sich nach den Verzeichnissen eine Vorstellung vom einfachen Volk und seiner Lebensweise zu machen. Man hat den Eindruck, daß es die königliche Verwaltung einerseits hauptsächlich mit Edelleuten und Grundbesitzern zu tun hatte, andererseits mit Abhängigen und Sklaven. Dazwischen muß es aber die große Masse der arbeitenden Bevölkerung gegeben haben. Aus dem Bezirk von Sphagiānes sind uns die Listen der Unterpächter und der Großgrundbesitzer erhalten. Einige davon sind königliche Handwerker, doch die Mehrzahl wird als »Diener der Gottheit« bezeichnet, ein Titel, den wir noch nicht deuten können. Bei größeren Bauvorhaben muß eine Art Frondienst geleistet worden sein, doch in den Urkunden deutet nichts darauf hin. Die größten aus Pylos überlieferten Körperschaften sind die rund 800 Männer, aus denen die Küstenwacht besteht (s. S. 234), und die 500–600, die offenbar als Ruderer bei der Flotte dienen (An 610). Ein Knossos-Täfelchen (B 807) erwähnt 237 Männer aus der Stadt Utanos, vielleicht das Ergebnis der Zählung aller verfügbaren männlichen Erwachsenen.

Es gibt ein Verzeichnis von Maurern, die an vier verschiedenen Orten tätig sind. Es sind nur wenige, und wir vermuten, daß sie Kunsthandwerker waren und nicht zur Arbeiterklasse gehörten (s. S. 182). Die zweite Hälfte des Täfelchens ist anscheinend einer geschäftlichen Angelegenheit gewidmet und verzeichnet den Erwerb von Alaun durch Tauschhandel. Eine Verbindung zur Maurerliste ist schwer herzustellen. Häufig gibt es Täfelchen, auf denen Bezahlungen in Gerste an verschiedene Gruppen von Gewerbetreibenden aufgeführt sind, doch die Größe dieser Gruppen wird nicht angegeben und kann nur in wenigen Fällen ermittelt werden (s. S. 162).

Die Namen der verschiedenen Handwerkszweige führen uns eindrucksvoll die Arbeitsteilung vor Augen. Es waren damals keine rauhen Zeiten, in denen jeder alles sein mußte, Bauer, Baumeister, Zimmermann usw. Vielmehr gab es Fachleute für jeden Bedarf, ob ein gewöhnlicher Becher oder ein kostbar eingelegtes Möbelstück verlangt wurde. Ein Handwerk wie die »Herstellung von blauer Glaspaste« läßt einen hohen Lebensstandard erkennen, denn diesen Stoff kann man nicht zum unbedingt Notwendigen zählen. Es ist vielleicht bedeutsam, daß wir dieses Handwerk nur aus Mykene kennen. Leider haben sich viele Berufsbezeichnungen nicht bis in klassische Zeit erhalten und sind deswegen für uns undeutbar. Es fällt auf, daß das Wort für ›Bauer‹ oder jede andere landwirtschaftliche Berufstätigkeit in der Reihe der Berufe fehlt, ebenso der ›Schreiber‹ oder ›Sekretär‹, wie wir wohl eher sagen sollten.

Am Schluß der sozialen Rangfolge stehen die Sklaven. Man muß hier daran erinnern, daß die klassische Zweiteilung der Menschheit in Freie und Sklaven nicht immer so eindeutig war, wie man im Altertum gerne unterstellte. Sie ist ohnehin nur sinnvoll in einer Gesellschaft, in der freie Menschen, so gering auch ihre Zahl sein mag, ihre Geschicke einigermaßen frei bestimmen können. Im Athen der klassischen Zeit hatten freie Bürger politische Rechte und Pflichten, Sklaven dagegen nicht. Aber in einer autokratischen Gesellschaft, die ein Alleinherrscher regiert, ist außer dem König wohl kaum ein Mensch wirklich frei. Freiheit und Sklaverei werden zu relativen Begriffen, und das Wort, das im klassischen Griechisch ›Sklave‹ bedeutet, müßte aus dem Mykenischen vielleicht mit ›Diener‹ übersetzt werden. Sicher ist aber, daß es eine Anzahl Sklaven, zumindest Sklavinnen, gegeben hat und ihre Stellung niedrig war, unabhängig davon, welche soziale Rolle sie letztlich spielten und welche politischen Rechte sie hatten.

Sklaven konnten von Privatpersonen gehalten werden, die vermutlich zur vergleichsweise höheren Gesellschaftsschicht gehörten. Wir sahen schon, daß einer der Grafen Sklaven besaß, und kennen noch andere namentlich genannte Sklavenhalter. Die größte uns bekannte Anzahl von Sklaven in privatem Besitz gehörte den Schmieden in Pylos. Hier arbeiteten sie im gleichen Handwerk wie ihre Herren. Auf den erhaltenen Täfelchen erscheinen mindestens 13 Namen (Serie Jn), und auf einem beschädigten Stück (Jn 431.25 bis 26) sind wahrscheinlich 36 Männer als Sklaven aufgeführt. Wenn man berücksichtigt, daß nahezu ein Drittel aller Täfelchen dieser Serie zu fehlen scheint, könnte die Gesamtzahl um einiges höher sein.

Das Wort mit der Bedeutung ›er kaufte‹ (*qi-ri-ja-to*) kommt in Knossos viermal auf Listen von Männern und Frauen vor, und manchmal erscheint im selben Text auch das Wort für ›Sklave‹. Es könnte sein, daß Sklaven in geringer Anzahl käuflich erworben wurden, obwohl wir nicht sagen können, von wem. Auch hier dürfen Privatleute Sklaven besitzen (Ap 628.1, Ai 824).

Der größte Teil der auf unseren Täfelchen verzeichneten Sklaven wird anders bezeichnet, und trotz der sicherlich niedrigen sozialen Stellung ist es fraglich, ob man sie mit den Sklaven im klassischen Griechenland vergleichen kann. Auf den Knossos-Täfelchen scheint eine große Anzahl Frauen in einigen größeren Städten in der Textilproduktion tätig gewesen zu sein (s. S. 200). Zahlreichen gleichlautenden Dokumenten aus Pylos entnehmen wir, daß diese Listen für die Lebensmittelzuteilung angelegt waren. An beiden Orten sind die Frauen von ihren Kindern begleitet, wobei die Zahl der Mädchen überwiegt. Ehemänner werden nicht genannt. Aus Pylos stammt eine separate Serie von Täfelchen, die Männergruppen verzeichnet, von denen es nur heißt, daß sie »die Söhne von der und der Frauengruppe« seien. Es könnte sich um junge Männer handeln, die dem Knabenalter entwachsen sind und nicht mehr bei ihren Müttern leben. Manchmal gehören auch Knaben zu diesen Gruppen, vielleicht solche, die bald das Alter erreicht haben, mit dem sie zu den Erwachsenen gezählt werden.

Es ist kaum denkbar, daß Frauen und Kinder in dieser Lage, als Kostgänger des Palastes und vermutlich auch dort untergebracht, nicht tatsächlich Sklaven gewesen sein sollten. In Kreta lagen die Dinge wohl etwas anders. Dort werden die Frauen meist als »Frauen aus Phaistos«, »Frauen aus Dawos« usw. bezeichnet und haben wirklich an diesen Orten gelebt. Es waren also nicht Frauen, die man aus ihren Ortschaften nach Knossos gebracht hatte. Sie werden auch keine Frondienste geleistet haben, da sie immer ihre Kinder dabei hatten. Auf keinen Fall konnten Frauen, die während einer bestimmten Zeit des Jahres Palastdienste zu verrichten hatten und nur so lange vom Palast unterhalten wurden, ihre Kinder mitbringen und auch für diese noch Lebensmittel beanspruchen. Hier hätte die Gemeinde dafür gesorgt, daß alle Kinder außer den Säuglingen in Abwesenheit ihrer Mütter von älteren Frauen beaufsichtigt wurden. Es spricht daher alles dafür, daß diese Frauen ständig dem Palast unterstanden, ob sie aber ausdrücklich ›Sklavinnen‹ hießen, spielt dann keine große Rolle. Die seltsame Bezeichnung der jungen Männer, von denen wir schon gesprochen haben, ließe sich auch nur bei Söhnen von Sklavinnen erklären.

Daß es außer ihnen sonst keine männlichen Sklaven gibt, bekräftigt gewissermaßen ihre soziale Stellung. Wir wissen, daß es in der Antike einer hochentwickelten Gesellschaftsordnung bedurfte, um Männer in dauernder Sklaverei halten zu können. Wurden also Städte erobert und Sklaven erbeutet, tötete man alle männlichen Erwachsenen und nahm nur Frauen und Kinder gefangen. Je mehr männliche Kinder herangewachsen waren, desto schwerer ließ sich der Zustand der Sklaverei aufrechterhalten. Die besondere Bezeichnung der jungen Männer spiegelt wohl auch die außergewöhnliche Lage, in der sich sehr viele erwachsene männliche Sklaven befanden. Eine schwer erklärliche Anmerkung besagt in einem Fall, daß fünf Jugendliche und ein Knabe Söhne einiger Ruderer und Weberinnen seien (Ad 684).

Von den in Pylos beschäftigten Frauen werden die einen unter ihrer Tätigkeit aufgeführt, also als Badewärterinnen, Spinnerinnen, Flachs- und Mühlenarbeiterinnen. Die Namen der anderen sind mit einem geographischen Terminus versehen, der ihren Herkunftsort bezeichnen muß, denn ihr Unterbringungsort ist eigens genannt. Es sind, soweit wir die Wörter richtig verstehen, alles niedere Arbeiten, und neben einigen Frauen, die im Haushalt helfen, sind die meisten bei der Herstellung von Textilien eingesetzt (weiteres darüber in Kap. 8, S. 201).

Überraschenderweise sind unter den geographischen Termini drei bekannte Namen von Orten jenseits des Ägäischen Meeres. Wir haben zwar gesehen, daß sich ein Ortsname in verschiedenen Gegenden häufig wiederholen kann, aber es bedeutet doch ein auffälliges Zusammentreffen, wenn alle im gleichen Gebiet liegen. »Frauen aus Milātos« allein würde noch nichts beweisen, denn wir kennen aus klassischer Zeit eine kretische Stadt dieses Namens. Berühmter ist allerdings die Stadt in Ionien, die später *Milētos* (Milet) hieß. Milet ist als bedeutende mykenische Siedlung seit langem bekannt und könnte trotz sprachlicher Probleme das bei den Hethitern erwähnte Millawanda sein. Außer den »Frauen aus Milātos« kommen aber auch »Frauen aus Knidos« und »Frauen aus Lāmnos (Lēmnos)« vor, das eine ein 100 Kilometer südlich von Milet gelegener Ort, das andere eine große Insel in der nordöstlichen Ägäis. Ferner gibt es *A-swi-ja* (*Aswiai*) genannte Frauen aus einem Teil Asiens, der später zu Lydien wird, aber auf hethitischen Urkunden *Aššuva* heißt, und Frauen aus Zephyros. *Zephyria* ist als die alte Bezeichnung der Gegend von Halikarnassos überliefert. Es liegen also vier der fünf Namen auf der kleinasiatischen Seite der Ägäis, und der fünfte gehört zu einer Insel nahe der Küste. Daraus darf man wohl mit Sicherheit schließen, daß diese Frauen aus einem fernen Teil der mykenischen Welt kamen.

Wie hat man sie aber von weither nach Pylos gebracht? Sie könnten die Opfer pylischer Piratenschiffe sein, wenn nicht eine Gruppe ausdrücklich als »Gefangene« bezeichnet wäre, was doch bedeutet, daß die anderen keine sind. Warum sollten auch mykenische Griechen andere mykenische Siedlungen, wie etwa Milet, überfallen haben? Mykenische Keramik aus einem Friedhof bei Halikarnassos läßt darauf schließen, daß auch hier ein mykenischer Vorposten war. Es wäre also eher möglich, daß diese Orte mykenische Handelsniederlassungen gewesen sind, an denen griechische Luxusgüter gegen Waren aus Anatolien, beispielsweise Sklaven, eingetauscht wurden. Es könnte sich lohnen, die Halbinsel Knidos (türkisch: Reşadiye Yarımadası) und die Insel Lemnos nach Anzeichen für eine mykenische Handelstätigkeit zu untersuchen. Über bronzezeitliche Siedlungen an der türkischen Küste wissen wir noch immer sehr wenig, gut erforscht sind dagegen die griechischen Kolonien der Eisenzeit. Es ist interessant, daß die Griechen bestrebt waren, diese fremden Frauen und ihre Kinder beisammenzuhalten. Das geschah wohl weniger aus humanitären Gründen, als um bestimmte Fähigkeiten zu nutzen, die sie vielleicht besessen haben, oder um sie mit ihrem Schicksal zu versöhnen. Es war ja eine der abstoßendsten Begleiterscheinungen des afrikanischen Sklavenhandels im 18. Jahrhundert, daß man Kinder gewaltsam von ihren Müttern trennte, sobald die Neue Welt erreicht war.

Da jede Frauengruppe dreimal erwähnt sein kann, läßt sich die Vollständigkeit der Urkunden einigermaßen beurteilen. Das beste Verzeichnis ist die Serie Aa, die zwei verschiedene Schreiber in zwei Teilen verfaßt haben, die den beiden Provinzen entsprechen. Serie Ab enthält keine Täfelchen für die jenseitige Provinz und ist daher unvollständig, vielleicht hatten die entsprechenden Informationen Pylos noch nicht erreicht. Die Frauengruppen der diesseitigen Provinz sollten also jeweils auf drei Täfelchen vertreten sein (Aa, Ab, Ad), die der jenseitigen Provinz nur auf zweien (Aa, Ad). Wir kennen 49 Frauengruppen, und es ist unwahrscheinlich, daß irgendwelche Gruppen aus der diesseitigen Provinz nicht auf der einen oder anderen der drei Urkunden vorkommen, es könnte aber sein, daß ein bis zwei Gruppen der jenseitigen Provinz aus den entsprechenden Urkunden verlorengegangen sind.

Jedes Täfelchen der Serie Aa verzeichnet eine bestimmte Anzahl Frauen, Mädchen und Knaben. Darauf folgen wahlweise die beiden Vermerke *DA* 1 und *TA* 1 oder nur einer davon. Es sind Abkürzungen, die wir noch besprechen werden. Die Serie Ab ist der Serie Aa ganz ähnlich, aber auf *DA* oder *TA* folgen keine Zahlen, und der Text endet damit, daß eine bestimmte Getreidemenge und die gleiche Menge Feigen aufgeführt sind, offenbar die Lebensmittelration. Serie Ad verzeichnet Männer und Knaben, ohne mehr über sie auszusagen, als daß sie Söhne einer von den anderen Serien bekannten Frauengruppe sind. Es muß sich um Jünglinge handeln, die etwa 15 Jahre oder älter sind und gerade eben als Erwachsene gelten könnten, denn wirklich erwachsene Männer hätten noch eine besondere Bezeichnung erhalten. Die Knaben dieser Serie könnten die älteren Jungen sein, die besser in die Arbeitsgruppen der jungen Männer als in die ihrer Mütter passen. Wegen dieser Verlegung sind bei den Frauengruppen weniger Jungen als Mädchen eingetragen.

Die Zahl der Frauen in jeder Gruppe liegt zwischen 1 und 38, die Kinderzahl entspricht im Durchschnitt ungefähr der Anzahl der Frauen. Dies nimmt nicht weiter wunder, da ja auch alte Frauen darunter sind. Aus den obengenannten Gründen überwiegen die Mädchen. Die Zahl der Frauen und Kinder liegt insgesamt jeweils bei 750, doch muß berücksichtigt werden, daß Täfelchen fehlen. Davon leben etwa 450 in Pylos, womit bewiesen wird, daß sich der Name nicht nur auf den ausgegrabenen Palast, sondern auf das ganze Gebiet bezieht. Die Ausgräber haben nämlich ausgedehnte Gebäudekomplexe unterhalb des Hügels mit der Palastanlage festgestellt. Schätzungsweise weitere 100 Frauen gehören in andere Orte der diesseitigen Provinz und etwa 200 in die jenseitige. Von diesen 200 ist über die Hälfte in Leuktron beschäftigt, einer bedeutenden königlichen Niederlassung, die die Hauptstadt der Provinz gewesen sein könnte. Die Zahl der Jünglinge in den Arbeitsmannschaften beläuft sich, berücksichtigt man fehlende Angaben, auf ungefähr 275, dazu kommen 100 Knaben. Auch von ihnen wohnen etwa zwei Drittel in Pylos.

Interessant ist die Festsetzung der Verpflegungsrationen für die pylischen Sklavinnen. Es lag auf der Hand, daß der Umfang der Zuteilungen im großen und ganzen der Zahl der Frauen und Kinder entsprechen würde, obwohl die Verteilung offensichtlich nach keinem einfachen Schlüssel vor sich ging. Trotzdem ist es ausgeschlossen, daß für die verschiedenen Gruppen willkürliche Maßstäbe gebraucht worden wären. Erste Aufschlüsse darüber brachte meine Entdeckung, nach der, wenn eine Grundration von zwei Zehnteln einer Mengeneinheit pro Sklavin und einem Zehntel pro Kind vorausgesetzt wird, keine Gruppe weniger als dieses Einheitsminimum erhalten hat. Meistens haben die Frauengruppen aber mehr bekommen, und es sieht so aus, als ob die mysteriösen Kürzel *DA* und *TA* etwas mit den zusätzlichen Lieferungen zu tun hätten.

Weitere Untersuchungen wurden dadurch erschwert, daß verschiedene Zahlen auf den Täfelchen nur ungenau zu lesen waren. In einer überarbeiteten Auflage konnte der Herausgeber (Bennett, 1957) hier Abhilfe schaffen. Zwei Gelehrte unternahmen daraufhin unabhängig voneinander den nächsten Schritt. L. R. Palmer (1959) und H. Ota (1959), dessen Artikel auf japanisch erschien und erst später in Europa bekannt wurde, veröffentlichten beide folgendes Korrelationsschema (unter den Zahlen versteht man stets Zehntel einer größten Mengeneinheit): $TA = 2$, $DA = 5$, $TA\ DA = 7$ oder 9. D. h., daß $TA\ DA$ entweder $1\ TA + 1\ DA = 7$ bedeuten kann oder $2\ TA + 1\ DA = 9$. Diese 2 ist zwar nirgends extra angegeben, aber eine durchaus vergleichbare Täfelchenserie aus Knossos (Ak) weist in der Tat erwartungsgemäß den Eintrag $DA\ 1\ TA\ 2$ auf. Hier sind die Rationen allerdings nicht berechnet. Nach Palmer bedeuten die geheimnisvollen Abkürzungen TA und DA das Überwachungspersonal. Seiner Ansicht nach bezeichnet TA eine weibliche Aufsichtsperson, für die er die gleiche Lebensmittelration wie die einer Arbeiterin annimmt, und DA einen weit höher bezahlten Aufseher. Außerdem brachte er Material bei, das den Eindruck erwecken sollte, Männer erhielten das Zweieinhalbfache einer Frauenration. Der Irrtum in seiner Beweisführung soll in Kapitel 7 zur Sprache kommen.

Ich schlug daher vor, hier etwas zu modifizieren, in der Meinung, daß es ungewöhnlich gewesen wäre, die Ideogramme für ›Mann‹ und ›Frau‹ nicht zu gebrauchen, wenn die Gesamtstärke der Gruppe tatsächlich um eine, zwei oder drei Personen überschritten wurde. Außerdem würde es so aussehen, als ob eine Frau für sich allein eine Aufseherin gehabt hätte (Ab 388, vgl. Aa 785). Aber wenn wir annehmen, daß alle Aufseher weiblich und schon in der Gesamtzahl der Gruppe enthalten waren, muß die These nur insoweit korrigiert werden, daß für Unteraufseher eine Bezahlung von 4 statt 2 Zehnteln vorausgesetzt wird und für Oberaufseher 7. Dann erscheinen die Zahlen sinnvoll, denn wir dürfen wohl erwarten, daß das Aufsichtspersonal mehr als die ihm unterstehenden Sklaven zugeteilt erhielt. Man könnte sogar überlegen, ob nicht DA die Abkürzung eines Wortes sein kann, das *da-ma* oder *du-ma* geschrieben wurde und das (sowohl weiblicher als männlicher?) ›Aufseher‹ heißt, wie wir schon wissen. Desgleichen, ob nicht *TA* das Wort *tamiā* bedeutet, das Homer später für ›Aufseherin, Wirtschafterin‹ gebraucht.

Unsere Schlüsse werden allerdings durch das Täfelchen Ab 555 beeinträchtigt, auf dem zusätzliche 45 Zehntel bewilligt sind anstelle von höchstens 9 Zehnteln wie sonst überall. Zweifellos ist hier einfach ein Fehler unterlaufen, den Palmer (1963, S. 117) nicht ohne Scharfsinn folgendermaßen erklärt: Im Verlauf der Arbeit könnte der Schreiber versehentlich das Zeichen für ›Zehntel‹, das vor den letzten vier Einerstrichen stehen müßte, ausgelassen haben und also »16« anstatt »12.4« geschrieben haben. Was auch immer den Irrtum verursachte, wir wüßten gerne, ob der Buchungsfehler in die Tat umgesetzt wurde und die glücklichen Sklaven ihre Extraration bekamen. Auf die Größe dieser Rationen werden wir später zurückkommen (S. 147).

Für unsere Vorstellung von mykenischer Sklaverei könnte eine Urkunde aus Pylos (An 607) von größter Wichtigkeit sein, die wir leider nicht ganz verstehen. Darauf sind insgesamt 13 Frauen verzeichnet, aber der Schreiber ist derart ungeschickt, daß diese Angabe nicht einmal ganz sicher ist. Auf halbem Wege scheint er sich hinsichtlich der Zahl anders besonnen zu haben. Er wollte auch nicht für jede Eintragung eine neue Zeile beginnen, wie es normalerweise üblich ist. Interessant ist aber, daß auf diesem Täfelchen die Väter und Mütter der Sklavinnen vorkommen. Die Frauen sind in 4 Gruppen, vermutlich Familien, aufgeteilt, von denen eine aus 6 und zwei aus 3 Personen bestehen. Einmal wird nur eine Frau genannt. Da ihre Abstammung mit der gleichen Wendung ausgedrückt wird, die auch für ein Mitglied der anderen Familien gebraucht wird, hätte die separate Aufführung keinen Sinn, wenn nicht Vater und Mutter Personen gewesen wären, die sich von den anderen unterschieden. Die Namen der Eltern sind nicht genannt, aber ihre soziale Stellung ist verschiedenartig beschrieben. Es scheint, daß in jeder Familie ein Elternteil Sklave ist und die 13 Frauen allesamt als ›Sklavinnen‹ bezeichnet werden. Man könnte daraus leicht den übereilten Schluß ziehen, daß alle

Kinder Sklaven sind, die der Verbindung eines Sklaven mit einer freien Person entstammen, doch sind uns allzu viele Faktoren unbekannt, um hierzu mehr als Mutmaßungen zu äußern.

Die Schwierigkeiten liegen zum Teil darin, daß ein Elternteil Sklave einer Gottheit ist. Solche Sklaven oder Diener finden sich häufig in Pylos und sind selbstverständlich nicht als Sklaven im gewöhnlichen Sinn anzusehen.

Sechstes Kapitel
Religion

Die stummen Zeugen der Vergangenheit lassen sich am schwersten deuten, wenn sie religiösen Inhalts sind. Kein Museum mit Bronzezeitabteilung, das nicht zahlreiche Objekte religiösen Charakters besäße. Jede beliebige Statuette wird gleich zum »Götterbild«, jedes unansehnliche Gefäß »kultisch«, und die unverständlichsten Architekturreste sind immer schnell als »Tempel« oder »Kultraum« erklärt.

In der Tat haben die Weltreligionen unzählige Götterbilder in Menschengestalt hervorgebracht und zahlreiche eigenartige Kunsterzeugnisse, deren Gebrauch vom Aussehen her nur schwer zu bestimmen ist, sowie ganz besondere Architekturformen entwickelt. Es ist nicht schwer, diese vergänglichen Reste zu deuten, wenn wir die Religionen, die sie hervorgebracht haben, noch durch andere Quellen kennen. Aber nehmen wir an, wir müßten den Geist des Christentums allein aus dem Skulpturenschmuck, dem Zierat, der Ausstattung und dem Grundriß einiger Kirchen begreifen, also ohne die Hilfe der Schrift nur aus den materiellen Überresten. Es ist klar, wie gefährlich das wäre. Und doch konnte man sich der mykenischen Religion bis vor wenigen Jahren nur auf diesem Wege nähern. Der einzige andere Zugang war der Versuch, die Frühgeschichte der griechischen Religion klassischer Zeit aufzudecken, indem man ihre Wurzeln erforschte und den Sinn ihrer Mythen deutete.

Wie bedenklich es ist, Mythos und Geschichte miteinander zu verquicken, müßte nicht besonders betont werden, wenn nicht noch immer Versuche dieser Art unternommen würden. Besonders bedauerlich sind in dieser Hinsicht die Anmerkungen, die Robert von Ranke-Graves seinem ansonsten vortrefflichen Buch *Griechische Mythologie* (1960) hinzufügte. Die Vorstellung, daß Mythen eine frühe Form von Geschichte seien, ist schwer auszurotten. Es liegt zum Teil daran, daß die Definition des Wortes ›Mythos‹ nicht gelungen ist. Der Name wird wahllos auf Erzählungen von

Göttern und Menschen angewendet, auf Geschichten vom Ursprung der Welt und auf Berichte von Naturereignissen. Sie haben eines gemeinsam: man hält sie nicht im buchstäblichen Sinne für wahr. Als Maßstab gilt aber offenbar der Wahrscheinlichkeitsgrad. Wenn es heißt, übermenschliche Kräfte hätten die Mauern Trojas erbaut, wird das als Dichtung abgetan oder doch für starke Übertreibung gehalten. Aber die Behauptung, Troja sei durch Menschenhand verwüstet worden, soll als historische Tatsache hingenommen werden. Es scheint niemandem aufzufallen, daß wir kein Recht haben, uns auszusuchen, welche Mythen wir glauben wollen und welche nicht. Nach meiner Überzeugung hat Mythos wenig mit Historie zu tun, aber ich kann hier dieses Thema nicht weiter verfolgen.

Man hat also zunächst mit archäologischen Mitteln versucht, sich eine Vorstellung von der mykenischen Religion zu machen. Die nahezu unausbleibliche Folge davon war die Vermengung des Minoischen mit dem Mykenischen, und ein bekanntes Buch hieß sogar *Die minoisch-mykenische Religion* (Nilsson, 1927). Nach unserem heutigen Verständnis der Geschichte der Ägäischen Welt im zweiten vorchristlichen Jahrtausend bestanden jedoch anfangs zwei getrennte Überlieferungen, die sich allerdings am Ende miteinander vereinigten. Es sind die minoische Tradition Kretas und die mykenische des Festlandes. Nicht einmal die mykenische Überlieferung dürfte einheitlich gewesen sein. Selten waren frühe Völker so gefestigt wie die Juden, die die Götter ihrer Nachbarn völlig ablehnten. Man übernahm fast immer fremde religiöse Prinzipien, mit denen man in Berührung kam, und glich sie den eigenen religiösen Vorstellungen an. Das konnte einmal durch Verschmelzen der fremden Gottheit mit einer einheimischen geschehen, die ähnliche Attribute aufwies, zum anderen dadurch, daß der neue Gott unter die vorhandenen Götter aufgenommen wurde. Wenn wir sicher sein könnten, daß die vorhellenischen Bewohner Griechenlands und Kretas jeweils nur eine einzige und einheitliche Religion hatten, wäre die neue Religion nur aus diesen beiden Elementen entstanden. In Wirklichkeit müssen wir aber mit einem dreifachen Ursprung für die Religion der Klassik rechnen.

Bei einer Analyse der Religion klassischer Zeit stellte sich alsbald heraus, daß es Götter von zweierlei Art gab. Neben den »Olympischen Göttern«, die eher irgendwo in einer fernen Himmelsgegend angesiedelt sind als auf dem Olymp in Nordgriechenland, finden sich »chthonische Gottheiten« von weniger hohem Rang, die in der Erde oder unter der Erdoberfläche gedacht werden. Der Name bedeutet eigentlich einfach ›erdhaft‹. Eine Hypothese, die uns einleuchtend erscheint, läßt das chthonische Element die Religion des vorhellenischen Volkes verkörpern, das olympische Element die Religion der frühgriechischen Einwanderer. Dieser Gedanke könnte aber den Sachverhalt auch allzu sehr vereinfachen. Wir besitzen zu dieser Frage äußerst wichtiges sprachliches Beweismaterial, das nur allzu oft übersehen wird.

Nach der Überlieferung hat es zwölf olympische Götter gegeben, nämlich Zeus, Poseidon, Hermes, Ares, Apollon, Hephaistos und Dionysos, Hera, Artemis, Aphrodite, Athena und Demeter. Demeter ist wohl später hinzugekommen, denn sie war ursprünglich eine Erdgottheit. Für den Dionysos-Kult hatte man stets eine sehr späte Entstehungszeit angenommen, bis die Entdeckung des Götternamens auf zwei Täfelchen aus Pylos diese liebgewordene Überzeugung umstürzte. Die linguistischen Überlegungen betreffen die Namen der Gottheiten, die uns auch in anderen Sprachen begegnen müßten, wenn die Kulte schon in die Zeit vor dem Niedergang der indogermanischen Völker zurückreichen würden.

Es findet sich aber in der Tat nur ein einziger Name an anderer Stelle wieder. *Zeus* ist die reguläre griechische Entwicklung einer Wortform, die sich als **Dyeus* wiederherstellen läßt. Die Verbindungen mit diesem Namen lassen erkennen, daß hier ein Gott des klaren Himmels gedacht war. In der *Veda* erscheint er als *Dyaus pitar*, als *Iuppiter* im Lateinischen, ein Name, der das Wort ›Vater‹ gleich mit in sich schließt. Diesen Namen haben zweifellos die Vorfahren der Griechen nach Griechenland mitgebracht, und Zeus ist also einwandfreier Abstammung. So respektabel ist zu unserer Überraschung außer ihm kein anderer Olympier, denn wenn ihre Namen einmal außerhalb Griechenlands auftreten, könnten sie entlehnt sein.

Die Gelehrten haben sich natürlich die größte Mühe gegeben, auch die übrigen Namen mit Etymologien auszustatten. Jedes Handbuch der griechischen Religion widmet der Erklärung der Namen ausgiebigen Raum. Bei einigem Nachforschen stellt sich jedoch bald heraus, daß es für jeden Namen mehrere unterschiedliche und einander widersprechende Ableitungen gibt. Die Religionswissenschaftler schöpfen deshalb aber seltsamerweise keinen Verdacht, sondern gründen ungerührt weiterhin Theorien auf die angebliche Urbedeutung eines Namens. Der geübte Linguist dagegen findet sogleich den schwachen Punkt heraus, der solche Schlußfolgerungen wertlos macht. Eine Etymologie sollte schließlich mehr sein als nur die Vermutung, zwei oberflächlich ähnliche Wörter müßten einen gemeinsamen Ursprung haben. Es gilt als Hauptgrundsatz, daß die miteinander zu vergleichenden Wörter entweder gleichbedeutend sein müssen oder zumindest eine so ähnliche Bedeutung haben sollten, daß sie überzeugend erkennen lassen, wie sich eines aus dem anderen entwickelt hat. Ein Eigenname hat natürlich ipso facto außer seinem begrenzten Bezug keine andere Bedeutung. Die angeblichen Etymologien der Götternamen sind deshalb nur dann nachprüfbar, wenn sie, wie *Zeus*, von einer gewissen Anzahl verwandter Sprachen vererbt sind. Für uns geht es nur darum, ob uns die vorgebliche Bedeutung eines Namens plausibel erscheint. Wenn nicht, ist die Erklärung unbrauchbar, wenn ja, so muß sie immer noch nicht zutreffend sein. Jede Etymologie eines Götternamens, die zunächst einmal die Bedeutung des Namens darlegen will, sollte mit größter Vorsicht behandelt werden.

Wir wollen hier einmal kurz den Namen Poseidons untersuchen, der der Gott des Meeres, der Erdbeben und der Rosse ist. Sein Name könnte am ehesten indogermanischer Herkunft sein. Er kommt in den frühgriechischen Dialekten in verschiedener Form vor. Bei Homer steht *Poseidāōn*, das wir jetzt als mykenisches Wort kennen. Als Urform darf man wohl *Poteidāōn* annehmen, denn in anderen Dialekten findet sich häufiger der Typus *Poteidān*. Es handelt sich um ein Kompositum von *potis* (*posis*, ›Gatte‹ im klassischen Griechisch, vgl. Sanskrit *patis*, ›Herr‹, lateinisch *potis*, ›mächtig‹). Der überraschende Diphthong in der zweiten Silbe kann

als Vokativ erklärt werden (*potei*, ›o Herr‹), da solche Formen
später manchmal wie unveränderliche behandelt werden. Das gilt
vielleicht auch für das lateinische *Iuppiter*. Als zweiten Bestandteil sehen wir die Silbe *dā* an, denn *-ōn* ist nur eine allgemein
gebräuchliche Endung bei Männernamen. Man nahm an, dieses *dā*
müsse ein Wort für ›Erde‹ sein und der ganze Name somit ›der
Herr (oder Gatte) der Erde‹ bedeuten. *da* erscheint jedoch in der
gesamten griechischen Literatur nur bei Ausrufen, wie etwa in der
berühmten Passage aus Aischylos' *Agamemnon*, wo Kassandra ein
langes Schweigen mit dem Warnruf *otototototoi popoi da!* beendet.
Wir wissen nicht, was die beiden ersten Wörter zu bedeuten haben,
es sind offenbar Stoßseufzer ohne besondere Bedeutung, wie das
op-op-op-op-op, das heute noch in Griechenland als Ausruf der
Überraschung üblich ist. Es wundert uns, daß Aischylos das Wort
da als Anrufung der Erde gebraucht haben sollte, denn Kassandra
war ja Priesterin des olympischen Gottes Apollon.
Das rätselhafte *dā* ist noch ein weiteres Mal im Wort *Dēmē-
tēr* vorhanden, das früher *Dāmātēr* lautete. Auch sie gehört zu den
olympischen Göttern. Demeter ist selbstverständlich die Erdgöttin
und *mātēr* das griechische Wort für ›Mutter‹, *dā* muß also ›Erde‹
bedeuten – quod erat demonstrandum. Obwohl diese Folgerung ein
Zirkelschluß ist, sind ihr die meisten Experten für griechische
Religion aufgesessen. Man kann die Ableitung des einen Götternamens nicht dadurch bekräftigen, daß man einen anderen der Bestätigung wegen zergliedert. Jeder Grieche kannte Demeter als Mutter-
gottheit. Hätte ihr Name auch nur eine schwache Ähnlichkeit mit
dem griechischen Ausdruck für ›Mutter‹ besessen, er wäre unweigerlich umgeformt worden, um diese Ähnlichkeit hervorzuheben. Warum ist der Name dann aber nicht zu **Gāmāter* umgeformt
worden, wenn seine erste Silbe ›Erde‹ heißt? Jedem griechisch
Sprechenden wäre dieser Name begreiflich gewesen.
Die Leser werden sich wundern, warum mich diese beiden Etymologien nicht überzeugen. Aber meine Erfahrungen mit der Art
und Weise, wie Sprachen sich verhalten, haben mich sehr argwöh-
nisch gemacht. Unverstandene Wörter werden stets abgewandelt,
damit sie einen Sinn erhalten. Bloße Ähnlichkeit ist natürlich

immer irreführend. Die Sprachgeschichte kennt zahlreiche erstaunliche Fälle von Parallelismus, wo bei identischer Bedeutung keine Wortverwandtschaft hergestellt werden kann (lateinisch *habeo*, deutsch *ich habe*).

Die übrigen Götternamen sind für eine Etymologie noch weniger geeignet. Manche Theorie ist leicht zu widerlegen: *Hermēs* hat z. B. nichts mit Steinmalen (*hermata*) zu tun, ein Wort, das ursprünglich nämlich mit *w* beginnt, *Hermēs* (mykenisch *Hermahās*) dagegen nicht. Aus ähnlichem Grund ist *Hēra* nicht die ›Retterin‹ (lateinisch *servāre*), sondern könnte mit *hērōs*, ›Held‹, in Verbindung stehen, aber auch diese Wortableitung ist zweifelhaft. *Apollon* ist nicht der ›Zerstörer‹, obwohl es die Griechen liebten, mit dem Verb *apollūmi*, ›ich zerstöre‹, Wortspiele zu bilden. *Aphrodite* hat wahrscheinlich nichts mit *aphros*, ›Schaum‹, zu tun, obgleich die »Schaumgeborene« auf vielen Darstellungen den Wellen entsteigt. In *Dionysos* könnte der Name seines Vaters Zeus enthalten sein (Genitiv *Dios*), denn im Mykenischen hat sich nun das erwartete *w* bestätigt (*Diwo-*), aber die zweite Hälfte des Kompositums bleibt undurchsichtig. Für Namen wie *Hēphaistos* und *Athēnā* könnten Ortsnamen aus vorgriechischer Zeit Vorbild gewesen sein.

Wir dürfen nicht vergessen, daß zwischen der Ankunft der Vorfahren unserer Griechen in Griechenland und den frühesten mykenischen Texten mindestens 600 Jahre liegen. Kein Wunder, daß alle religiöse Überzeugung, die sie mitgebracht haben mochten, bis zur Unkenntlichkeit umgeformt war, bevor wir den ersten Einblick in ihr religiöses Leben tun können. Selbstverständlich hat sich auch in den folgenden 600 Jahren vieles gewandelt, bis wir von der Religion in der klassischen Zeit ein umfassenderes Bild gewinnen.

Als große Enttäuschung erweist sich die Befragung der Urkunden zur Aufklärung über die Götter. Sie enthalten weder theologische Texte noch Hymnen oder Tempelweihinschriften, nicht einmal kurze Widmungen, wie sie die Minoer gelegentlich auf geweihten Gegenständen anbrachten. Die Götter erscheinen lediglich als die Empfänger von Spenden, die von den Verwaltern des Palastes aus

den Beständen der Vorratsräume ausgegeben werden. Der Göttername ist durch nichts hervorgehoben, so daß wir manchmal im
Zweifel sind, ob ein Gott oder ein Mensch gemeint ist. Wir können
nur in manchen Namen einen klassischen Götternamen wiedererkennen und durch entsprechendes Vorgehen auch in einigen unbekannten die Namen von Göttern entdecken.

Abb. 19. Knossos-Täfelchen V 52 mit den Namen von vier griechischen
Gottheiten.

Ein kurzer Text, V 52, hat schon sehr früh meine Aufmerksam-
keit erregt. Ich begann damals im Jahre 1952 mit den von Ventris
für die Linear-B-Zeichen probeweise angenommenen Lautwerten
an den Täfelchen aus Knossos zu arbeiten. Zu dem zweizeiligen,
rechts beschädigten Täfelchen (s. Abb. 19) gehört noch ein kleines
Fragment, auf dem sich die untere Zeile fortsetzt. Die Umschrift
lautet:

> *a-ta-na-po-ti-ni-ja 1* [
> *e-nu-wa-ri-jo 1 pa-ja-wo*[   ]*po-se-da*[

Wer Griechisch kann, wird das erste Wort sofort in *Athānā
potnia*, ›Herrin Athena‹, auflösen, das die Homerische Form
potni(a) Athēnaiē nahezu lautgleich wiederholt. Wenn wir *potnia*
später ausführlicher diskutieren, wird sich zeigen, daß unsere
Interpretation dennoch nicht die richtige sein muß. *e-nu-wa-ri-jo*
ist unbestreitbar *Enualios*, ein anderer in der griechischen Literatur
häufig auftretender Name für den Kriegsgott Ares. Gelegentlich

wird allerdings auch eine andere Gottheit, angeblich ein Sohn des Ares, so genannt. *pa-ja-wo* könnte das Homerische *Paiēōn* sein, das früher *Paiāwōn*, später *Paiān* hieß und wechselweise für Apollon gebraucht wurde, aber wiederum auch ein anderer Gott sein könnte. *po-se-da*[könnte man zu *po-se-da-o* ergänzen, das wir in dieser Form schon von den Täfelchen aus Pylos kennen und mit *Poseidāōn* transkribieren. Wir haben hier also vier wohlbekannte griechische Götter beisammen. Wäre nur ein Name vorgekommen, hätten wir uns täuschen können, daß aber vier hintereinander auftreten, ist mehr als bloßer Zufall.

Ein nachträglich gefundenes kleines Fragment verbindet die beiden Stücke miteinander und füllt die Lücke in der unteren Reihe. Dabei zeigte sich, daß *pa-ja-wo*[in Wirklichkeit der Dativ *pa-ja-wo-ne* ist. Die übrigen Namen könnten im gleichen Fall stehen. Wir glauben deshalb, daß hier eine Zuteilung verzeichnet ist, bei der diese vier Götter jeweils einen bestimmten Gegenstand erhielten. Worauf sich die Zahlenangabe 1 bezieht, verrät das Täfelchen allerdings nicht, es hat wohl auch nicht auf dem fehlenden Stück gestanden. Wichtiger ist vielleicht, daß das Täfelchen aus einer sonderbaren Gruppe stammt, die eher aus den Schreibübungen der Sekretäre als aus wirklichen Aufzeichnungen zu bestehen scheint (s. S. 225).

Bald darauf erschien eine weitere Urkunde (Tn 316, s. Abb. 20) unter den Pylos-Texten, die eindeutig religiösen Charakter hatte, denn sie enthielt wiederum die Namen von drei olympischen Göttern, nämlich Zeus, Hera und Hermes, in mykenischer Form. Es dauerte lange, bis wir eine mögliche Erklärung gefunden hatten, und viele Fragen sind noch immer unbeantwortet. Diese Urkunde ist nicht nur ganz einzigartig und mit anderen nicht zu vergleichen, sondern auch die Handschrift so erbärmlich schlecht wie nirgendwo sonst. Es handelt sich um eine größere Tafel, die beidseitig beschrieben ist, doch die letzten Zeilen sind freigelassen. Tilgungen und Wiederbeschriftungen häufen sich, und die Zeichen sind eilig hingekritzelt. Mindestens zweimal hat der Schreiber ein Zeichen versehentlich ausgelassen, und manche Stellen sind unleserlich. Er hatte offenbar keine rechte Vorstellung von dem Text,

Abb. 20. Dokument einer großen religiösen Feier in Pylos (Tn 316 mit Rückseite).

den er schreiben sollte, nachdem er zuvor sein Täfelchen sorgfältig liniert hatte, wie man annimmt, mit einer Zeile für jeden Tag des Monats. Es sieht so aus, als ob er auf der einen Seite begonnen hätte, dann unzufrieden geworden wäre und alles ausgekratzt, das Täfelchen umgedreht und auf der Rückseite neu angefangen hätte. Nachdem nicht ganz die Hälfte des Textes fertig war, drehte er das Täfelchen wieder um, obwohl er schon Linien für den zweiten Abschnitt gezogen hatte, und schrieb auf der ersten, »radierten« Seite weiter. Auch diese endet mit leeren Zeilen, als ob noch mehr hätte folgen sollen. Dieses Durcheinander könnte man am ehesten damit erklären, daß der Schreiber die Beschlüsse einer ungewöhnlich stürmischen Sitzung zu protokollieren hatte. Warum hat er aber später keine saubere Abschrift angefertigt, die für die Archive bestimmt war, und diese unordentlichen Notizen weggeworfen? Wahrscheinlich hatte er dazu keine Zeit. Das könnte sich alles so abgespielt haben, wenn unser Täfelchen in den letzten Tagen, ja sogar Stunden des Palastes entstanden wäre, und diese Vermutung paßt, wie wir später sehen werden, ganz gut zu unseren wenigen Kenntnissen über das Ende von Pylos.

Der Text beginnt mit dem Wort *po-ro-wi-to-jo*, das sehr gut ein Monatsname sein könnte. Auf anderen Täfelchen, oft solchen mit religiösem Inhalt, ist das Datum durch einen Monatsnamen im Genitiv angegeben. Hier steht das Wort für ›Monat‹ nun leider nicht dabei. Seine Verwendung auf anderen Urkunden paßt zwar zu der Theorie, doch ist es nicht völlig sicher, ob diese Interpretation hier richtig ist. L. R. Palmer (1955, S. 11) deutete den Namen überzeugend als *Plowistos*, den ›Monat des Segelns‹. In den stürmischen Wintermonaten hatten die Griechen Angst vor Seereisen und befuhren das Meer erst wieder gegen Ende März. Ein Monat dieses Namens wäre also nach unserem Kalender um diese Zeit anzusetzen. Die griechischen Monate richteten sich natürlich nach den Mondphasen, erst die Römer haben Monat und Mond getrennt. Auf den Täfelchen wird ›Monat‹ durch das Zeichen des zunehmenden Mondes angegeben.

Es folgen dann links neben jedem Abschnitt die beiden Zeichen für ›Pylos‹ etwa dreimal so groß, als es sonst üblich ist. Der Text betrifft zweifellos die Hauptstadt, aber im folgenden wird ein anderer Ortsname erwähnt. Der im ersten Abschnitt beschriebene Vorgang spielt sich in *Pa-ki-ja-ne* ab, einem der wichtigsten Verwaltungsbezirke. Der Name läßt sich nicht genau rekonstruieren, wird aber in diesem Buch mit *Sphagiānes* wiedergegeben. Der scheinbare Widerspruch ist damit zu erklären, daß Pylos selbst nicht die Hauptstadt eines der neun Bezirke ist. Andere Anzeichen deuten aber darauf hin, daß *Sphagiānes* der Name (und die Hauptstadt) des Bezirks war, in dem der Palast lag. Man würde den Ort gerne nördlich des Palastes in der Nähe der heutigen Stadt Chora suchen. Hier zeigt sich nämlich an kürzlich gefundenen mykenischen Gräbern, die in späterer Zeit eine Stätte religiöser Verehrung geworden waren, daß die Bedeutung der Gegend als religiöses Zentrum den Zusammenbruch des mykenischen Reiches überdauert hat.

Die Formel zu Beginn eines jeden Abschnitts ist umstritten. Für das erste Wort findet sich im späteren Griechisch keine befriedigende Erklärung, aber die brauchbarste Lösung (Palmer 1963, S. 265) besagt, daß es sich auf eine Kulthandlung bezieht. Die Notierungen werden fortgesetzt mit einem Hinweis auf die Übersendung von Gaben und das Herbeibringen von *po-re-na*. Auch dieses Wort fehlt dem späteren griechischen Wortschatz, aber das mit ›bringen‹ übertragene Verb besagt, daß etwas gemeint ist, das laufen konnte. Darauf folgt »(für) Potnia ein goldenes Gefäß, eine Frau«. Dann kommen vier weitere Namen, vielleicht ebenfalls Gottheiten, die je ein Goldgefäß erhalten, zwei davon außerdem eine Frau. Das wiederholt sich in ähnlicher Weise in den übrigen Abschnitten mit anderen Götternamen, und da auch zwei männliche Gottheiten darunter sind, werden in diesen Fällen die Frauen durch Männer ersetzt.

Man kann sich dem Schluß nicht entziehen, daß sich das undeutbare *po-re-na* der Einleitungsformel auf diese Männer und Frauen bezieht und daß die Unglücklichen zu Opfern bestimmt waren, so sehr es uns anfänglich widerstrebte, diese abstoßende Tatsache zu akzeptieren. Dasselbe Wort im Dativ Plural ist kürzlich noch einmal auf einem neuen Täfelchen aus Theben aufgetaucht (Of 26), wo es Empfänger von Wolle, aber in religiösem Zusammenhang, bezeichnet. Das bestätigt uns die Bedeutung des Wortes *po-re-na*, denn im griechischen Kult wurden die Opfer häufig mit Wolle geschmückt.

Außerhalb von mykenischen Gräbern gefundene Menschenknochen wurden als Hinweise auf Menschenopfer angesehen, das Beweismaterial scheint jedoch nicht ganz eindeutig. Angesichts der griechischen Sagenüberlieferung ist der Gedanke aber keineswegs von der Hand zu weisen. Die Griechen der klassischen Zeit mißbilligten Menschenopfer, kannten den Brauch aber durch Homer. Für manchen Tragödienstoff stellt er ein unerläßliches Element dar. Wenn es zutrifft, was wir dieser Tafel aus Pylos entnehmen, so bestätigt sie uns außerdem, daß diese Kulthandlung einen besonderen

Anlaß hatte. Es ist unwahrscheinlich, daß Menschenopfer eine regelmäßige Begleiterscheinung der religiösen Feste eines Jahres waren. Ebensowenig vorstellbar ist, daß selbst ein reicher König imstande gewesen wäre, alljährlich dreizehn goldene Gefäße für religiöse Zwecke zu stiften.

Wir wollen nun auf die Götter zu sprechen kommen, die diese einzigartige Urkunde nennt. Im ersten Abschnitt, zum Ort *Sphagiānes* gehörig, ist *Potnia* zu lesen, ein Titel, den wir aus Knossos, wie es scheint, im Zusammenhang mit *Athena* kennen. Hier erscheint sie aber unter eigenem Namen als Göttin. Der Titel ist ein ins Griechische übernommenes Wort mit der Bedeutung ›Herrin, Frau‹ (oft für Königinnen gebraucht). In Form und Bedeutung entspricht ihm genau Sanskrit *patnī*. *Potnia* ist also indogermanischen Ursprungs und kein vorgriechisches Lehnwort, könnte aber, obwohl es rein griechisch ist, als Göttertitel durchaus die Übertragung eines vorhellenischen Begriffs mit ähnlicher Bedeutung sein. In unserer Religion wäre etwa ›Unsere Frau‹ ein *Potnia* vergleichbarer Ausdruck, den Christen anderer Länder durch Namen ähnlicher Bedeutung wiedergeben.

Nimmt man alle Textstellen zusammen, in denen der Name *Potnia* auf den Täfelchen erwähnt wird, ergibt sich ein interessantes Bild. Von wenigen Fällen abgesehen, steht der Name nicht allein wie hier, sondern wird durch ein vorausgehendes oder folgendes Wort näher bezeichnet. Dieses Wort ist häufig eine Genitivform und bildet manchmal sogar mit *Potnia* zusammen ein Wort. In Pylos etwa finden wir dreimal die Form *u-po-jo po-ti-ni-ja*, wobei *u-po-jo* deutlich der Genitiv eines uns unbekannten Wortes ist. Aus Knossos kennen wir *da-pu₂-ri-to-jo po-ti-ni-ja* (Gg 702). *da-pu₂-ri-to* ähnelt auffallend dem Wort *labyrinthos*, unserem ›Labyrinth‹, das kein rein griechisches, sondern vorhellenisches Lehnwort ist, wie das Suffix *-nthos* zeigt. Bei solchen Wörtern werden *d* und *l* manchmal vertauscht, ähnlich wie in griechischen Dialekten *Olyseus* anstatt von *Odysseus* stehen kann, der Name, der dann mit anderen Veränderungen als *Ulixes* oder *Ulysses* ins Lateinische gelangt ist. In anderen Fällen wird *Potnia* von Epitheta begleitet, etwa *Aswia*, ›aus Asien‹ (PY Fr 1206), oder *i-qe-ja*, ›die Pferdeliebende‹, die ›Herrin der Pferde‹ (PY An 1281). Auch andere Ausdrücke, wie *wa-na-so-i* (PY Fr 1235) oder *di-pi-si-jo-i* (Fr 1231), die Namen von Orten oder Festen sein könnten, werden zu ihrer Charakterisierung verwendet. Sehr eng vergleichen läßt sich hier die christliche (römisch-katholische) Tradition, ›Unsere Frau‹ mit dem Epitheton eines Ortes oder ihres Wirkens zu versehen. So könnte die Erwähnung der Ortschaft *Sphagiānes* auf Tn 316 der Definition einer bestimmten ›Frau‹ dienen. Ein neues Täfelchen aus Theben erwähnt eine Weihung »dem Haus der Potnia« ohne nähere Bezeichnung, und es könnte hierbei von Bedeutung sein, daß ein Bezirk vor den Toren Thebens in späterer Zeit *Potniai*, ›Herrinnen‹, hieß. Die Griechen der klassischen Zeit verstanden als *Potniai* Demeter und ihre Tochter Persephone, die später Königin der Unterwelt wurde, und führten also, unter anderem Aspekt, den vorhellenischen Kult der Erdmutter weiter, der durch zahlreiche Statuetten und Bildwerke aller Art für das gesamte Bronzezeitalter belegt ist. Vom Beginn der frühhelladischen Zeit an hat der Kult der Erdmutter das religiöse Leben der ganzen ägäischen Welt beherrscht und unter einer Vielzahl von Namen bis in klassische Zeit überdauert. Zweifellos war *Potnia* der mykenische Name für diese Gottheit, die auf den Täfelchen unter den Weihinschriften natürlich an erster Stelle steht. Keine andere weibliche Gottheit ist annähernd so gut bezeugt.

Zur mykenischen Potnia gehört als interessantes Charakteristikum, daß in Knossos Schafherden mit einem von ihrem Namen abgeleiteten Adjektiv bezeichnet werden und dasselbe Wort in Pylos Bronzeschmiede kennzeichnet. Die Schafherden standen der Göttin wahrscheinlich als Einnahmequelle für Heiligtümer und Dienerschaft zur Verfügung. Die Beziehung zu den Schmieden muß allerdings erklärt werden. In dieser Hinsicht ist Potnia wahrscheinlich die Vorläuferin Athenas, obwohl auch Hephaistos als Schmied der Götter dafür in Frage kommen kann. Marinátos, der kretische Höhlen ausgegraben hat, die in minoischer Zeit verehrt wurden, bemerkte bei Arkalochóri südlich von Knossos an den Funden, daß die Grotte sowohl als Werkstatt für Bronzeschmiede als auch kultischen Zwecken gedient hatte. Diese Verbindung ist gar nicht

Abb. 21. Fresko mit Darstellung einer großen weiblichen Figur, vielleicht Potnia. Aus dem Haus in der Burg von Mykene.

abwegig, wenn wir bedenken, daß sich auch im Mittelalter viele Handwerkerzünfte auf religiöser Basis zusammenschlossen. Unsere Vermutung wurde schließlich durch das Haus in der Burg von Mykene bestätigt, das Lord William Taylour 1968 freilegte. In einem an eine Metallwerkstatt angrenzenden Raum fanden sich Teile eines Freskos mit einer weiblichen Figur, die nach meiner Ansicht keine andere als Potnia selbst darstellen kann (s. Abb. 21). Nach dem Zusammenbruch des Minoerreiches im 15. Jahrhundert hatten sich vielleicht einige Schmiedegemeinschaften, die dieser Göttin geweiht waren, über Griechenland zerstreut. Ihre Nachkommen könnten den alten Kult beibehalten haben, obwohl sie selber längst hellenisiert waren.

Die nächste Eintragung in unserem Text nennt ein Goldgefäß und eine Frau für *Ma-na-sa*. In diesem Namen, der sonst nirgends erscheint, läßt sich keine uns bekannte griechische Gottheit erkennen. Gleich darauf folgt ein ähnlicher Posten für *Po-si-da-e-ja*, sicher *Posidaeia*, eine von *Poseidōn* abgeleitete feminine Form. In klassischer Zeit ist eine Göttin dieses Namens allerdings unbekannt. Obwohl man im nächsten Abschnitt von einem Poseidon-Heiligtum liest, ist kein Weihgeschenk dieser Tafel für Poseidon selbst bestimmt. Er war dennoch, wie wir sehen werden, in Pylos offenbar eine wichtige Gottheit.

Die letzte Zeile dieses Abschnitts führt goldene Opferschalen auf, aber keinen Menschennamen. Die Empfänger sind *Tris-hērōs* und *Do-po-ta*. Der erste Name ist ein Kompositum aus dem bekannten *hērōs*, wie man im späteren Griechisch Halbgötter und lokale Gottheiten nannte, und dem Wort *tris*, ›dreimal‹. Im Griechischen existiert dieses zusammengesetzte Nomen allerdings nicht. *Tris-hērōs* erscheint noch einmal auf einer Liste mit Empfängern von Salböl (s. S. 132). *Do-po-ta* könnte eine Dialektform des klassisch-griechischen *despotēs*, ›Herrscher‹, sein, aber das ist sehr unsicher. Aus diesen fünf Eintragungen geht eindeutig hervor, daß die Kulte von Sphagiānes lokaler, wahrscheinlich vorgriechischer Herkunft waren. Selbst wenn es griechische Namen sind, klingen sie wie übertragen.

Im zweiten Abschnitt, dem ersten auf der Rückseite, geht es um einen Ort namens *Posidaïon*, ›der dem Poseidon gehörende‹. Dies ist wohl keine geographische Bezeichnung, sondern könnte eher ein Gebäude oder ein Bezirk in der Nähe der Hauptstadt sein, denn PYLOS steht wieder obenan. Zuerst sind ein Goldgefäß und zwei Frauen aufgeführt, aber der Name der Gottheit fehlt an seinem üblichen Platz im Text. Statt dessen hat man zwei Namen hinter der Textformel eingetragen, aber die schlechte Handschrift läßt nicht erkennen, ob noch ein Wort dazwischen stehen könnte. Die Namen sind *Qo-wi-ja* (vielleicht *Guōwiā*, ›die der Kuh‹?) und *Komāwenteia*, anscheinend ein feminines abgeleitetes Nomen, das von einem Männernamen stammt, der ›langhaarig‹ bedeutet. Die beiden zu Opfern bestimmten Frauen setzen auch zwei Göttinnen voraus, deren Namen hier trotz der ungewöhnlichen Anordnung vorliegen müssen. ›Kuhäugig‹ ist ein häufig wiederkehrender Homerischer Beiname für Hera und andere Göttinnen und Frauen, der selbstverständlich nicht beleidigend gemeint ist. *Komāwenteia* fand sich jetzt auch auf Täfelchen aus Theben (Of 35), wo sie ebenfalls eine Göttin sein könnte, was allerdings nicht zu beweisen ist.

Der nächste Abschnitt bezieht sich auf »den umfriedeten Hain (?) von *Pe-re-swa*, *Iphemedeia* und *Diwya*«. Jede Göttin empfängt ein Weihgeschenk. Iphemedeia erhält nur einen Goldbecher, die beiden anderen außerdem noch je eine Frau. *Pe-re-swa* kehrt auf einer anderen Tafel aus Pylos wieder (Un 6), wo ihr und Poseidon eine Kuh, ein Mutterschaf, ein Eber und eine Sau geopfert werden (drei dieser Tiere gehören auch zum alten römischen Opfer der Suovetaurilia). Der Name könnte mit *Preswā* wiedergegeben werden, worin ein leichter Anklang an den Anfang des Wortes *Persephonē* liegt, der Königin des Hades. *Iphimedeia*, hier vielleicht auf Grund einer volkstümlichen Etymologie mit leicht veränderter Schreibweise (›die durch Strenge Herrschende‹), ist aus Homer (*Od.* 11,305) als Sagengestalt bekannt, die zwei Söhne von Poseidon hat. Es ist auffallend, daß sie hier in Pylos als Göttin verehrt wird. Der Göttername *Diwya* findet sich auch an anderer Stelle auf den Täfelchen. In Pylos besitzt sie männliche und weibliche Dienerschaft (Cn 1287, An 607), in Knossos kommt ihr Name ebenfalls vor (Xd 97). Sie könnte, wie Posidaeia zu Poseidon, ein weibliches Gegenstück zu Zeus sein, vielleicht eine Himmelsgöttin. Am Ende dieses Abschnitts erscheint zum erstenmal ein männliches Opfer für Hermes Areias. Die Bedeutung von *Areias*, das Ähnlichkeit mit dem Namen des Kriegsgottes Ares hat, kennen wir nicht. In einer Inschrift des 4. Jahrhunderts aus Arkadien wird *Areias* als kultischer Beiname für Zeus, Enyalios und Athena gebraucht.

Der letzte Abschnitt handelt vom »umfriedeten Bezirk [?] des Zeus«. Zeus und Hera erhalten Weihgeschenke, desgleichen ein gewisser *di-ri-mi-jo* (*Drimios*?), der sonst nicht bekannt ist und als ›der [unentzifferbares Wort] des Zeus‹ bezeichnet wird. Es gäbe Gründe, an dieser Stelle das Wort ›Sohn‹ zu vermuten, obwohl es nicht der klassische Ausdruck sein kann; wir würden dann einen neuen, unbekannten Gott erhalten. Es wäre ebenfalls möglich, daß das Wort falsch geschrieben ist und eine Silbe fehlt, was auf dieser unglaublich flüchtigen Urkunde auch vorkommt. Das unentzifferbare Wort könnte dann ›Priester‹ gelesen werden. Die Weihgabe ist ein Goldgefäß, und so ist es vielleicht richtiger, den Empfänger unter die Götter zu rechnen, zumal auch alle anderen Gestalten Götter zu sein scheinen, obwohl wir wissen, daß man sonst auch den irdischen Dienern einer Gottheit Opfergaben weiht.

Um noch einmal zusammenzufassen: bei dieser Urkunde handelt es sich um eine überstürzt angefertigte Aufstellung von Weihgeschenken, die sonst ohne Beispiel sind. Dreizehn Goldgefäße und zehn Menschen werden drei Gruppen von Gottheiten dargebracht. Zeus, Hera und Hermes als bedeutende Mitglieder der klassischen Götterversammlung sind als einzige sofort zu erkennen, wenn wir nicht noch Potnia mit der späteren Demeter gleichsetzen wollen. Verbergen sich vertraute Göttergestalten hinter den ungewohnten Namen, oder waren die Götter des mykenischen Griechenland ganz andere als ihre Nachfolger? Die Versuchung ist groß, sich nur an die bekannten Namen zu halten und die anderen als bloße lokale Gottheiten abzutun. Dieser Urkunde hier entnehmen wir aber auf jeden Fall, welche Bedeutung man den lokalen Göttern beigemessen hat.

Seltsamerweise fehlt der Name Poseidon, obwohl die weibliche Form vorkommt und auch sein Heiligtum erwähnt wird, das anscheinend zwei Gottheiten von niedrigerem Rang innehaben. Auf den Pylos-Täfelchen nimmt er sonst überall einen bedeutenden Platz ein. Wir würden ihn auch ohne die Homerische Anspielung auf ein Fest des Königs Poseidon in Pylos (*Od.* 3,43) hier für den wichtigsten Gott halten. Als einziger unter den Hauptgöttern ist Poseidon als Empfänger alljährlicher Getreidekontributionen eingetragen. In der Es-Serie wird dreizehn Grundbesitzern eine Weizenabgabe für Poseidon und drei weitere Unbekannte auferlegt.

Die für Poseidon bestimmte Menge ist bei weitem die größte und beträgt etwa 1075 Liter (s. S. 159). Er ist auch der Empfänger einer langen Reihe von Geschenken, darunter Ochsen, Schafe, Ziegen und Schweine, Weizen, Wein, Honig, Salböl, Wolle und Tuch (Un 718, 853, vgl. Un 6). Sein Name steht unübersehbar auch auf einer anderen wichtigen Täfelchenserie (Fr), auf der es um die Verteilung von mit aromatischen Substanzen versetztem Öl geht, darunter auch Salböl. Diese Serie müssen wir im einzelnen besprechen, denn die Empfänger scheinen größtenteils Gottheiten zu sein.

Dazu gehören eindeutig Poseidon und Potnia. Poseidon erscheint dreimal, jeweils mit anderen Beinamen oder Bemerkungen, Potnia viermal mit drei verschiedenen Beinamen und einer Ortsangabe zur besseren Unterscheidung, weil sich einmal ein Beiname wiederholt. Zweimal lesen wir lediglich »die Götter«, doch im einzigen vollständigen Text steht als nähere Bestimmung noch eine Ortsangabe. Eine Weihung gilt jeweils »der Göttlichen Mutter«, Tris-heros, von dem schon auf der Menschenopfertafel die Rede war, und dem Gefolge, das man als dienende Gottheiten auffassen könnte oder vielleicht eher als irdische Götterdiener. Der Titel »Göttliche Mutter«, der vielleicht mit ›Mutter der Götter‹ wiedergegeben werden müßte, gehörte auch zu Rhea, die eine weitere Erscheinungsform der Muttergöttin ist. Die vier Hinweise auf den »König« sind schwer zu analysieren. Das jeweils beigefügte Epitheton soll ihn anscheinend vom König von Pylos unterscheiden, der keines hat. Dreimal erscheint dasselbe Epitheton, obwohl formal leicht abgewandelt, einmal ein anderes. Das Wort für ›König‹ scheint hier in ähnlicher Weise als göttlicher Titel gebraucht zu sein wie das Wort *Potnia*, das ein Ausdruck für ›Herrin‹ ist, der sich aber offensichtlich auf verschiedenartig spezifizierte Göttinnen bezieht. Ich würde es jedoch für voreilig halten, in diesem König und dem Homerischen »König Poseidon« dieselbe Person zu sehen, obwohl es im Bereich des Möglichen läge.

Mit dieser Aufzählung sind aber noch nicht alle Empfänger von Salböl genannt. In einigen Fällen ist nämlich statt einer Gottheit ein Ort aufgeführt (z. B. das Zeus-Heiligtum, Fr 1230) oder ein

Fest. Zwei dieser Feste werden namentlich bezeichnet, doch die Namen sind, wie üblich, nicht eindeutig. Das eine Fest, das an einer Stelle auch mit Poseidon in Zusammenhang steht, ist »die Bereitung des Lagers« und wurde als ›Heilige Hochzeit‹ gedeutet. Es könnte sich aber auch um eine feierliche Bewirtung der Götter handeln, bei der man Götterbilder auf Polstern lagerte und Speisen vor sie hinsetzte. Für das zweite Fest könnte »das Thronhalten« am zutreffendsten sein, aber das Kompositum ließe auch andere Deutungen zu, wenn es nötig sein sollte. *Sphagiānes* erscheint fünfmal unter den angegebenen Orten, aber wenn eine Gottheit nur ein einziges Heiligtum besaß, hielt man es offenbar für unnötig, die Stelle besonders anzuführen. Zweimal geht es um »das Land von Lousios«, das die Gegend östlich der Bucht von Navaríno sein könnte, aber keine der Weihgaben scheint in die weiter entfernt gelegenen Teile des Königreiches versandt worden zu sein.

Diese Serie von Täfelchen ist gut mit der Serie Fp aus Knossos zu vergleichen. Auch hier ist Olivenöl verzeichnet, wenn auch nicht ausdrücklich aromatisiertes. Auf den meisten Täfelchen steht ein Monatsname, im ganzen sechs oder sieben. Es könnte also sein, daß der Palast im siebenten Monat eines Jahres zerstört wurde, aber das Jahr begann nach dem griechischen Kalender leider nicht immer mit der Wintersonnenwende. Im späteren griechischen Kalender waren die Monatsnamen von Stadt zu Stadt verschieden. Das scheint auch auf Knossos und Pylos zuzutreffen, denn keiner der uns bekannten Monatsnamen wiederholt sich am anderen Ort.

Da die meisten Täfelchen nur einen kurzen Text enthalten, soll der einzige lange (Fp 1) hier als Beispiel dienen. Nach der Anfangszeile, die aus den Worten »im Monat des Deukios« besteht, nimmt jede Eintragung eine besondere Zeile ein. Es beginnt mit einem bekannten Namen: »dem diktëischen Zeus«, ein Titel, der uns aus klassischer Zeit wohlvertraut ist. Nach allgemeiner Auffassung ist er durch die Vermischung des griechischen Zeus mit einem vorgriechischen kretischen Gott zustande gekommen, der ganz andere Eigenschaften besaß. Das Dikte-Gebirge, aus dessen Umkreis Kulthöhlen bekannt sind, liegt südöstlich von Knossos. Die zweite Eintragung lautet »dem Daidaleion«, aber wir brauchen wohl die bekannte Geschichte von Daidalos nicht zu wiederholen, der Architekt, Erfinder und Techniker bei König Minos war. Wir wissen nicht, was das Daidaleion war. Der Name soll aber nicht bedeuten, daß Daidalos dort als Gott verehrt wurde, sondern es könnte sich auch um einen von Daidalos errichteten Bau handeln. Nach der Überlieferung müßte es das Labyrinth gewesen sein. Da die »Herrin des Labyrinths« bereits vorgekommen ist (s. S. 126), könnte hier ein anderer Name für ihr Heiligtum vorliegen. Es folgt dann das unerklärliche Wort *pa-de*, ähnlich dem griechischen Wort für ›Kind‹, das aber höchstwahrscheinlich nichts damit zu tun hat. Die nächste Eintragung, »allen Göttern«, die in dieser Täfelchenserie immer wiederkehrt, ist abermals eine ungewohnte Dedikationsart im griechischen Kult. Danach ein weiterer merkwürdiger Name: *qe-ra-si-ja*. Hier erscheint als neue Überschrift, die vielleicht für alle weiteren Eintragungen gilt, die Stadt Amnisos, der nur wenig nördlich von Knossos gelegene Hafen. Auch hier wieder »allen Göttern«, so daß es mit Sicherheit wenigstens zwei Heiligtümer dieser Art gegeben haben muß. Zu unserer Überraschung folgt darauf *Erinus*, ein Name, der später im Plural für Furien und Rachegeister belegt ist, die nach dem Glauben der Griechen den Mörder verfolgen. Er konnte jetzt am Ende der bekannten Liste mit griechischen Göttern aus Knossos entziffert werden (V 52), die ich zu Beginn dieses Kapitels erwähnt habe. Nach einer weiteren unleserlichen Notiz, wohl einem neuen Ortsnamen, folgt »der Priesterin der Winde«. Auch hier muß gesagt werden, daß Windkulte aus dem späteren Griechenland kaum bekannt sind und wir daher keine Parallele nennen können. Die Priesterin der Winde kommt noch auf anderen Täfelchen dieser Serie vor und gehört auf einem davon in die Stadt *U-ta-no*.

Es gibt noch andere »Öltäfelchen«, die Götternamen, aber auch Personennamen und Handwerksgruppen enthalten, so daß es riskant wäre, Aufschlüsse über unbekannte Namen gewinnen zu wollen. Auf Fh 390 besitzen wir einen weiteren Hinweis auf *Erinus* und eine Notiz »an Dikte«, über einem unvollständig überlieferten Wort, das ›Heiligtum‹ heißen könnte (Fh 5467).

Auch die Honigtäfelchen aus Knossos (Gg) haben Bezug zur Religion. Obwohl sie schlecht erhalten sind, lassen sich sowohl »die Herrin des Labyrinths« (Gg 702, s. S. 134) als auch »allen Göttern« (Gg 702, 705, 717) einwandfrei feststellen, und in Amnisos der Name *Eleuthia* (Gg 705), für die auch Wolle bestimmt ist (Od 714, 715, 716). *Eleuthia* ist eine bekannte Dialektform eines Namens, der im alphabetisch geschriebenen Griechisch auf verschiedene Weise erscheint. Am besten kennen wir die Homerische Form *Eileithyia*, die »Geburtsgöttin«. Homer spricht von »Amnisos, wo die Höhle der Eileithyia ist« (*Od.* 19,188). Der Kultort, der von der minoischen bis in römische Zeit verehrt wurde, ist am Hügel hinter dem Hafen ausgegraben worden.

Bei einer weiteren Notiz dieser Serie hat man erst vor kurzem den Bezug zur Religion gesehen: Auf Gg 713 steht »an Marineus, (an) die Dienerin«, ein angemessener Ausdruck auch dann, wenn Marineus ein Mann wäre. (Die Rekonstruktion des Namens ist übrigens nicht ganz sicher.) Eine Liste von Personennamen (besser lesbar As 1519) endet jedoch mit der Notiz »dem Hause des Marineus so viele Männer: 10«, und dasselbe Wort für ›Haus‹ wird in Theben (Of 36) für »das Haus der Potnia« gebraucht, wobei hier ›Heiligtum‹ gemeint ist. In Theben wird aber auch eine Frauengruppe mit einem von *Marineus* abgeleiteten Wort charakterisiert (Of 25, 35). Es müßte ein merkwürdiger Zufall sein, wenn an beiden Orten Menschen gleichen Namens so eindeutige Beziehungen zur Religion gehabt hätten. Eine einfache Erklärung wäre dafür, in Marineus einen Gott zu sehen.

Eine interessante Verbindung zur Religion der späteren Zeit ergibt sich aus einer Gruppe von Täfelchen aus Theben, auf denen die Ausgabe von Wolle notiert ist. Eine dieser Lieferungen ist für *Amarynthos* bestimmt. In klassischer Zeit bestand eine Stadt dieses Namens an der Westküste Euböas, also nicht allzu weit entfernt von Theben, obwohl nicht mehr in Böotien gelegen. Wie wir schon gesehen haben, könnte es natürlich auch in Böotien eine gleichnamige Stadt gegeben haben. Wir wissen aber, daß das klassische Amarynthos einen berühmten Artemis-Tempel besaß. Der Ort ist sicher schon in mykenischer Zeit besiedelt gewesen, und wir nehmen wohl mit Recht an, daß dort damals schon ein Artemis-Kult bestand, denn zumindest einige Wollelieferungen dieser Serie sind für kultische Zwecke bestimmt.

In Pylos (Es 650.5) wird Artemis ganz eindeutig beim Namen genannt, denn ein Mann ist als »Diener der Artemis« bezeichnet (*A-te-mi-to do-e-ro*). Ungewiß ist dagegen, ob die Schreibweise *a-ti-mi-te* auf PY Un 219.5 der Dativ ›der Artemis‹ sein soll, da aber Potnia und Hermes im selben Verzeichnis vorkommen, wäre es möglich. Auch bei anderen Wörtern und Namen, die vielleicht aus einer vorgriechischen Sprache stammen, stellen wir in der Schreibweise Schwankungen zwischen *e* und *i* fest. Es dürfte auch von Bedeutung sein, daß die Göttin auf einer lydischen Inschrift als *Artimul* erscheint.

Ares kennen wir schon unter dem Namen *Enyalios*, falls wir darin wirklich denselben Gott sehen wollen. In Knossos erscheint zweimal das Wort *a-re*, einmal auch in religiösem Zusammenhang (Fp 14), was *Arēs* sehr nahe legt. Hier wäre eigentlich ein Dativ zu erwarten, daher vielleicht *a-re-i*, aber dieses Problem könnte gelöst werden. Da ja auch die männlichen Vornamen *Areios* und *Areimenēs* von *Arēs* abstammen müssen, können wir ihn wohl in die Reihe der mykenischen Götter aufnehmen.

Im Fall von *Hēphaistos*, dem göttlichen Schmied, ist eine ähnliche Schlußfolgerung möglich. Der Männername *A-pa-i-ti-jo* in Knossos bedeutet höchstwahrscheinlich *Hāphaistios* oder *Hāphaistiōn*. Apollon kommt nur dann vor, wenn wir ihn im Wort *Paiāwōn* wiedererkennen wollen. Von Aphrodite fehlt jeder Nachweis. Dionysos erscheint in Pylos überraschenderweise zweimal unter *Diwonusos*, aber leider auf Fragmenten, so daß wir nicht sagen können, ob es sich wirklich um den Gott handelt. Auf der Rückseite eines dieser Fragmente (Xa 1419) steht ein unklares Wort, das ein Kompositum des Wortes für ›Wein‹ sein könnte. Mit Genugtuung hat man daher die Verbindung von Dionysos und Wein schon für mykenische Zeiten feststellen wollen, doch empfiehlt sich hier vorsichtige Zurückhaltung.

Neben den schon besprochenen ist noch eine Reihe undeutbarer Namen übrig, die wahrscheinlich auch zu Gottheiten unbekannter Art gehören. Davon stammen aus Knossos z. B. *Qe-ra-si-ja*, *Pi-pi-*

tu-na, *A-ju-ma-na-ke*, *A-ro-do-ro-o*. Es wurde schon darauf hingewiesen, daß *Pi-pi-tu-na* das gleiche Suffix wie die kretische Göttin *Diktynnā* haben könnte, aber mehr ist nicht zu erfahren. Wir kommen zu dem Ergebnis, daß die griechische Machtübername in Kreta, wie zu erwarten war, die alten minoischen Götter unangetastet ließ. Das bestätigt auch eine Anzahl Heiligtümer, die von der Minoerzeit bis in die Zeit von Spätminoisch III bestanden haben.

Ein Täfelchen aus Pylos (Un 2) enthält eine interessante Überschrift, nach der man es als Liste für einen Initiationsritus interpretieren könnte. Es war nicht üblich, solche Ereignisse unverhüllt zu dokumentieren, aber die Ausgabe von Vorräten, die als Opfergaben dienen sollten, verlangte die Eintragung ins Rechnungsbuch. Ort der Handlung ist wiederum Sphagiānes, das wir schon als höchst bedeutsames Kultzentrum kennen. Die Bemerkung, auf die es ankommt, ist zwar keineswegs gesichert, könnte aber »beim Einweihungsfest des Königs« heißen. Das Wort für ›einweihen‹ ist zwar nicht in der klassischen Form überliefert, doch wir kennen Parallelfälle für seine mutmaßliche Entwicklung. Auch die Wortfolge ist überraschend, dennoch erscheint diese Interpretation als die wahrscheinlichste. Die Liste der Opfergaben ist beeindruckend: 1574 Liter Gerste, 14 1/2 Liter Zypergras, 115 Liter Mehl, 307 Liter Oliven, 19 Liter Honig, 96 Liter Feigen, 1 Ochse, 26 Widder, 6 Mutterschafe, 2 Ziegenböcke, 2 Ziegen, 1 gemästetes Schwein, 6 Säue und 585 1/2 Liter Wein, außerdem noch drei andere Dinge, die unter unbekannten Abkürzungen oder Ideogrammen aufgeführt sind. Allein die Gerste würde 43 Personen einen Monat lang ernähren. Wenn diese Feier aber wirklich ein königlicher Initiationsritus wäre, sind es keineswegs übermäßig reiche Opfergaben.

Das gleiche Schema verschiedenartig zusammengestellter Weihgeschenke wiederholt sich auch auf anderen Täfelchen, eines für Poseidon (Un 718, vgl. Un 853) wurde schon erwähnt (S. 132). Von einer großen Tafel, deren Überschrift nicht erhalten ist, läßt sich leider nicht sagen, ob die Aufzeichnungen mit dem Kult in Verbindung standen. Andererseits besitzen wir aus Knossos eine Reihe von Täfelchen (Fs), die durchaus Weihgaben enthalten könnten, denn eine davon ist für *Pa-de* bestimmt (s. S. 134). Gerste, Feigen, Olivenöl, Mehl und Wein sind hier in sehr viel kleineren Mengen aufgeführt, die Gerstenmenge beträgt nur einmal mehr als 10 Liter.

Weihte man einzelne Gaben, so konnten es anscheinend Olivenöl, Honig, Getreide oder Wolle sein. Das Olivenöl war häufig, wenn nicht immer, mit aromatischen Substanzen versetzt. Wolle verwendete man auch in der Klassik bei Kulthandlungen, aber offenbar wurden auch Stoffe daraus gewebt, und die Textilien auf einigen Listen könnten Weihgaben sein. Ob mykenische Götterbilder wie die klassischen mit Gewändern geschmückt waren, ist schwer zu sagen, aber durchaus möglich. Steinerne Kultbilder sind unbekannt, aber es gibt Terrakottafiguren von beachtlicher Größe. Die Kultbilder waren jedoch überwiegend aus Holz gefertigt und sind deshalb nicht erhalten. Da wir aus klassischer Zeit manchen Hinweis auf uralte hölzerne Standbilder besitzen, die sogenannten *xoana*, wäre es vielleicht denkbar, daß einige davon tatsächlich schon mykenisch sind und nicht erst aus der Archaik stammen, wie man gewöhnlich annimmt. Bei sorgfältiger Pflege kann Holz ohne weiteres tausend Jahre überdauern.

Siebentes Kapitel
Landwirtschaft

Maße und Gewichte

Zunächst müssen wir noch einmal auf die Maße und Gewichte zurückkommen. Wie schon im Vorwort gesagt (S. 11), werden die Mengen- und Gewichtseinheiten, für die sicher auch besondere Ausdrücke gebräuchlich waren, auf den Täfelchen mit bestimmten Zeichen angegeben. Manchmal läßt sich vermuten, wie das Wort gelautet haben mag, doch das Ergebnis ist nicht nachprüfbar, weil es nie in Silbenschrift vorkommt. Die Zeichen werden hier anders gebraucht als in der minoischen Linear-A-Schrift. Dort sind kleinere Mengen als ganze Einheiten durch ein kompliziertes System von Brüchen ausgedrückt. In der Linear-B-Schrift bedeuten diese Zeichen, die denen von Linear A manchmal aufs Haar gleichen, kleinere Einheiten, die jedoch bestimmte Bruchteile der größten Gewichts- oder Mengeneinheit sind. Es würde uns aber nicht wundern, wenn trotz des Unterschiedes im Gebrauch die zugrunde liegenden Einheiten dieselben wären, und im folgenden wird sich zeigen, daß sie weitgehend übereinstimmen.

Das System der Gewichte ist verhältnismäßig einfach. Allerdings mangelt es für kleinere Untereinheiten an Beispielen, so daß wir die Skala nach unten hin nicht vervollständigen können. Die höchste Gewichtseinheit, mit der man Bronze oder ähnliches wiegt, wird durch das Zeichen einer Waage ausgedrückt und gewöhnlich mit einem *L* transkribiert (s. Abb. 22). In der klassischen Zeit war das *talanton* (lateinisch *talentum*, daher auch unser *Talent*) die größte gebräuchliche Gewichtseinheit. Da das Wort ›Waage‹ bedeutet, ist es wenig zweifelhaft, daß auch die mykenische Gewichtseinheit so benannt war. Man unterteilt sie in 30 *M*, das klassische Talent dagegen in 60 *minae*. Wir dürfen es ›Doppelmine‹ nennen, denn die Mykener verwenden dafür ein deutliches Doppelzeichen. Der übliche Ausdruck *dimnaion* blieb in Zypern bis in klassische

Zeit für einen bestimmten Geldwert in Verwendung. Das Wort *mna*, als *mina* latinisiert, ist semitisch, und das auf der 60fachen Teilung einer Einheit beruhende Sexagesimalsystem kommt ebenfalls aus dem Nahen Osten.

Die Doppelmine wird dann in Viertel aufgeteilt, die mit N bezeichnet werden, und jedes N wahrscheinlich wiederum in Zwölftel (P). Wir sind hier nicht ganz sicher, weil sowohl P 12 als auch P 20 vorkommen. Möglicherweise sind P 12 und P 20 aber nicht an die höhere Gewichtseinheit angepaßt. Auch bei uns werden Gewichte häufiger in Pfunden ausgedrückt anstatt in soundso viel

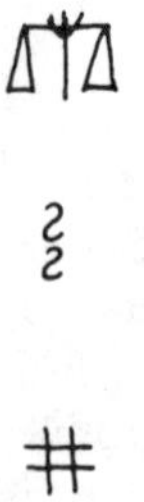

$$ \triangle \uparrow \triangle \quad = \text{L} $$

$$ \text{\raisebox{0pt}{$\overset{?}{\underset{c}{}}$}} \quad = \text{M} = \tfrac{1}{30}\text{L} $$

$$ \# \quad = \text{N} = \tfrac{1}{4}\text{M} $$

Abb. 22.
Die mykenischen Gewichtssymbole.

Kilogramm, Zentnern usw. Es gibt mindestens noch eine kleinere Gewichtseinheit, in der bestimmte Mengen Safran abgemessen wurden, die sich aber schlecht in unser System einfügt. Solche kleineren Einheiten wurden auch für Gold verwendet. Die kleineren Gewichtseinheiten des klassischen Systems scheinen nicht zu passen: die *Drachme* beträgt den 100. Teil einer *Mine* und der *Obolos* den 6. Teil einer *Drachme*.

Die klassischen Gewichtseinheiten sind schwer zu vergleichen, weil zwei verschiedene Normen galten. Danach konnte ein Talent entweder 25,86 Kilogramm oder 37,8 Kilogramm wiegen. Ob das mykenische Talent mehr der einen oder der anderen Norm entsprach oder dazwischenlag, läßt sich nicht mit Bestimmtheit sagen, aber die beiden Werte setzen immerhin Maßstäbe für unsere Überlegungen. Aus Hágia Triáda besitzen wir einige Bronzebarren, die im Durchschnitt etwas mehr als 29 Kilogramm wiegen und damit leicht unter ihrem ursprünglichen Gewicht liegen dürften, das dann durchaus einem Talent entsprochen haben mag.

Das Problem ließe sich auf ideale Art lösen, wenn wir eine Reihe zeitgenössischer Gewichte hätten. Aber auch dann müßten wir auf der Hut sein, denn Metallgewichte neigen dazu, durch Korrosion, chemische Reaktionen oder mechanische Beschädigung leich-

Abb. 23.
Steinblock aus Knossos
mit Oktopusdarstellung.

ter zu werden. Um den Gewichtsverlust durch Beschädigung auszugleichen, hatte Evans eine Methode entwickelt, nach der ein Gipsabguß von einem Metallgewicht angefertigt, das verlorene Teil restauriert und so das ehemalige Volumen berechnet wurde. Gewichte aus der mykenischen Zeit sind aber immer noch sehr selten, die meisten kommen aus Kreta oder zumindest aus dem minoisch beeinflußten Raum der Ägäis.

In Knossos fand Evans (1935, S. 550–656) eine Anzahl Gewichte,

davon als größtes einen Gipssteinblock mit Oktopusdarstellung
(s. Abb. 23). Es ist umstritten, ob dieser Block wirklich ein Gewicht darstellt, wenn ja, müßte hier ein Talent vorliegen, denn
Evans bezeichnet ihn als 29 Kilogramm schwer. Die übrigen
Exemplare, die allgemein als Gewichte gelten, sind leicht abge-
flachte Zylinder, die manchmal oben ein Zeichen haben. Ein großer Zylinder weist z. B. zwei große Kreise auf, rechts und links
von einem kleinen Kreis flankiert. Evans konnte überzeugend darlegen, daß hier 24 Gewichtseinheiten angegeben sind, wobei auf
jede Einheit etwa 65,5 Gramm entfallen. Andere Gewichte haben
das bestätigt. Eines wiegt 327,02 Gramm und hat sehr wahrscheinlich fünf Kreise (65,5 $\times$ 5 = 327,5), ein anderes von
68 Gramm wiegt ungefähr soviel wie eine Einheit.
Eine Anzahl Bleigewichte fand auch J. L. Caskey (1970) während
seiner sehr aufschlußreichen Grabung auf der Kykladeninsel Keos
(Kéa), ebenfalls in minoischem Zusammenhang. Es scheint, daß sie
zu der in Knossos festgestellten Gewichtseinheit passen. Ein mit
zwei Punkten versehenes Bleigewicht wiegt 121,3 Gramm und
könnte zwei Einheiten schwer sein, wenn das Originalgewicht
131 Gramm betragen hätte, ein anderes, achtmal gepunktetes wiegt
517 Gramm (8 $\times$ 65,5 = 524) und eines ohne Punkte 648,5 Gramm,
also fast das zehnfache einer Einheit.
Schwierig wird es erst, wenn wir für diese Einheit von 65,5 Gramm
einen Platz auf der mykenischen Gewichtsskala finden wollen.
Der einzige passende Wert könnte *P* 3 sein, denn *P* 3 ist 1/480 Talent (65,5 $\times$ 480 = 31,44 Kilogramm). Die folgenden Gewichte
zeigen minoische Einheiten in mykenische Einheiten umgerech-
net:

1	=	*P* 3
2	=	*P* 6
5	=	*N* 1 *P* 3 (d. h. *N* 1 ^{1}/$_4$)
8	=	*N* 2
10	=	*N* 2 *P* 6 (d. h. *N* 2 ^{1}/$_2$)
24	=	*M* 1 *N* 2 (d. h. *M* 1 ^{1}/$_2$)

Für *P* 1 und *P* 2, 21,8 und 43,6 Gramm schwer, lassen sich auf Keos natürlich passende Beispiele finden, aber je kleiner das Gewicht, desto größer die Ungenauigkeiten, die durch den Gewichtsverlust bedingt sind. Ein großer Teil der an minoischen Stätten gefundenen Gewichte paßt freilich überhaupt nicht in die Reihe. Wahrscheinlich gehörte die Einheit von 65,5 Gramm nur in eines von vielen konkurrierenden Meßsystemen der minoischen Welt, aber es war nicht dasjenige, das die Mykener zu ihrer Norm erwählt hatten. Die unterschiedlichen Meßmethoden bei Linear A und Linear B lassen erkennen, daß die Einheiten des Meßsystems wahrscheinlich neu geordnet wurden, die Grundlage aber konstant blieb. Wir könnten hier die Einführung der Dezimalwährung in England von 1972 zum Vergleich heranziehen, bei der das Pfund beibehalten wurde, sich aber sein Verhältnis zum Penny änderte.

Alle Flüssigkeiten, aber auch feste, kleinteilige Stoffe, die man ausschütten konnte, wie Getreide oder Saatgut, wurden nicht nach Gewicht, sondern nach dem Rauminhalt gemessen. Diese beiden Meßsysteme lassen sich nicht so einfach einander anpassen, denn der Rauminhalt einer bestimmten Menge Weizen oder Gerste hängt sowohl vom Zustand des Getreides ab, d. h. ob es sorgfältig enthülst und gesiebt ist, als auch von Alter, Sorte usw.

Die Grundeinheit für das Hohlmaß ist die Tasse, denn eine Tasse soll das mit *Z* transkribierte Zeichen aus Abbildung 24 zweifellos darstellen. Sehr wahrscheinlich wurde das klassische Wort *kotylē* schon damals für diese Einheit benutzt. Der Ausdruck ist auch heute noch nicht aus der griechischen Sprache verschwunden, obgleich er jetzt nur noch in der Gelehrtensprache gebraucht wird. Marinátos wußte dazu von seiner Grabung in Thera zu berichten, sein Vorarbeiter habe den Fund eines Schöpfgerätes oder einer Schöpfkelle gleich als *koutoúli* erkannt, eine in seinem heimatlichen Arkadien gebräuchliche Dialektform desselben alten Wortes.

Im klassischen Meßsystem ergaben 4 *kotylai* eine *choinix*. Dies stimmt mit dem Verhältnis *Z* zu *V* genau überein, daher läßt sich *V* mit *choinix* gleichsetzen. Über diesem Standard weichen die Systeme voneinander ab: 8 *choinikes* ergeben einen *modios*,

6 *modioi* einen *medimnos*. Die *choinix* beträgt also ¹/₄₈ der größten klassischen Mengeneinheit, aber nur ¹/₆₀ der gleichen Einheit des mykenischen Systems.

Wie schon bei den Gewichten können uns die klassischen Meßwerte auch hier wenigstens eine Vorstellung von der ungefähren Größe einer mykenischen Mengeneinheit vermitteln. Wiederum gibt es zwei Normen, nach denen eine *kotylē* zwischen 270 und 388 Kubikzentimeter fassen kann, ein *medimnos* zwischen 51,84 und 74,5

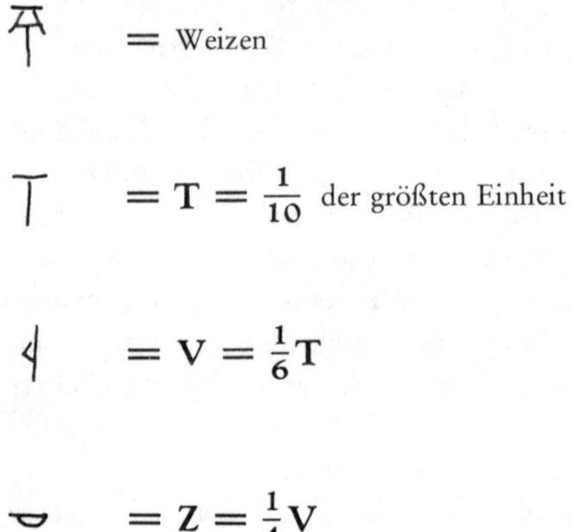

$\overline{\mathcal{P}}$ = Weizen

$\top$ $= \mathrm{T} = \dfrac{1}{10}$ der größten Einheit

$\triangleleft$ $= \mathrm{V} = \dfrac{1}{6}\mathrm{T}$

$\smile$ $= \mathrm{Z} = \dfrac{1}{4}\mathrm{V}$

Abb. 24.
Mykenische Symbole
für Trockenmaßeinheiten.

Liter. Wenn wir davon ausgehen, daß sich das mykenische Maß eher in der *kotylē* als im *medimnos* erhalten hat, muß die größte mykenische Mengeneinheit den klassischen *medimnos* sogar um 25 Prozent übertroffen haben, d. h., sie konnte bis zu 93,1 Liter erreichen.

Flüssigkeiten wurden teils auf dieselbe, teils auf andere Weise gemessen. Auch hier kann das englische System zum Vergleich herangezogen werden, nach dem Pinte und Viertelmaß zum Messen sowohl trockener als flüssiger Substanz dienen, die Gallone dagegen nur für Flüssigkeiten bestimmt ist und der Scheffel ein reines Trockenmaß darstellt. Die in Abbildung 25 mit V und Z transkribierten Zeichen sind mit V und Z aus Abbildung 24 identisch und müssen wohl das gleiche Fassungsvermögen ausdrücken. Daraus ergibt sich, daß die größte Mengeneinheit für Flüssigkeiten nur 30 Prozent der größten Trockenmaßeinheit beträgt und 72 Z anstelle von 240 Z enthält. Der Grund für diese Diskrepanz liegt wohl beim entsprechenden Gewicht, denn ein Liter Wasser wiegt 1 Kilogramm, aber ein Liter Getreide nur etwa 630 Gramm. Ein Mensch könnte, anders ausgedrückt, im Durchschnitt anderthalbmal soviel Getreide als Flüssigkeit tragen. Angenommen, ein Talent (*L*) wäre

$$\text{雨} = \text{Wein}$$

$$\text{🏹} = S = \tfrac{1}{3} \text{ der größten Einheit}$$

$$\text{◁} = V = \tfrac{1}{6} S$$

Abb. 25.
Mykenische Symbole
für Flüssigkeitsmaße.

$$\text{◡} = Z = \tfrac{1}{4} V$$

eine zumutbare Traglast, so dürfen wir vielleicht folgern, daß die größten Mengeneinheiten für trockene und flüssige Substanz möglicherweise auf dem Tragevermögen eines Menschen basieren.

Den Zeichen für Hohlmaße lassen sich allerdings nur sehr schwer genaue Werte zuweisen. Bis heute sind an minoischen Stätten keine Gefäße aufgetaucht, die als Meßgefäße kenntlich wären. Es ist nicht ausgeschlossen, daß dazu Holzgefäße verwendet wurden, denn Holz läßt sich leicht aushöhlen, bis genau das erforderliche Raummaß erreicht ist, ein Topf dagegen ist schwer exakt zu formen. Marinátos hat jedoch in Thera im Zusammenhang mit Mühlen angeblich Meßgefäße gefunden, deren Volumen ungefähr 200 und 800 Kubikzentimeter betragen soll. Es kann natürlich gefähr-

lich sein, von minoischen auf mykenische Mengeneinheiten zu
schließen.

Trotz der unvermeidlichen Ungenauigkeiten bei handgetöpferter
Keramik, speziell bei solcher, die auf der Töpferscheibe hergestellt wurde, werden die Töpfer versucht haben, sich zumindest bei
großen Töpfen an Maße zu halten, die den Einheiten des Meßsystems entsprachen. Mabel Lang hatte 1964 das Fassungsvermögen aller unzerstörten Gefäße genau gemessen, die bei der Grabung in Pylos zum Vorschein gekommen waren, um jede Regel-
mäßigkeit feststellen zu können. Die Ergebnisse sind nicht sehr
überzeugend, doch schienen bei den größeren Gefäßen die zu
überwiegen, welche etwa 2,4 bis 3,2 Liter Fassungsvermögen
hatten. Wenn das kein zufälliges Zusammentreffen ist, könnte
eine Menge von 0,8 Litern, also 800 Kubikzentimetern, in diesem
Meßsystem eine Rolle spielen. Die Übereinstimmung mit den
Maßen von Thera ist immerhin so auffallend, daß ein Zufall ausgeschlossen scheint.

Die kleinste Einheit im System ist wahrscheinlich nicht größer als
500 und nicht kleiner als 200 Kubikzentimeter. Diesen Bereich
legen praktische Erwägungen und der Vergleich mit Meßsystemen
nahe, deren Werte schon bekannt sind. Wenn 800 Kubikzentimeter
eine bedeutsame Größe darstellen, können sie auf zwei Werte bezogen werden. Entweder sind 800 Kubikzentimeter = $V\,1$, also $Z\,1$ =
200 Kubikzentimeter, oder 800 Kubikzentimeter = $Z\,2$, also $Z\,1$ =
400 Kubikzentimeter. Der erste Vorschlag stammte von Mabel
Lang und wurde von L. R. Palmer unterstützt, der zweite ist meine
Modifizierung des Wertes $Z\,1$ = 500 Kubikzentimeter, den Ventris
und ich erstmals 1955 als ungefähren Leitfaden angenommen
hatten. Die Entscheidung zwischen den beiden ist noch immer
nicht leicht.

Ein brauchbares Zeugnis besitzen wir im Pylos-Täfelchen Fr 1184,
nach dessen Angaben Eumedes 18 Mengeneinheiten Olivenöl von
Kokalos erhielt und von Ipsewas 38 Krüge. Das Wort für ›Krug‹
muß nach einer Zeichnung, die es an anderer Stelle illustriert, der
mykenische Ausdruck für den Standardölbehälter sein, den der
Archäologe ›Bügelkanne‹ nennt. In den 38 Kannen würden wir

nun gern die Behälter für die 18 Mengeneinheiten Öl sehen. Das durchschnittliche Fassungsvermögen einer Bügelkanne läge dann etwas unter einer halben Mengeneinheit. Nach der Theorie von Mabel Lang würde das Fassungsvermögen einer durchschnittlich großen Bügelkanne 6,8 Liter betragen, nach meiner eigenen, falls unsere Überlegungen richtig waren, 13,6 Liter. Auch hier ist es immer noch schwierig, sich für eine der beiden Varianten zu entscheiden. Bügelkannen kommen in allen Größen vor. Die sehr großen, die nach unserer Ansicht meist Ölbehälter sind, fassen zwischen 12 und 14 Liter, eine kleinere Form, die wir aus Pylos kennen, 6–7 Liter. Ich bin letzlich doch der Ansicht, daß meine Größenvorstellung der Wirklichkeit etwas näher kommt.

Ein weiterer Gesichtspunkt ergibt sich aus den Verpflegungsrationen (s. S. 111–113). Die Grundzuteilung, die häufig über-, aber nie unterschritten wird, liegt bei 2 T Weizen oder 3 ³/₄ T Gerste pro Monat. Nehmen wir einen Monat von 30 Tagen an, um die 29 ¹/₂ Tage einer Mondumlaufzeit annähernd zu erfassen, so errechnen wir eine Gerstenration von genau 3 Z pro Tag. Die Weizenzuteilung ergibt bei Anpassung an die Z-Einheit keine ganze Zahl, sondern liegt bei 1,6 Z pro Tag. Mabel Langs Theorie entsprechend wären es 0,6 Liter Gerste und 0,32 Liter Weizen, nach meiner eigenen 1,2 Liter Gerste und 0,64 Liter Weizen. Den Kaloriengehalt dieser Tagesration zu berechnen ist fast unmöglich, solange wir weder die Weizenart kennen noch wissen, wie man das Korn als Nahrungsmittel zubereitete. Ich bezweifle aber stark, daß 320 Kubikzentimeter Weizen für den arbeitenden Menschen eine ausreichende Tagesration darstellen, obwohl wir natürlich nicht genau wissen, ob nicht noch andere Nahrung zur Verfügung stand. In Pylos erhielten die Sklavinnen zusätzlich zum Weizen die gleiche Menge Feigen.

Gewisse Probleme tauchen auch bei der Größenberechnung von Ländereien auf, denn Land wurde in Saatgutmengen gemessen (s. S. 150). Legen wir, meiner Theorie folgend, die höheren Werte zugrunde, fällt das Ergebnis günstiger aus, obwohl die Parzellen selbst dann noch lächerlich klein gewesen wären. Die niedrigeren Werte würden die Schwierigkeiten noch vergrößern. Dagegen wäre anzuführen, daß die Meßgefäße aus Thera wahrscheinlich eher 1 Z anstatt ¹/₂ Z und 1 V anstatt ¹/₂ V fassen. Man sollte aber vielleicht in Betracht ziehen, daß sie zur minoischen Kultur Kretas und nicht zum griechischen Festland gehören. Eine endgültige Antwort wird man erst geben können, wenn auch auf dem Festland eine Anzahl einwandfreier Meßgefäße feststeht. Bis dahin scheint es günstiger, mit den höheren Werten zu arbeiten, aber eine eventuelle Halbierung nicht auszuschließen.

Wenn unsere Vermutung zutreffen sollte, daß die größte Einheit jedes Meßsystems die dem Menschen zumutbare Traglast ist, muß der Zahl von 28,8 Litern für das größte Flüssigkeitsmaß dieselbe Anzahl Kilogramm entsprechen. Zusammen mit dem Gewicht des Behälters ergeben sich damit nahezu 30 Kilogramm für das Talent. Leider wiegt Korn nicht einmal ein Drittel soviel wie Wasser, so daß die größte Trockenmaßeinheit (96 Liter) beträchtlich mehr als 30 Kilogramm wiegen muß. Das liegt vielleicht daran, daß ein Sack mit Korn besser zu tragen ist als ein viel kleinerer Behälter mit Flüssigkeit. Man kann sogar zentnerschwere Säcke transportieren, wenn sich der Inhalt dem Rücken des Trägers anpaßt. In diesem Buch wurden überall die höheren Werte zugrunde gelegt.

Getreide

Vor der industriellen Revolution lebte man zu allen Zeiten von der Landwirtschaft. Wenn wir uns fragen, wie sie bei den Mykenern beschaffen war, müssen wir berücksichtigen, daß wir keine bäuerliche Buchführung besitzen, sondern die Verwaltungsakten eines Königshauses. Dort wird nicht jede Ernte aufgezeichnet, sondern nur die, die für den König wichtig ist. Wir hören nichts von Produktionsmethoden, denn den König interessieren die Abgaben seiner Untertanen, nicht, wie sie zustande kamen.

Mit Hilfe der Archäologie könnten wir natürlich unser spärliches Material ergänzen. Von der Ernährung eines Volkes zeugen Tierknochen und verkohlte Samen, aber solche Funde sind selten und das Material dürftig.

Aus den Täfelchen geht hervor, daß es in Knossos und Pylos jeweils zwei Hauptgetreidesorten gab. Das konnte nur Weizen und Gerste sein, die wichtigsten Nahrungsmittel des klassischen Griechenland. In geschichtlicher Zeit scheint der Weizenanbau auf Kosten der Gerste mehr und mehr intensiviert worden zu sein. Daraus könnte man schließen, daß in der Bronzezeit hauptsächlich Gerste angebaut wurde. Die mykenischen Zeugnisse beweisen dagegen, daß beide Getreidearten etwa gleich reichlich vorhanden waren, aber wie sich gleich zeigen wird, ergibt sich das nicht einfach daraus, daß alle verfügbaren Zahlen addiert werden.

Man vermutete seit langem, daß es sich bei den zwei Getreidesorten um Weizen und Gerste handeln müsse, aber eine Bestätigung

Weizen

Gerste

Abb. 26. Ideogramme für Getreide.

stand noch aus. Das Getreide ist stets mit einem Ideogramm angegeben (s. Abb. 26), neben dem der Gattungsbegriff *sītos*, ›Korn‹, steht, aber nie das Wort für ›Weizen‹ oder ›Gerste‹ selbst. So knüpften sich Überlegungen an die Form der Ideogramme, die zwar in der Linear-B-Schrift stärker stilisiert worden sind, in Linear A aber noch größere Ähnlichkeit mit den Pflanzen haben. Dennoch ist es fast unmöglich, eine Unterscheidung zu treffen.

Die Lösung war möglich, als man herausfand, daß eine Tagesration der einen Kornart nahezu das Doppelte der anderen beträgt. Auf PY An 128 besitzen wir offensichtlich ein Beispiel für die Umrechnung einer Kornmenge in die andere durch die Multiplikation mit 2. Der Text ist in Einzelheiten leider undurchsichtig und ließe auch andere Interpretationen zu. Ganz eindeutig steht aber fest, daß die monatliche Ration in einem Fall 2 T-Einheiten beträgt und $3\,^3/_4$ T-Einheiten im anderen. Das zu wissen ist für uns wichtig, denn wir entnehmen daraus, daß die beiden Rationen ungefähr den gleichen Nährwert haben. Bei der doppelt nahrhaften Ration kann es sich also nur um Weizen handeln. Wichtiger ist noch, daß dieser Weizen vermutlich »frei-dreschend« war, wenn eine bestimmte Menge davon mehr Mehl ergibt, als man von der gleichen Menge Gerste erhält. Es handelt sich um Weizen, der, unserem heutigen ähnlich, lose in den Spelzen sitzt und beim Dreschen frei herausfällt, so daß keine Spelzen am Korn bleiben. Die Größenverhältnisse dürfen also als gesichert angesehen werden. Eine für Weizen berechnete Ration muß jedoch nicht immer in dieser Getreideart ausgeteilt worden sein. Es könnte die feste Regel gewesen sein, daß eine Weizenration stets durch zwei Gerstenrationen ersetzt werden konnte. Ähnliche Bestimmungen waren auch im römischen Heeresproviantwesen getroffen.

Am schwersten zu durchschauen ist der Gebrauch des Ideogramms für ›Weizen‹ in Texten, die unzweifelhaft mit Landbesitz zusammenhängen. In den langen Urkundenserien aus Pylos, die namentlich genannte Personen mit ihrem Grundbesitz verzeichnen, wird der Umfang der Ländereien überall folgendermaßen angegeben: »so viel Saatgut: x Einheiten Weizen«. Aus verschiedenen Zusammenhängen wissen wir genau, daß es sich dabei nicht um die Verteilung von Saatgut handeln kann, z. B. wenn die Zahlen für die königlichen Liegenschaften gelten (Er 312) oder das besagte Land offenbar mit Wein und Feigen bepflanzt ist (Er 880).

In der Antike war es durchaus üblich, Flächen in der zu ihrer Bestellung notwendigen Saatgutmenge zu messen. In einigen Mittelmeerländern hat sich dieser Brauch bis heute erhalten. Von einem Mann aus Naxos hörte ich, daß er »zwei Scheffel Weinland« besitze, worunter man sich ein mit Wein bepflanztes Stück Land vorstellen muß, das zwei Scheffel Saatgut brauchte, um mit Getreide bebaut zu werden. Das Messen in dieser Form hat den Vorzug, daß die Ertragsunterschiede der einzelnen Landstriche zum Ausdruck gebracht werden. Ein steiniger Hang bringt weniger ein und verlangt weniger Saatgut als ein fruchtbarer Talboden. Daher steht uns wahrscheinlich keine unveränderliche Größe zur Verfügung, nach der sich Saatgutmengen in Landmaße umsetzen lassen, und wir sind auf Schätzungen angewiesen. Der griechische Bauer mißt übrigens heute noch Entfernungen auf ähnliche Weise, indem er die Zeit nennt, die er für den Weg braucht. »Zwei Stunden Weg« kann, auf schlechtem Pfad übers Gebirge gewandert, eine kurze Strecke auf der Landkarte bedeuten, eine wesentlich längere aber in der Ebene.

Die angegebenen Saatgutmengen für die einzelnen Ländereien variieren zwischen 30 ganzen Einheiten, also 2880 Litern Weizen, und einer V-Einheit, die nur $1/60$ einer ganzen Einheit oder 1,6 Liter Weizen beträgt. Diese Kleinstparzelle kann bei normaler Saatgutanwendung nicht größer als ein Garten gewesen sein und müßte noch halbiert gedacht werden, wenn wir zur Errechnung der Mengeneinheiten die kleineren Werte einsetzen (s. S. 146). Dagegen errechnet sich für den königlichen Grund und Boden, wenn wir eine besonders niedrige Saatgutquote annehmen, eine außerordentlich große Fläche – auf jeden Fall wäre das Verhältnis zwischen größtem und kleinstem Grundbesitz mit 1800 : 1 anzugeben. Natürlich braucht die sehr kleine Parzelle nicht der einzige Besitz des Eigentümers gewesen zu sein. Wir wissen, daß einem Mann gelegentlich zwei oder mehr Grundstücke gehören können.

Vollständige Daten besitzen wir wahrscheinlich nur aus dem Bezirk von Sphagiānes. Hier lag offenbar auch der Palast des Königs. Für diesen Bezirk haben wir nicht nur den vollständigen Kataster, sondern er liegt sogar in zwei verschiedenen Fassungen vor. Da das betreffende Gebiet nicht groß ist, müssen wir vielleicht zwischen dem weitläufigen Verwaltungsbezirk Sphagiānes und den Liegenschaften bei der gleichnamigen Siedlung unterscheiden. Die erste Fassung der Urkunde wurde nach den einlaufenden Nachrichten Stück für Stück zusammengestellt, redigiert und auf größere Tafeln übertragen. Zum Glück ist die erste Version danach nicht zerstört worden und kann die Lücken in der zweiten Ausführung schließen helfen. Das Land ist weder näher beschrieben, noch erfahren wir, wo es genau liegt. Das Verzeichnis umfaßt Haupt- und Unterpächter.

Diese Ausdrücke habe ich der Terminologie entnommen, die für die mittelalterliche europäische Feudalordnung gebräuchlich ist, und benutze auch im folgenden zum Vergleich das Reichsgrundbuch

Wilhelms des Eroberers, das sogenannte *Domesday Book*, die berühmten Erhebungen über Grund und Boden, die der englische König Wilhelm I. 1086 zusammentragen ließ. Der Vergleich soll nicht zu weit getrieben werden. Wir wissen weder, welche Verpflichtungen als Gegenleistung übernommen werden mußten, wenn man Land zur Nutznießung überlassen bekam, noch wer der letzte Eigentümer dieses Landes war. Aber die Güterverzeichnisse der vornehmen Edelleute, die von den Listen der Pächter begleitet sind, folgen dem Muster mykenischer Urkunden so eng, daß es nicht vollkommen andere Lebensumstände gewesen sein können. Wir werden darauf noch zurückkommen (s. S. 156 f.).

Es gibt zwei verschiedene Arten von Grundbesitz, die mit den Ausdrücken *ko-to-na ki-ti-me-na* und *ko-to-na ke-ke-me-na* bezeichnet sind. *ko-to-na* ist *ktoinā*, ein Wort für ein ›Stück Land‹, das im klassischen Griechisch schon fast vergessen war. Es hat sich allerdings in religiösem Zusammenhang in Rhodos erhalten. Der Ausdruck *ktimenā* ist mit Begriffen verwandt, die im klassischen Griechisch die Bedeutung ›bewohnen‹ oder ›(Land) besiedeln‹ haben. Diese Wortableitung paßt vortrefflich zu dem Tatbestand, daß die Grundherren solches Land zum Teil selbst besitzen, zum anderen Teil es Pächtern überlassen können. Der Terminus bedeutet also eigentlich ›Privatbesitz‹, wobei nicht übersehen werden sollte, daß womöglich der König der eigentliche Besitzer war, wie im normannischen England, und die scheinbaren Grundherren ihre Lehen nach seinem Belieben erhielten. Das Wort *ke-ke-me-na* ist nicht leicht zu erklären. Es könnte etymologisch ›besitzerlos, von der Verteilung ausgeschlossen‹ bedeuten, was seinem tieferen Sinn, nämlich ›öffentlich‹, entspräche. Land mit der Bezeichnung *ke-ke-me-na* gehört immer dem *dāmos* und wird einzelnen zur Pacht überlassen. Das Wort *dāmos*, in klassischer Zeit *dēmos*, bezeichnet in diesem Zusammenhang offenbar eine Körperschaft von Männern, die den Bezirk repräsentieren. Das *Domesday Book* gebraucht dafür »hundred« und »shire«.

Für beide Bereiche, sowohl den öffentlichen als den privaten, galt insofern dasselbe, als eine Anzahl kleiner, vorbereitender Urkunden über die einzelnen Güter ausgestellt wurde. Auf dieser Grundlage entstand dann die überarbeitete Fassung auf zwei großen Tafelserien. Die privaten Besitztümer sind in den Urkunden der folgenden Tabelle zusammengefaßt:

Grundbesitzer	Vorbereitende Fassung	Endgültige Fassung
Wa-na-ta-jo	Eo 211 ⎫	
A-ma-ru-ta	Eo 224 ⎭	En 609
Ru-*83	Eo 276 ⎫	
A₃-ti-jo-qo	Eo 247 ⎬	En 74
Pi-ke-re-u	Eo 160 ⎭	
Qe-re-qo-ta	Eo 444 ⎫	
A-da-ma-jo	Eo 351 ⎪	
A-i-qe-u	Eo 471 ⎬	En 659
Ra-ku-ro	Eo 281 ⎪	
A-ka-ta-jo	Eo 269 ⎭	
Ti-qa-jo	Eo 278 ⎫	
Po-te-u	Eo 268 ⎬	En 467
Pi-ri-ta-wo	Eo 371 ⎭	

Die dreizehn vorbereitenden Urkunden, die jeweils den Hauptpächter und, falls vorhanden, auch seine Unterpächter angeben, sind also durch vier große Urkunden ersetzt worden. Bei diesen handelt es sich nicht um exakte Kopien, doch sind die Zahlen, soweit erhalten, genau wiedergegeben. Bei Namen wurde gelegentlich die Schreibweise verändert, formelhafte Wendungen hat man einander angeglichen. Für den Grundbesitz des *Qe-re-qo-ta* beispielsweise führt Eo 444 fünf Unterpächter an, En 659 dagegen nur vier. Es wäre denkbar, daß auf Eo 444 zwei Parzellen Pachtland desselben Pächters getrennt aufgeführt sind, die auf der endgültigen Fassung in einer Buchung erscheinen. En 609 muß die erste Tafel der zweiten Ausführung gewesen sein. Hier wurde als allgemeine Überschrift hinzugefügt: »*Sphagiāniā*: so viele *da-ma-te*: *DA* 40, und darunter sind so viele *telestai*: 14 Männer«. Die Schwierigkeit besteht leider darin, daß wir nur dreizehn Hauptpächter haben, wie die Tabelle oben zeigt. Es fehlt entweder in beiden Serien die Urkunde mit dem vierzehnten Pächter, oder die zerbrochenen Urkunden wurden falsch zusammengesetzt. Eine natürlichere Erklärung wäre die, daß das vierzehnte Eo-Täfelchen absichtlich unterdrückt wurde, bevor die zweite Ausführung fertig war. Das Auffallende am Wechsel von vierzehn auf dreizehn ist, daß er sich in einer anderen Urkundenserie zu wiederholen scheint, die Grundbesitz und Abgaben verzeichnet: Es 650 führt vierzehn Namen an, Es 644 und die dreizehn anderen Es-Täfelchen enthalten nur dreizehn. Es wäre natürlich denkbar, daß im Laufe eines Jahres jemand aus einer Gruppe von vierzehn Personen stirbt, aber es kommt uns merkwürdig vor, daß dergleichen in zwei verschiedenen Gruppen passiert sein sollte. Warum auch beide Male die Zahl vierzehn?

Ein anderes Problem stiftet zusätzliche Verwirrung. Auf allen der Vorbereitung dienenden Eo-Täfelchen wird der Pächter dadurch gekennzeichnet, daß er das Land vom (oder durch den) Grundbesitzer zur Nutznießung erhält, dessen Namen eingangs genannt ist. Der Kompilator der revidierten Fassung tilgte diesen überflüssigen Wortaufwand. So kommt es, daß die zweite Fassung verschweigt, daß auf Eo 224 mit den Gütern des *A-ma-ru-ta* nur vier der Pächter von diesem das Land gepachtet haben, zwei dagegen von *Pa-ra-ko* und einer von *Ta-ta-ro*. *Pa-ra-ko* kommt auch in den Urkunden über »öffentliches« Land vor und wird an einer Stelle (Ep 613.11) als Landbesitzer genannt. Auch *Ta-ta-ro* erscheint noch einmal als Pächter von »öffentlichem« Grund (Ep 301.6). Da wir aber auf fünfzehn kämen, wenn wir beide mitzählen, wird wohl nur *Pa-ra-ko* dazugerechnet, der als einziger »Landbesitzer« ist.

Auch der Vermerk »so viele *da-ma-te*: DA 40« gibt zu denken. Zählen wir die Pächter, nicht die Pachtgüter, scheinen 27 zusammenzukommen, von denen aber einer schon unter den Hauptpächtern ist. Die Gesamtzahl aller Landbesitzer jeglicher Art in dieser Urkundenserie ergibt daher 39 oder eigentlich 40, denn die dreizehn *telestai* sind ja in Wirklichkeit vierzehn. Warum aber zählen die Pächter als *DA*, nicht als Personen? *da-ma-te* sieht wie ein Substantiv im Plural aus. Trifft das zu, müßte das

Wort für ›so viele‹ ein Femininum sein. Wir kennen nämlich im späteren Griechisch nur ein feminines Substantiv, dessen Pluralform zu dieser Schreibweise passen könnte: *damartes*. Es heißt leider nicht ›Grundstücke‹, sondern ›Frauen‹, ein unwahrscheinlich anmutender Bedeutungswandel, der aber vielleicht nicht ganz auszuschließen ist.

Das zweite Urkundenbündel (Ep, vorbereitende Texte Eb) bezieht sich auf »öffentliches« Land, das, wie es heißt »von der Gemeinde (*dāmos*)« zur Verfügung gestellt wird. Die einzelnen Anteile sind klein, aber einige größere Grundstücke finden sich unter der Rubrik *ka-ma* aufgezählt, worunter man offensichtlich eine besondere Art von Grundbesitz versteht. Genaue Form und Bedeutung dieses Wortes sind noch unbekannt. Die Besitzer dieser Grundstücke, unter denen bedeutendere Persönlichkeiten sind, haben sich anscheinend zu einer bestimmten Dienstleistung verpflichtet, die als Gegenleistung für den Pachtvertrag gedacht sein könnte, obwohl es nicht ausdrücklich gesagt wird. Die Art dieser Dienstleistung ist umstritten, bisher wurde keine befriedigende Erklärung gefunden. Zu ihrer näheren Beschreibung dienen drei Verben, darunter eines, *wo-ze*, von dem all diese Handlungen abgeleitet scheinen. Etymologisch bedeutet es etwas Ähnliches wie ›Arbeiten‹, doch hat es offenbar nichts mit Feldbestellung zu tun. *rezō* und *erdō*, die klassischen Wörter aus dieser Wurzel, haben außerdem die Spezialbedeutung ›Opfer‹, und das verwandte Substantiv *orgas* bezeichnet ein Stück geheiligtes Land. Die nächstliegende Vermutung wäre also, daß den Pächtern dieser Ländereien religiöse Verpflichtungen auferlegt sind, und wir kennen dafür auch Beispiele aus der klassischen Zeit.

In Ep 301 besitzen wir eine Liste von Pächtern öffentlichen Landes, die ausdrücklich ›Grundstückspächter‹ heißen, unter denen auch einige »Hauptpächter« von Privatland sind. Die große Mehrheit bilden jedoch die »Diener der Gottheit«, Männer und Frauen, die anscheinend zur Oberschicht des Gebiets von Sphagiānes gehören. Die meisten von ihnen werden mit religiösen Titeln bezeichnet, doch es sind auch ein oder zwei Gewerbetreibende dabei und einige Bedienstete des Amphimedes, offenbar einer der

Gefolgsmänner oder Grafen. Eines der größten Güter, das für uns als Gegenstand einer Kontroverse von besonderem Interesse ist, hat die Priesterin Eritha gepachtet.

Wie üblich besitzen wir auch von dieser Eintragung zwei Versionen, die sich in der Wortwahl leicht unterscheiden. Der vorbereitende Text (Eb 297) lautet: »Eritha, die Priesterin, befürwortet und fordert, daß die Gottheit [undeutbares Wort] besitzt, aber die Grundbesitzer [machen geltend], daß er [oder sie] öffentliche Ländereien gepachtet hat.« Die endgültige Fassung (Ep 704.5–6) sieht so aus: »Die Priesterin Eritha befürwortet und fordert, daß die Gottheit [undeutbares Wort] besitzt, aber die Gemeinde sagt, daß er [oder sie] öffentliches Land gepachtet hat.« Es läßt sich nicht sagen, ob die Gottheit männlich oder weiblich ist. Später versahen meist Priester den Dienst bei einer männlichen Gottheit und Priesterinnen bei Göttinnen, so daß wir auch hier auf eine Göttin schließen dürfen. In dem undeutbaren Wort vermuten wir wohl zu Recht den Begriff für ein besonderes Besitzrecht, das auch der Gefolgsmann Amphimedes beanspruchen darf. Als moderner Vergleich ließe sich vielleicht der Begriff des ›freien Grundbesitzes‹ einführen. Hier kann es sich aber bestenfalls um eine sehr ungefähre Annäherung an die wirkliche Bedeutung des Wortes handeln, über die wir kaum Präziseres sagen können. Der Rechtsstreit geht jedoch darum, ob das Land einem »Pachtverhältnis« unterliegt. Obwohl wir diesen Ausdruck nicht genau deuten können, läßt er wiederum darauf schließen, daß derjenige, der Land unter solchen Bedingungen gepachtet hatte, auch zu bestimmten Verbindlichkeiten verpflichtet war.

Es ist anscheinend kein Versuch gemacht worden, den Streit zu entscheiden. Der für die statistischen Erhebungen verantwortliche königliche Inspektor begnügte sich mit der Aufzeichnung der Tatsachen. Einige Aufklärung kann uns nun das Reichsgrundbuch König Wilhelms verschaffen, mit dem wir diese ganze Serie mykenischer Urkunden vergleichen wollen. Beamte König Wilhelms I. haben es kurz nach der Eroberung zusammengestellt. Im Jahre 1086 reisten Beauftragte des Königs kreuz und quer durch England, um in allen Einzelheiten sowohl das Ausmaß der zu den ver-

schiedenen Ortschaften gehörenden Ländereien als auch Besitzverhältnisse und Art der Bebauung aufzunehmen. Diese Verzeichnisse sind sehr viel umfangreicher und ausführlicher als die mykenischen und zeigen, daß die Beauftragten unterwegs in allen
Hauptstädten Sitzungen abhielten, auf denen die Auskünfte der
Grundbesitzer in lateinischer Sprache festgehalten wurden. Man
hat danach mindestens eine Folge von vorbereitenden Urkunden
angefertigt, die dann durch die Beamten am Hofe von Winchester
redigiert und in die Hauptbücher übertragen wurden. So müssen
auch die mykenischen Urkunden als die Leistung eines königlichen
Verwaltungsbeamten angesehen werden, der in Sphagiānes ganz
ähnliche Aufgaben zu erfüllen hatte. Die vorläufige Fassung enthält einige sprachliche Besonderheiten, die mit dem weitschweifig
anmutenden »und« hinter manchem Pächternamen die mündlichen
Auskünfte des Pächters selbst spiegeln könnten: »Ich bin der
Soundso und bin das und das, *und* ich besitze . . .« Schriftlich
festgehalten sah das folgendermaßen aus: »Soundso, der das und
das, *und* er besitzt . . .« Aus der endgültigen Fassung ist das
»und« schließlich weitgehend verschwunden und wird nur gelegentlich noch aus Unachtsamkeit aus der vorläufigen Fassung
übernommen.

Es ist keineswegs unüblich, auch Besitzstreitigkeiten in das Reichsgrundbuch aufzunehmen. Ihre Sprache erinnert auffallend an die
mykenischen Urkunden. An einer Stelle übersetzen wir aus dem
Lateinischen: »Die Beamten des Viscount behaupten, diese halbe
Hufe gehöre zum Land des Königs, doch behaupten die Hundert
[die Vertreter der Gemeinde] und die Shire [die Bezirksvertreter],
König Eduard habe sie diesem Mann gegeben und sie hätten darauf
sein Siegel.« Ein anderes Zitat zeigt noch deutlicher, welche Vorgänge mit der Anlage des Verzeichnisses verbunden waren: »Graf
Godwin kaufte es von Azor und schenkte es seiner Frau zum
Lebensunterhalt für die Zeit ihres Aufenthaltes in Berkeley. Er
wollte nichts vom Rittergut selbst verbrauchen, um die Auflösung
der Abtsgerichtsbarkeit zu vermeiden. Eduard besitzt dieses Gut
auf dem Boden von Wiltshire, zu Unrecht, wie die Grafschaft
versichert, weil es zu keinem Besitztum gehört. Niemand hat dem

Beauftragten des Königs über dieses Rittergut Bericht erstattet, noch ist jemand zu dieser Sitzung erschienen.« Wir finden auch hier wieder die Fachsprache für Landbesitz in der Feudalzeit, wie *hide* (lateinisch *hida*), ›Hufe‹, *estate* (*firma*), ›Grund‹, *manor* (*manerium*), ›Gut‹, *Hundred* (*hundreda*), ›Hundert‹, *shire* (*scira*) und *county* (*comitatus*), ›Grafschaft‹. Hätte man auch für das 11. Jahrhundert nur so wenige andere Zeugnisse wie für die Zeit der mykenischen Urkunden, wäre die genaue Bedeutung dieser Ausdrücke ebenso umstritten wie der Sinn der mykenischen Termini. Die Begriffe *e-to-ni-jo* (›Freisassengut‹?), *ka-ma*, *ko-to-na* (›Grundstück‹), *o-na-to* (›Pacht‹) usw. hatten für die mykenischen Beamten gewiß besondere Bedeutungen, die wir nur schwer erkennen können. Das Reichsgrundbuch führt auch Personen aus verschiedenen Kategorien auf, deren Einordnung nach Rang und Bedeutung bisher nicht gelungen ist.

Auch eine Reihe anderer Täfelchen hat mit Landbesitz zu tun, aber die Schreiber sagen hier noch weniger über die Gegend aus, die betroffen ist. Dazu gehört die Serie Ea, die offenbar zur Aufbewahrung geteilt wurde, doch es scheint sich in beiden Teilen um dieselben Personen und mutmaßlich denselben Bezirk zu handeln. Die hier aufgezählten Leute sind überwiegend Gewerbetreibende, Männer, die nähen (Schneider oder Sattler?), ein Bote, ein Stellmacher, ein Salbenkoch (Salbölhersteller?), ein Priester und Leute im Dienst des *lāwāgetās*. Die Güter könnten also in Palastnähe gelegen haben. Während die Ländereien von Sphagiānes überwiegend im Besitz von Frauen waren, fällt hierbei auf, daß wahrscheinlich alle Besitzer Männer waren. Unabhängigkeit besaßen Frauen wohl nur im religiösen Bereich.

Noch ein weiteres Verzeichnis von Ländereien betrifft die Religion (Es). Es erscheint ohne Ortsangabe, und die meisten Namen kennen wir von keinem anderen Täfelchen. Möglicherweise ist der *Alektruōn* aus dieser Liste der Sohn des *Etewoklewēs* und Gefolgsmann gleichen Namens und wäre dann dem nördlichen Abschnitt der Küstenwacht zugeteilt (s. S. 235). Noch ein anderer Name der Liste könnte Verbindung zum Norden haben, aber bei beiden sind wir nicht sicher. Die zugrunde liegende Liste der

Pachtgüter (Es 650) nennt vierzehn verschieden große Ländereien, von denen die ausgedehntesten mehr als das Zwanzigfache der kleinsten betragen.

Auf den übrigen Listen sind nur noch dreizehn Pächter eingetragen. Der vierzehnte Name ist von der Liste verschwunden und der dazugehörige Besitz aus der Grundliste getilgt. Auf jeder Liste werden Kontributionen angeführt, die in einem Fall jährlich für einen ungenannten Empfänger aufzubringen sind, im anderen Fall, jedoch ohne Angabe der Häufigkeit, an vier bestimmte Empfänger zu entrichten sind. Von diesen vieren erhält Poseidon den Löwenanteil, während die übrigen drei mit gleich großen Beiträgen abgefunden werden, die nur ein Achtel der für Poseidon bestimmten Menge ausmachen, meist sogar weniger. Zwei dieser Empfänger müssen hohe Würdenträger sein, der dritte eine Gruppe von Göttern oder Menschen, denn das Wort steht im Plural. Hier könnte man Kultdiener vermuten, denn der Name wird vor den beiden hohen Beamten genannt. Bei den Kontributionen fällt auf, daß die Pächter größerer Liegenschaften zwar höher veranlagt werden als die kleineren Pächter, aber kein Regelmaß zu erkennen ist. Das Verzeichnis ähnelt eher einer Spendenliste für eine Wohlfahrtseinrichtung: Die Reichen geben natürlich mehr, aber dafür sind manche Arme vergleichsweise großzügiger. Uns wundert dieses Verfahren, denn mykenische Steuereintreiber waren selbstverständlich imstande, Steueraufkommen zu berechnen und nach einem regulären Proportionsschema umzulegen.

An einigen Gütern, die im Palastarchiv registriert waren, könnte der König besonderes Interesse gehabt haben, doch erscheint er nie als Eigentümer. Letzten Endes gehört in einer Monarchie aller Besitz dem König, der ihn nach seinem Belieben vergibt. Nur eine Urkunde (Er 312) verzeichnet eine »königliche Domäne« und benutzt dabei das Wort *temenos*, das die klassischen Griechen für den geheiligten Bezirk einer Gottheit gebrauchten. Der Umfang ist gewaltig (30 Einheiten), aber was folgt, ist noch interessanter. Die nächste Eintragung verzeichnet die Domäne des *lāwāgetās* mit 10 Einheiten, darauf den *telestai* gehörendes Land, das 30 Einheiten umfaßt. Dabei ist vermerkt, daß es drei *telestai* sind, von denen also jeder so viel Land wie der *lāwāgetās* besitzt. Dieser hat wiederum nur ein Drittel der Flächen, die dem König gehören. Zuletzt ist von Ödland die Rede, das unkultiviertes Land sein könnte. Es wird mit Wo-ro-ki-jo-ne-jo bezeichnet, vielleicht einem Ortsnamen, und ist 6 Einheiten groß.

Diese Urkunde steht ganz eindeutig mit einer anderen (Un 718) in Verbindung, einem Weihgabenverzeichnis, das wir schon in Kapitel 5 (s. S. 97) besprochen haben. Die vier Stifter sind *E-ke-ra₂-wo*, die Gemeinde (*dāmos*), der *lāwāgetās* und das *ka-ma* Wo-ro-ki-jo-ne-jo, vielleicht das »Ödland« der anderen Urkunde. Die drei *telestai* könnten gut die Gemeinde in diesem Bezirk ausmachen, und *E-ke-ra₂-wo* muß der Name des Königs selbst sein (s. S. 96). Damit würden sich hier dieselben vier an einer Spende für Poseidon beteiligen, und zwar in ähnlichem Verhältnis wie die Grundbesitzer der schon erwähnten Serie Es.

Auf einem anderen, stark beschädigten Täfelchen (Er 880) sind die Anfangsworte wahrscheinlich so wiederherzustellen: »*E-ke-ra₂-wo* gehört als Privatbesitz das bepflanzte Landgut *Sa-ra-pe-do*.« Dieser Ortsname erscheint auch auf einem Täfelchen mit Weihgeschenken (Un 718). In zwei folgenden Zeilen wird dann der Umfang von zwei ausgedehnten Ländereien angegeben, aber die Beschreibung fehlt, und die Zahlenangaben sind nicht vollständig überliefert. Zum Glück heißt es am Ende: »zusammen 94 Einheiten«, womit der Gesamtumfang der beiden Güter gemeint sein muß. Dazwischen ist anscheinend die Art und Menge der Pflanzen notiert, in einem Fall vielleicht Wein, im anderen aber zweifellos Feigenbäume. Die Zahlen sind unvollständig, doch nicht kleiner als 1100. Der Gesamtumfang von 94 Einheiten setzt uns in Erstaunen, denn auf Eq 213 ergeben fünf Güter, die offenbar ein hoher Beamter inspiziert, zusammen dieselbe Zahl. Zum Vergleich: der Umfang aller Ländereien von Sphagiānes scheint ungefähr 102 Einheiten auszumachen.

In Knossos sind keine Täfelchen wie die besprochenen der E-Serien aus Pylos gefunden worden, aber es tauchen auch hier Termini auf, die mit Grundbesitz zu tun haben. Dasselbe gilt für Tiryns, wo vor kurzem zwei Fragmente entdeckt wurden. Obwohl es

2

3

4

6

7

8

9

10 ▶

11

13 ▶

12

14

15

17

18

19

20

21

22

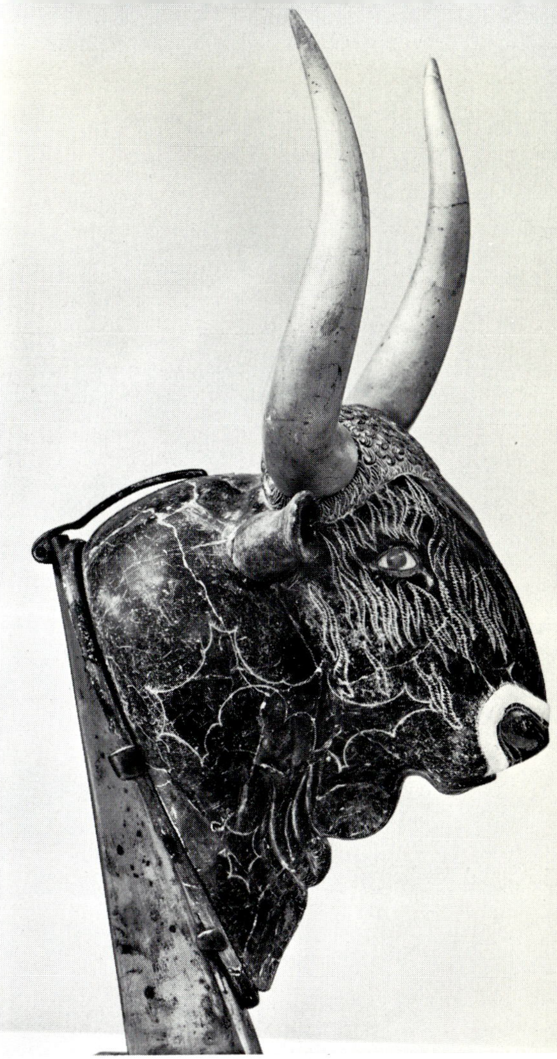

23

24

wahrscheinlich in Pylos besondere Gründe für die Vermessung bestimmter Gegenden gegeben hat, ist anzunehmen, daß die Situation in Knossos ähnlich war, auch wenn darüber nichts aufgezeichnet wurde. Die Liste Uf enthält anscheinend die Namen von Landbesitzern aus verschiedenen Orten Kretas, einige dieser Grundstücke sind wohl Obstgärten o. dgl.

Von einer Reihe von Verzeichnissen, die sich auf die Getreideernte beziehen müssen, können wir uns wegen des schlechten Erhaltungszustandes kein klares Bild machen. Eines der wenigen vollständigen Täfelchen lautet: »Männer aus Lyktos 246,7 Einheiten Weizen, Männer aus Tylissos 261 Einheiten Weizen, Männer aus Lātō 30,5 Einheiten Weizen«. Für Tylissos würden sich dann etwa 19 Tonnen Weizen ergeben, wenn die Größe einer Einheit zu Beginn dieses Kapitels richtig errechnet wurde. Man kann unmöglich genau sagen, wieviel Land benötigt wird, um diese Menge hervorzubringen, doch müßten weniger als 10 Hektar genügen. Auch wenn die Hälfte des Landes alljährlich brachgelegen hätte, würde die angegebene Getreidemenge durchaus realistisch sein. Von anderen Orten ist Oliven- und Getreideproduktion überliefert, eine Kombination, die sich vielleicht in der noch heute bestehenden griechischen Gewohnheit spiegelt, zwischen den Olivenbäumen Getreide anzubauen. Die erstaunlichsten Zahlen für die Weizenerträge werden für die Gegend von *Dawos* überliefert, das wir wohl zu Recht in der fruchtbaren Messará-Ebene im südlichen Kreta vermuten. Das Täfelchen ist zerbrochen und die Zahlenangabe unvollständig, aber sie begann unstreitig mit 10 000 Einheiten. Selbst wenn keine weiteren Zahlen folgen würden, ließen sich bereits 775 Tonnen errechnen. Heute produziert Zentralkreta, zu dem alle hier genannten Orte gehören, mehr als 10 000 Tonnen Weizen. Die Zahlenangaben auf den Täfelchen sind also wenngleich hoch, so doch keineswegs unglaubwürdig.

Daß aus Pylos Aufzeichnungen über die Getreideernte fehlen, hängt sicher mit der Jahreszeit zusammen, in die die Zerstörung der Archive fiel (s. S. 255). Einigen Aufschluß über die Produktionsrate können wir jedoch aus den Nahrungsrationen gewinnen, die an die Sklavinnen verteilt wurden (s. S. 111). Ein beschädigtes Täfelchen (Fg 253) enthält vermutlich die Summe aller Verpflegungsrationen, die monatlich an diese Frauen ausgeteilt wurden, und gibt die Weizenmenge mit 192,7 Einheiten, also etwa 14 Tonnen, an. Die jährliche Produktion müßte sich also allein aus diesem Grund auf ungefähr 170 Tonnen belaufen haben. Heute liegen die Ertragszahlen für Weizen in Messenien, einem Gebiet, das ungefähr dem alten Königreich Pylos entsprechen könnte, bei etwa 22 000 Tonnen.

Andere Urkunden verzeichnen Gerstenrationen oder eher wohl Entlöhnungen in Form einer Gerstenzuteilung. In Knossos (Am 819) werden die für eine Arbeitergruppe von 18 Männern und 8 Knaben bestimmten Rationen mit 97,5 Einheiten Gerste angegeben. Es ist freilich unmöglich, eine Gleichung mit zwei Unbekannten aufgrund dieses einen Gesamtbetrages zu lösen, doch kann man der Lösung tatsächlich durch einige einschränkende Überlegungen näher kommen. Jede Ration muß nämlich eine ganze Untereinheit sein, wenn sie in der kleinsten Einheit des Meßsystems ausgedrückt wird ($Z = \frac{1}{240}$ der größten Mengeneinheit). Die Größenunterschiede zwischen Männer- und Knabenrationen sollten außerdem sinnvoll sein, d. h., die eine darf nicht mehr als das Fünffache der anderen betragen. Die Knabenration kann schließlich nicht größer als eine Männerration sein. Diese einfachen Überlegungen führen zu dem einzig möglichen Ergebnis, daß die ganze Gruppe gleich große Rationen erhält, nämlich Z 90 = T 3³/₄. Dabei ist vorteilhaft, daß die Nahrungsmittelrationen nach dem Tagesbedarf (Z 3) ausgegeben werden können, wozu wahrscheinlich die 29¹/₂ Tage des Mondmonats als 30 Tage gezählt worden sind.

Auf einigen Gerstelisten aus Pylos sind Mengen notiert, welche die kleine Verpflegungsration Z 3 zu sein scheinen, also wohl Tagesrationen. Andere verzeichnen größere Mengen, z. B. V 1 (= Z 4) oder gar V 5, aber ohne Angabe der Zeitspanne, für die eine Ration gedacht ist. Die Urkunden sind zu schlecht erhalten, um die Kalkulationsgrundlagen erkennen zu lassen. Die V-5-Ration geht aus den Zahlenangaben auf Fn 79 hervor, zu einer oder mehreren anderen Listen dieser Art gehören wahrscheinlich drei weitere Fragmente. In *V*-Einheiten ausgedrückt, ergeben die Rationen folgende Reihe: 5, 10, 15, 30, 40, 105. 5 ist der einzige gemeinsame Faktor. *T* 5 *V* 1 sieht wie eine Ausnahme aus und würde *V* 31 ausmachen, doch bei näherem Hinsehen ist der letzte Strich der 5 zweifelhaft. *T* 4 *V* 1 ergeben dagegen 25, wiederum ein Vielfaches von 5. Sollte mit *V* 5 eine Tagesration gemeint sein, so läßt sich eine Monatsration von *T* 25 errechnen, eine fast unglaubliche Menge angesichts einer so niedrigen Zuteilung wie der Monatsration von *T* 3³/₄. Die Rationen dieser Gruppe müssen wohl für eine Zeit von 5 Tagen auf der Grundlage von *V* 1 (= *Z* 4) pro Tag berechnet sein.

Gewürze

Getreideprodukte waren die Grundlage der mykenischen Ernährung, die ohne zusätzliche Geschmacksbereicherung äußerst eintönig gewesen wäre. Deshalb wundert es uns nicht, daß die Urkunden immer wieder von Stoffen sprechen, die anscheinend in der Hauptsache Gewürze waren, also aromasteigernde Zutaten, die man in der Küche verwendete. Es sind allerdings auch aromatische Essenzen darunter, die wohl für Duftöle verwendet wurden. Diese gehörten zu den wenigen Dingen, die das kleine Archiv von Mykene verzeichnete. Es mag nützlich sein, die Register einmal durchzugehen und etwas über die Verwendung dieser Stoffe an den anderen Orten zu sagen. Einige der Namen kennen wir aus dem klassischen Griechisch, andere sind zweifelhaft oder völlig unverständlich. Manchmal ist das passende griechische Wort ganz leicht zu finden, und doch läßt sich nicht sagen, welche der verschiedenen Spielarten, ja Spezies, die man im späteren Griechisch darunter verstand, hier gemeint ist. Es ist möglich, daß einige Gewürze importiert wurden, wenn aber große Mengen davon angegeben sind, werden sie wohl an Ort und Stelle gewachsen sein. In Kreta scheinen dem Anbau dieser Luxusgüter ansehnliche Flächen vorbehalten gewesen zu sein.

Eines der gebräuchlichsten Gewürze ist Koriander, ein aus Pflan-
zendolden gewonnener Samen, der noch heute in der Küche verwendet wird. Die mykenische Namensform unterscheidet sich
geringfügig von der klassischen, doch ist es ohne Zweifel dasselbe
Wort. Bei einer Rekonstruktion als *koriadnon* zeigt sich eine auffallende Ähnlichkeit in seiner Struktur zum Namen der Minos-
Tochter *Ariadnē*; die spätere Korrumpierung zu *koriannon* oder
koriandron ist nicht weiter verwunderlich. Wenn wir die Serie
Ge richtig verstehen, scheint Mykene einen Pro-Kopf-Verbrauch
an Koriander von etwa 19 Litern gehabt zu haben. In Knossos ist
noch mehr verwendet worden, denn im ganzen gelangten über
7500 Liter zur Ausgabe. Die eingegangenen Mengen sind sehr viel
kleiner, und man fragt sich, wie die Bücher ausgeglichen wurden.
Koriander muß also reichlich produziert worden sein, wenn er so
stark gefragt war. Aus Pylos kennen wir nur einen eindeutigen
Hinweis darauf, nämlich daß ein höherer Beamter einem Duftöl-
hersteller mit einigen anderen Produkten auch 6 Einheiten oder
576 Liter Koriander aushändigt. Er wurde wahrscheinlich wegen
seiner aromatischen Eigenschaften gebraucht, heute kommt er uns
allerdings nicht mehr so wohlriechend vor. Unter der Abkürzung
ko ist wahrscheinlich noch mehr Koriander aufgeführt.
Das angeblich semitische Wort ›Kümmel‹ ist leicht auszumachen,
denn die klassische Form ist unverändert. Kümmel ist in viel kleineren Mengen angegeben und wird in Pylos und Knossos nicht erwähnt.
Fenchel ist wiederum eindeutig. Das Wort unterscheidet sich von
einer der klassischen Formen nur durch ein zusätzliches *w*
(*marathwon*). Er gab zwar der Ebene von Marathon in Attika
den Namen, aber ich habe dort keinen Fenchel mehr gesehen.
In Mykene wird Fenchel mit *ma* abgekürzt, und dieses Zeichen
erscheint in Knossos auf einem Täfelchen, dessen Text vermutlich
mit einem Gewürz zu tun hat (Ga 953). Leider ist das Zeichen
ma dem Zeichen für ›Wolle‹ ganz ähnlich und eine Verwechslung
nicht ausgeschlossen. In Pylos taucht es noch einmal in einem
nicht nachprüfbaren Zusammenhang auf (Un 219).
Sesam ist heute in Griechenland überall in Gebrauch, denn aus

den gemahlenen Samenkörnern wird *halvá*, eine Süßigkeit, zubereitet. Auch ›Sesam‹ ist ein semitisches Wort.

Sellerie wurde ebenfalls eindeutig festgestellt. Da die Mengen gewogen werden, muß der Same gemeint sein. 2 Kilogramm sind angegeben.

Minze erscheint abgekürzt, so daß sich schwer sagen läßt, in welcher Form sie verwendet wurde.

Ein weiteres Gewürz waren die Samen der Gartenkresse, sie scheinen einmal erwähnt zu sein.

Einem Fehler bei der Entzifferung ist es dagegen wohl zuzuschreiben, daß wir das Wort für ›Poleiminze‹ gefunden zu haben glaubten. Es sollte daher gestrichen werden, obwohl diese Pflanze gut in unsere Aufzählung gepaßt hätte.

Mehrmals findet sich der griechische Ausdruck für ›wilden Safran‹, von dem es zwei Arten gibt, sowohl weißen, der nach dem Volumen gemessen wird, als auch roten, der gewogen wird. Man nutzte nämlich zwei Bestandteile der Pflanze, die hellen Samen und die roten Blümchen. Aus letzteren ließ sich ein Farbstoff gewinnen, daher der lateinische Name *Carthamus tinctorius*, aber nach antiken Zeugnissen gebrauchte man sie auch als Gewürz. Das aus den Samen gewonnene Öl fand ebenfalls in der Küche Verwendung.

Schwieriger wird es mit der Binse, denn es gibt eine ganze Reihe Pflanzen dieses Namens. Eine Notiz (MY Ge 602.5) lautet »beide Binsen«, so daß vermutlich auch die Mykener zwei Sorten kannten. Ein weiterer Beiname läßt sich nicht eindeutig erklären, am ehesten mag noch süße Binse oder Ingwergras gemeint sein.

Hier müssen wir noch die Namen einiger Pflanzen hinzufügen, die in den mykenischen Verzeichnissen fehlen. In Knossos und Pylos finden sich Hinweise auf einen noch heute in der Form *Cyperus* (›Zypergras‹) gebräuchlichen Pflanzennamen. Wir haben es allerdings mit einem umfassenden botanischen Terminus zu tun, unter den eine ganze Anzahl Gewächse fällt. Vielleicht ist der wohlriechende *Cyperus rotundus* gemeint, der zumindest in Pylos vor allem als Aromastoff für Duftöl dient.

Der Pflanzenname *ki-ta-no* galt als undeutbar, bis ein junger spanischer Kollege, J. L. Melena, auf einen antiken Lexikoneintrag hinwies, nach der *kritanos* ein anderer Name für die Terebinthe ist. Das mykenische Wort könnte dieselbe Bedeutung bei abweichender Schreibweise haben. Der Baum heißt genau genommen *Pistacia terebinthus*, doch der Name kann auch andere Mitglieder der Familie *Pistacia* einschließen. Eines davon, die *Pistacia vera*, liefert die Pistazie, eine noch heute in Griechenland überaus beliebte Nußart. Es wäre ohne weiteres denkbar, daß mit den enormen Mengen *ki-ta-no*, von denen die Knossos-Täfelchen sprechen, die ganzen Nüsse, nicht nur die eßbaren Kerne, gemeint sind.

Ein weiterer, nur in Knossos verzeichneter Posten kann schließlich als das griechische Wort *phoinikion* rekonstruiert werden, doch der Sinn ist schwer verständlich. Die eine Bedeutung von *phoinikion* wäre ›phönizisch‹, aber es fragt sich, ob die syrischen Phönizier, die später als abenteuernde Kaufleute bekannt waren, damals schon so hießen. Und welches Erzeugnis war es, das die Kreter nach ihnen benannten? Es kann unmöglich syrischer Import gewesen sein, denn nach den Verzeichnissen wurde es in bestimmten Gegenden Kretas angebaut. *phoinikion* wird auch für ›dunkelrot‹ verwendet, aber hier kommen wir ebenfalls nicht weiter. *phoinix* kann auch ›Palme‹ heißen und scheint in dieser Bedeutung bei der Beschreibung von Mobiliar verwendet zu sein (s. S. 197). Es wäre also denkbar, daß es sich bei dem Erzeugnis um Datteln handelt, aber obwohl Dattelpalmen in Kreta wachsen, werden die Früchte wegen des Klimas nicht reif. *phoinikion* ist und bleibt daher ein Rätsel.

Oliven

Die in Griechenland kultivierte Olive ist dort noch heute ein Haupterzeugnis der Landwirtschaft. Ihre Herkunft ist nicht bekannt, auf der Westpeloponnes fanden sich jedenfalls schon Olivenpollen aus dem 20. vorchristlichen Jahrhundert. Paläobotanische Untersuchungen ergaben zu unserer Überraschung, daß Olivenpollen nach dieser Zeit stark vermehrt auftraten und diese

Zunahme etwa im 10. Jahrhundert ihren Höhepunkt erreicht hatte. Es wurde viel diskutiert, wie das zu verstehen sei, doch darf man nicht übersehen, daß solche Analysen auf prozentualer Basis durchgeführt werden. Für die mykenische Zeit stellen wir eine wachsende Menge von Unkrautpollen fest, die von im Getreide auftretenden Unkrautsorten herrührt. Das Getreide selbst hinterläßt leider keine Spuren dieser Art. Vermutlich ist im Zuge des plötzlichen Bevölkerungsrückgangs nach dem 13. Jahrhundert auch die Fläche des jährlich bebauten Ackerlandes kleiner geworden, und diese Unkrautarten sind mit der allmählichen Rückkehr des natürlichen Pflanzenwuchses ausgestorben. Der Ölbaum ist dagegen sehr langlebig. Er verlangt wenig Arbeitsaufwand, außer für die kurze Zeit der Ernte, und so ist anzunehmen, daß die Olivenhaine bei einem Minimum an Pflege noch jahrhundertelang Früchte gebracht haben.

Der Hauptnachteil beim Olivenanbau ist, daß die Ernte jedes Jahr außerordentlich verschieden ausfällt, denn der einzelne Baum trägt nur jedes zweite Jahr reichlich. Es scheint außerdem, daß alle Bäume einer bestimmten Anbaugegend gemeinsam ihre fruchtbare oder unfruchtbare Phase haben. Andererseits lassen sich die Früchte ohne weiteres in Krügen aufbewahren, und das daraus gepreßte Öl hält sich gut. Man verwendet es zum Kochen, als Lampenöl und zur Körperpflege. Den Küchengebrauch halten wir für erwiesen, und Lampen lassen sich archäologisch nachweisen. Daß aber Olivenöl ein viel benutzter Toilettenartikel war, liegt daran, daß die Antike keine Seife kannte und man sich nach sportlichen Übungen den Körper einzuölen pflegte.

Auf den Knossos-Täfelchen sind zwei verschiedene Olivensorten angegeben, die neben dem Ideogramm für ›Olive‹ durch ihre Abkürzungen *a* und *ti* gekennzeichnet sind. Darin würde man gern die griechischen Wörter *agrios* für die wilde Olive und *tithasos* für die kultivierte sehen. Aber die Frucht des wilden Ölbaums ist von minimaler Qualität, so daß man sie kaum in großen Mengen geerntet haben kann. Die mit der Abkürzung *a* versehene Art stellt jedoch den größeren Anteil der Ernte. Auf jeden Fall müssen sich die Abkürzungen, was sie auch immer bedeuten, auf verschiedene

Olivensorten beziehen, oder doch auf Oliven, die in verschiedenen Stadien ihres Reifungsprozesses geerntet wurden. Die südkretische Gegend von Dawos, die große Getreidemengen hervorbringt, produziert auch etwa 9000 Liter Oliven, ungefähr 7000 Liter der Sorte *a* und 2000 Liter der Sorte *ti*. Oliven sind gelegentlich auch mit Feigen und Gerste zusammen aufgeführt, was wiederum bestätigt, daß sie zu den Nahrungsmitteln gehörten.

Feigen

Die Feige ist eine weitere beliebte griechische Frucht, die eine große Rolle in der mykenischen Ernährung spielt, wie aus zahlreichen Zeugnissen hervorgeht. Die Lebensmittelration einer pylischen Sklavin besteht zu gleichen Teilen aus Feigen und Weizen. Die Feigen wurden wahrscheinlich getrocknet und das ganze Jahr über verzehrt, denn die Rationen sind nach Monaten eingeteilt, und frische Feigen standen ja nur kurze Zeit zur Verfügung. In Knossos werden kleinere Mengen Feigen zusammen mit Gerste, Olivenöl und Wein ausgegeben und sind offenbar als religiöse Spende gedacht (Fs). Bei größeren Mengen, wie 7200 Litern, handelt es sich wohl um Feigenlieferungen an den Palast. Ein stark beschädigtes Täfelchen (Gv 862) spricht von 1770 Feigenbäumen, und ein Beamter aus Pylos, der mit *opisukos* bezeichnet scheint, trägt damit vielleicht den Titel eines ›Feigenaufsehers‹. Das Wort steht allerdings in einem Zusammenhang, der vermuten läßt, daß die Beschäftigung mit Feigen nicht sein einziges Amt war. Der offizielle Titel verbirgt ja allzu oft die wirklichen Aufgaben.

Wein

Die Rebe ist im Ägäischen Becken heimisch, aber es ist schwer zu sagen, wann sie kultiviert wurde, denn aufgrund der bisher bekannten botanischen Proben sind wilde und gezüchtete Sorten kaum zu unterscheiden. Der griechische Name, mykenisch *woinos*, gehört zu einer Reihe von Ausdrücken für ›Wein‹, die im Mittelmeerraum und Nahen Osten weit verbreitet sind. Auch *ampelos*, das Wort für ›Weinstock‹, wird für ein Lehnwort aus einer mittelmeerischen Sprache gehalten. Es ist für das Mykenische nicht direkt belegt, obwohl ein Personenname davon abzustammen scheint. Das Wort ›Wein‹ wird gewöhnlich mit einem Ideogramm bezeichnet, das einen Rebstock am hölzernen Spalier darstellen könnte (s. Abb. 27). Ein weiteres Wort der mykenischen Sprache für ›Rebstock‹ hätten wir nicht verstanden, wenn es sich nicht in einem alten Lexikon gefunden hätte. Das Täfelchen Gv 863 aus Knossos bezieht sich auf 104 Feigenbäume und 420 Weinstöcke.

Abb. 27. Das Ideogramm für Wein.

Für diese erscheint an anderer Stelle ein besonderes Ideogramm. Auch ein schadhaftes Pylos-Täfelchen (Er 880) gibt mindestens 1100 Reben an, und als nächste Notiz folgen wieder Feigenbäume.

Wein könnte ein Luxusartikel gewesen sein. Die üblichen Listen mit den Lebensmittelzuteilungen verzeichnen ihn nicht. Auf einer Urkunde aus Pylos (Gn 428) ist allerdings die Ausgabe von kleineren Mengen festgehalten. Den höchsten Anteil, 48 Liter, erhält eine einzelne Person, die natürlich auch der Vertreter einer Gruppe sein kann. Zwei anderen Gruppen werden nur je 9,6 Liter zugeteilt. Ein großes, zur Palastanlage von Áno Englianós gehörendes Gebäude, das stattliche Krüge enthielt, deuteten die Ausgräber als Weinlager, wohl zu Recht, denn die dabei gefundenen Siegelabdrücke tragen das Ideogramm für ›Wein‹ und eines davon die Bemerkung »mit Honigzusatz«.

Ein zerbrochenes Täfelchen aus Knossos (Gm 840) verzeichnet wahrscheinlich entweder Lagerbestände oder die Ergebnisse der letzten Weinernte. Es sind hohe Zahlen, die höchste um 4800 Liter, und alle vier Posten ergeben zusammen über 14 000 Liter. Diese reichlichen Vorräte werden durch den Weinausschank auf der Serie Fs nicht allzusehr reduziert worden sein, dort sprechen die Täfelchen von kleineren Mengen. Es ist anzunehmen, daß fast aller Wein in Knossos getrunken wurde. Auch heute noch liegt südlich von Knossos eines der Hauptweinbaugebiete der Insel.

Bienenzucht

In Griechenland sind Bienenstöcke ein gewohnter Anblick. Blau gestrichen, findet man sie häufig an unbebauten Bergabhängen, überall dort, wo Thymian und andere wilde Pflanzen Nektar liefern. Der Honig vom Hymettos ist zu Recht berühmt. Es wundert uns deshalb nicht, daß wir schon aus mykenischer Zeit Spuren von Bienenzucht haben. Die Bezeichnung ›Bienenhalter‹ kommt auf pylischen Urkunden (Serie Ea) vor, die Landanteile verzeichnen, und es heißt dazu, verschiedene Leute hätten Grundstücke von ihm gepachtet. Der Titel unterscheidet sich von der klassischen Ausdrucksweise, denn er leitet sich nicht von ›Biene‹, sondern von ›Honig‹ her. Zweifellos war aber der ›Bienenhalter‹ eine wichtige Persönlichkeit und vielleicht tatsächlich ein leitender Beamter bei der Honiggewinnung. Einen ähnlichen Aufgabenbereich muß ein weiterer Titel, der des *me-ri-da-ma-te*, umreißen, in dem sich das Wort für ›Honig‹ mit einem anderen, das vielleicht ›Vorsteher‹ oder ›Aufseher‹ bedeuten könnte, verbindet. Da allein fünf von diesen Beamten an einem Ort erwähnt sind, kann es sich wohl kaum um einen höheren Posten handeln.

Auf unseren Urkunden kommt Honig hauptsächlich in religiösem Zusammenhang vor. Serie Gg aus Knossos verzeichnet große Honiggefäße, die man verschiedenen Gottheiten als Weihgeschenk zugehen läßt, darunter Eleuthia in Amnisos (s. S. 135). Serie Fs, die ebenfalls mit dem Kultwesen in Verbindung steht, nennt kleinere Mengen von Gerste und Feigen, Öl, Mehl und Wein, aber auf der Rückseite vieler Täfelchen sind kleine Honigmengen eingetragen. Das Pylos-Täfelchen Un 718 bestätigt deutlich den religiösen Bezug, denn ein Honigquantum von 4,8 Litern gehört zu den Weihgeschenken des *E-ke-ra$_2$-wo* an Poseidon. Den mit Honig versetzten Wein aus Pylos hatten wir schon erwähnt (s. S. 169).

Tierhaltung

Das Pferd war wohl erst von den Protogriechen nach Griechenland mitgebracht worden. Wir müssen uns eine mehr dem Pony ähnelnde, kleinwüchsige Rasse vorstellen. Unser Wissen über mykenische Pferde stammt fast ausschließlich aus Urkunden, die Streitwagen verzeichnen (s. S. 219–227). Es ist nirgends überliefert, woher man diese Pferde bezog. Das Täfelchen Ca 895 (s. Abb. 28) aus Knossos führt Füllen, Stuten und Hengste auf, ferner Esel und Eselinnen mit ihren Jungtieren. Ein Mann aus Pylos besitzt verschiedene größere Grundstücke, eines davon »wegen des Pferdes« (Ea 59.5). Wir erfahren nicht, was Pferd und Grundstück miteinander zu tun haben, und können nur vermuten, daß dieser Mann ein Beamter war, dem die Pferdezucht oblag. Auch eine Ladung Zypergras ist für ein »Pferd« bestimmt (Fa 16), vielleicht ist eher Zyperwurzel gemeint, welche die Pferde bei Homer fressen. Es scheint unnötig, sich der Meinung L. R. Palmers anzuschließen, der »Pferd« hier für einen Götternamen hält.

Abb. 28. Knossos-Täfelchen Ca 895 mit Pferden, Eseln und Füllen.

In die Täfelchen sind nur wenige Ochsen eingetragen, aber ein zufälliger Hinweis aus Pylos auf 90 Ochsenherden kann uns schon eher zeigen, wie zahlreich sie vorhanden waren. Da der Ochse das einzige Haustier war, das zu schwerer Feldarbeit, wie dem Pflügen, taugte, dürfen wir vielleicht zu Recht annehmen, daß jede Gemeinde genügend Ochsen besaß, die aber nicht in den königlichen Archiven verzeichnet waren. Die Gesamtzahl dieser Tiere im Königreich Pylos läßt sich mit Hilfe einer Abgabe schätzen, die von den 16 Verwaltungsbezirken in Form von Ochsenhäuten verlangt wurde (Ma-Täfelchen). Der Palast forderte jährlich 234 solcher Häute, einen Tribut, der die Mindestmenge von 1200 Stück Vieh im ganzen Königreich voraussetzt. Die Zahl wird vermutlich noch größer gewesen sein, denn einige Häute mußten zur Lederherstellung in Privathand zurückbleiben.

Aus Knossos kennen wir Zugochsen und aus Pylos ›Joch-Leute‹ genannte Männer, die vermutlich die Treiber eines Ochsengespannes waren. Aber auf einer besonders interessanten Serie von Urkunden aus Knossos (Ch) finden sich die Namen einzelner Ochsentreiber und ihrer zwei Zugtiere. Hierbei ist nun höchst bemerkenswert, daß die Namen der Ochsen deutlich als griechische Wörter zu verstehen sind und ungefähr mit ›Buntscheck‹, ›Schwarzfuß‹, ›Schreihals‹ und ›Weißfuß‹ wiedergegeben werden können. Danach steht zweifelsfrei fest, daß der kleine kretische Bauer griechisch sprach, und obwohl sich auf den Knossos-Täfelchen viele Eigennamen finden, die offenbar nicht-griechisch sind, wie ja zu erwarten ist, wenn große Teile der minoischen Bevölkerung überlebt haben, beweisen uns doch die griechischen Namen der Ochsen, daß die Griechen in Kreta mehr als nur eine dünne aristokratische Oberschicht bildeten, die eine nicht-griechische Bauernschaft beherrschte.

In den späten fünfziger Jahren begann J. T. Killen (s. S. 37) als Student in Cambridge unter meiner Anleitung mit Forschungsarbeiten. Er hatte ein umfangreiches Thema angepackt, und mir fiel erst auf, welche wichtigen Ergebnisse sich dabei herausstellten, als er schon ziemlich weit gekommen war. Er schickte sich an, die große Anzahl Knossos-Täfelchen gründlich zu untersuchen, auf denen Schafe vorkommen. Es sind über 800 Täfelchen, aber jedes betrifft nur eine einzige Herde. Dennoch erweist sich schon bei flüchtigem Hinsehen, daß es im ganzen fast 100 000 Schafe gegeben haben muß.

Wir hatten seit langem bewiesen, daß Schafe als Widder und Mutterschafe gezählt wurden (s. Abb. 29), denn das Ideogramm für ›Schaf‹ ist gewöhnlich auch mit dem besonderen Zeichen für ›männlich‹ oder ›weiblich‹ versehen. Es beunruhigte uns allerdings sehr, daß die Herden überwiegend aus Widdern bestanden. Jeder Schafzüchter weiß, daß eine solche Herde in Wirklichkeit unsinnig wäre. Außerdem fand sich eine Anzahl Schafe einer anderen Sorte registriert, die wir uns nicht erklären konnten. Killens Verdienst ist es, des Rätsels Lösung gefunden zu haben, und er entdeckte damit zugleich eine der Hauptursachen für den Reichtum des mykenischen Königreichs Kreta.

Das Problem des Widderüberschusses läßt sich ganz einfach erklären, sobald man weiß, wie Schafzucht vor unserer Zeit betrieben wurde. Da Widder nur zu Zuchtzwecken dienten, brauchte man wenige. Aber um Wolle zu gewinnen, wurden die übrigen männlichen Tiere kastriert und bildeten als Hammel die Hauptmasse der Herden. Die mykenischen Schreiber hatten allerdings kein Extrazeichen für sie, sondern verwendeten auch für Hammel das Kennzeichen ›männlich‹. Ebenso verfuhren sie bei Stieren, die ›Arbeiter‹ genannt wurden und also Ochsen waren. Ein weiteres Mißverhältnis zwischen den Geschlechtern entsteht durch die Gewohnheit, männliche und weibliche Tiere als männliche zusammenzufassen. Ein solches Verfahren ist im englischen Sprachgebrauch häufig, indem man das Wort ›Männer‹ wie ›Menschen‹ gebraucht und auch Frauen damit meint. Wir waren jedoch nicht darauf vorbereitet, auch Ideogramme in diesem Sinn verwendet zu finden.

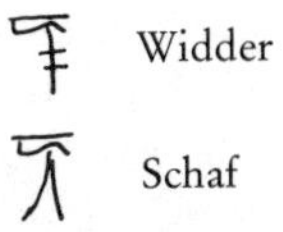

丰 Widder

㣺 Schaf

Abb. 29. Die Ideogramme für Schafe.

Auf dieser Basis fand Killen 1964 zu einer einleuchtenden Erklärung der Dokumente. Wenn nämlich der größte Teil der Wolle von Hammelherden stammt, braucht man, um Ersatz zu schaffen, Extraherden zur Schafaufzucht. Diese entdeckte Killen in Listen von Mutterschafen und Schafen, die mit der Abkürzung *ki* versehen sind. Was das nun immer bedeuten mag, die Anzahl der *ki*-Schafe und die Art, in der sie den Mutterschafen auf der Liste zugeordnet sind, spricht dafür, daß es sich um Lämmer handelt. Um mit Hammelherden ertragreich wirtschaften zu können, muß die zentrale Behörde jährlich erfahren, wie viele Tiere an der festgesetzten Herdengröße fehlen und wie alt die Tiere sind. Der Verwalter muß besonders darüber informiert sein, wie viele alte Schafe es gibt und wie groß die Zahl der Jungtiere vom vorigen oder laufenden Jahr ist. In den rätselhaften Abkürzungen hat Killen demnach Wörter gesehen, die ›alt‹ und ›jung‹ bedeuten, ›von diesem Jahr‹ und ›vom letzten Jahr‹. Wie alle überzeugenden Lösungen hört sich auch diese sehr einfach an, und doch bedurfte dieses Ergebnis einer äußerst gescheiten Schlußfolgerung.

In der umfangreichen Serie von Verzeichnissen, mit deren Hilfe die Verwaltung in Knossos den Überblick über die in ganz Zentralkreta weidenden Herden behielt, befindet sich auch eine Folge von Täfelchen über Schafe und Wolle. Wolle wird in besonderen Einheiten gemessen, die jeweils in drei Untereinheiten geteilt sind, ein für uns günstiger Umstand. Eine Untereinheit ist nämlich als Gewichtseinheit M angegeben, die ungefähr 1 Kilogramm wiegt. Eine Wolleinheit hat also ein Gewicht von rund 3 Kilogramm. Auf den Täfelchen ist sowohl das Wolle-Soll vermerkt, das die Herde zu erbringen hat, als auch der tatsächliche Wolle-Ertrag. Das Soll beträgt eine Einheit Wolle auf vier Schafe, d. h. etwa 750 Gramm Wolle pro Schaf, und stimmt vollkommen mit der Menge überein, die man im Mittelalter von Schafen erwartete, als die landwirtschaftlichen Voraussetzungen vergleichbar waren. Wolle lieferten auch die Herden von Zuchtschafen, deren Soll ganz anders angesetzt war und nur eine Einheit Wolle auf zehn Schafe betrug. Diese Menge paßt wahrscheinlich ganz gut zu den tatsächlichen Schurergebnissen, aber da die Lämmer im ersten Frühjahr noch keine Wolle haben, werden es eher fünf Mutterschafe gewesen sein, die eine Einheit Wolle geliefert haben. Man hat sorgfältig notiert, wenn die übersandte Wollmenge das vorgeschriebene Quantum unterschritt, ohne daß wir wüßten, welche Maßnahmen die Verwaltung ergriff, falls eine Herde ihr Soll nicht erreichte.

Die Täfelchen werfen noch eine andere Frage auf, die immer

noch nicht ganz beantwortet ist. Etwa zwei Drittel aller Täfelchen nennen nur den Namen des für die Herde Verantwortlichen, in dem man nicht vorschnell den ›Schäfer‹ im Sinn unserer heutigen Berufsbezeichnung sehen sollte, und den Verwaltungsbezirk, zu dem die Herde gehörte. Vermutlich weideten nicht alle Herden, die beispielsweise Phaistos gehörten, auch auf und um den Hügel, auf dem die Stadt lag. Der Verwaltungsbezirk Phaistos schloß ja wahrscheinlich auch einen größeren Teil der westlichen Messará-Ebene mit ein. Aber bei ungefähr einem Drittel der Täfelchen steht noch ein weiterer Vermerk in der Anfangszeile, der fast immer ein Männername im Genitiv ist. An derselben Stelle können auch Adjektive eingetragen sein, die anscheinend den Genitiv ersetzen.

Es wäre am einfachsten, in diesen Männern die verantwortlichen Beamten zu sehen, denen die Bewirtschaftung der Herde und das Einsammeln der Wolle obliegt. Dann würde aber der größere Teil der Herden keinem Regierungsbeamten unterstehen. Außerdem ist merkwürdig, daß die zum selben Namen gehörenden Herden weit über das Reich verstreut sind, anstatt in einem Bezirk zusammengefaßt zu sein. Die Forschungen von Killen haben nun gezeigt, daß die Herden ohne zusätzlichen Namen königlicher Besitz sein müssen, die übrigen dagegen gewissermaßen nicht dazu gehören. Der König muß aber ein besonderes Interesse an der Bewirtschaftung dieser Herden gehabt haben, sonst wären die Unterlagen nicht in den Palastarchiven aufbewahrt worden. Die überzeugendste Erklärung ist bisher, daß die Extranamen auf diesen Urkunden zu Persönlichkeiten gehören, vielleicht hohen Würdenträgern bei Hofe, denen der König eine Pfründe verschaffen mußte. Sie bestand darin, daß er ihnen die Nutznießung bestimmter Herden überschrieb. Wie wir sehen werden, betraf dieses private Zugeständnis nicht nur die Herden und die von ihnen gewonnene Wolle, sondern auch die Stoffe, die man daraus webte. Eine der durch diese Zuwendungen Begünstigten scheint zumindest die Göttin Potnia gewesen zu sein (s. S. 126), aber es ist noch völlig unklar, welchen Rang die wenigen anderen hatten, deren Namen wir in diesem Zusammenhang kennen.

Die Herdenverzeichnisse aus Pylos unterscheiden sich hiervon in mehrfacher Hinsicht. Am meisten fällt auf, daß die kleinen Täfelchen mit gleichartigen Erhebungen, von denen eines für jede Herde angelegt war, auf Tafeln mit bis zu 25 Herden übertragen wurden. Über die Aufzucht fehlen alle Einzelheiten. Nie kommt es vor, daß eine Herde wegen Überalterung aufgelöst wird, wie es manchmal in Knossos geschieht. Vor allem aber gibt es keine Wolle. Das kann nur bedeuten, daß die Frühlingsschafschur nicht stattgefunden hatte, die sonst in den April fällt. Unsere Listen geben also eher einen Abriß vom vorjährigen Zustand der Herden, über die Ereignisse des laufenden Jahres waren noch keine Nachrichten eingetroffen. Das würde auch zu unseren Forschungsergebnissen passen, nach denen Pylos im zeitigen Frühjahr zerstört wurde.

Es besteht kaum ein Zweifel darüber, daß der Norden der diesseitigen Provinz, besonders das Flußtal von Kiparissía, das Zentrum der Schafzucht war, desgleichen der Westen der messenischen Ebene in der jenseitigen Provinz. Diese Gegenden sind für Herden wie geschaffen, und wir nehmen an, daß die jenseitige Provinz die Schafe züchtete, die zum Auffüllen der Herden in der diesseitigen Provinz benötigt wurden. Sehr viel häufiger als in Knossos begegnet uns aber hier der Extravermerk, d. h. der zweite Personenname im Genitiv. Nur vier Männer werden in diesem Zusammenhang genannt: *We-da-ne-u*, *A-ko-so-ta*, *A-ke-o* und *A-pi-me-de*. Davon sind die ersten zwei wahrscheinlich hohe Beamte, der erste vielleicht sogar der *lāwāgetās* (s. S. 97). Die beiden anderen kennen wir weniger gut, aber der letzte ist ohne Zweifel ein Großgrundbesitzer. Es sind also wohl keinesfalls nur Beamte mit der Aufgabe der Verwaltung der Herden, sondern hochgestellte Personen, wie in Knossos, denen das Recht zur Nutzung der Wolle einiger königlicher Herden gewährt worden war.

Ziegen und Schafe erscheinen in Pylos auf derselben Täfelchenserie. Man hielt auch Ziegen in großen Herden und nutzte vermutlich Ziegenhaar ganz ähnlich wie Wolle, obwohl wir darüber nichts Schriftliches haben. Zum Vergleich sei gesagt, daß Griechenland in den fünfziger Jahren jährlich mehr als 2000 Tonnen Ziegenwolle produzierte.

Knossos hat sehr viel weniger Ziegen als Schafe, aber vereinzelt große Herden, eine davon mit 230 weiblichen Tieren (C 911.4). Es muß auch Herden zu Zuchtzwecken gegeben haben (Hinweise darauf z. B. auf C 7088). Ziegen sind auch auf den Täfelchen genannt, die Produkte der entfernteren Gegenden der Insel verzeichnen. Das interessanteste ist aber, daß vielleicht auf die in Kreta heimische Wildziege (*agrími*) Jagd gemacht wurde. Eine Reihe von Täfelchen (Mc) verzeichnet nämlich verschiedene kretische Orte, die Ziegen, Hörner und einen unbekannten Gegenstand abliefern. Die Ziegen werden nach *ra*-Ziegen, die vergleichsweise zahlreicher sind, und weiblichen Tieren unterschieden. *ra*-Ziegen

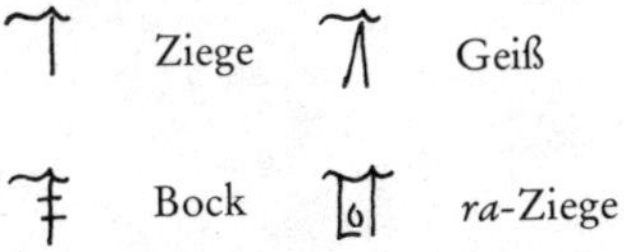

⋔	Ziege	⋔	Geiß
⋔	Bock	⋔	*ra*-Ziege

Abb. 30. Die Ideogramme für Ziegen.

könnte man also für männliche Tiere halten, da aber Ziegenböcke durch eine leichte Variierung des Ideogramms gekennzeichnet werden (s. Abb. 30), muß die Abkürzung etwas anderes bedeuten. Bei der Anpassung zweier Fragmente (C 7064) ergab sich das Wort *agria*, ›wild‹, das für Böcke und Ziegen zugleich gilt, offenbar kein Maskulinum, wie man hätte erwarten können. Hierauf folgt aber nicht das besondere Ideogramm mit der Abkürzung *ra*.

Die Fragen, die die Serie Mc aufwirft, bleiben unbeantwortet. Es ist möglich, daß hier Produkte registriert sind, die durch die Jagd auf Wildziegen gewonnen wurden, also Hörner und statt der ganzen Tiere vielleicht die Felle. Die sehr großen gebogenen Hörner sind oft 70 Zentimeter lang. Von jedem erlegten Tier, ob Bock oder Ziege, müßte man eigentlich zwei Hörner gewinnen. Aber wir zählen nie mehr, sondern meist sogar etwa 10 Prozent weniger Hörner als erlegte Tiere. Das kann nur teilweise dadurch zu erklären sein, daß einige Tiere schadhafte Hörner gehabt haben könnten oder die Hörner der weiblichen Tiere für diesen unbekannten Verwendungszweck untauglich gewesen wären. Es steht jedenfalls fest, daß jedes Tier zwei Hörner hat, aber wie wir die Sache auch immer betrachten, hier sind nur halb so viele vorhanden. Man könnte sich auch vorstellen, daß die Hörner eine Verwendung fanden, zu der jeweils nur das rechte oder das linke, wegen ihrer unterschiedlichen Krümmungen, gebraucht werden konnte.

Evans nahm an (1935, S. 832–836), daß das Material, das die Ziegen lieferten, zur Herstellung des zusammengesetzten Bogens diente, einer Waffe, die archäologisch einigermaßen nachgewiesen ist. Dabei werden Hornstreifen mit Lagen von Holz verleimt,

    Horn

    unbekannter
Gegenstand   *Abb. 31.* Produkte der kretischen Wildziege.

um dem Bogen größere Elastizität zu verleihen. Moderne Varianten kommen noch heute in Ägypten vor. Für diesen Zweck müßte das Horn der Wildziege sehr begehrt gewesen sein. Als dazugehörig erklärt Evans auch den unbekannten Gegenstand, von dem man nicht mehr weiß, als daß er durch ein rundes Ideogramm bezeichnet wird, das an der Seite eine Art abstehendes Ohr hat und nach Gewicht gemessen wird (s. Abb. 31). Das Gewicht in Kilogramm entspricht immer der halben Anzahl von Hörnern, ausgenommen auf einer Summierungstafel (Mc 4457), wo der Schreiber offenbar einen Fehler machte, indem er von der oberen Zeile die Ziffer 345 wiederholt hat, anstelle der 308, die hier richtig gewesen wäre. Da sie unmittelbar unter der Ziffer 208 steht, ist leicht einzusehen, warum der Schreiber das für einen Fehler hielt und so eine falsche Ziffer an dieser Stelle abschrieb. Evans vermutete in dem unbekannten Gegenstand die Eingeweide der Ziegen, aus denen Bogensehnen gemacht werden. So klug dieser Einfall ist, die einzelnen Posten auf den Täfelchen erklärt er keinesfalls hinlänglich. Wir wissen noch nicht, warum die Tiere selbst auf den Listen erscheinen, ob nun das erlegte Wild gemeint ist oder nur das Ziegenfell. Ein anderer sinnvoller Vorschlag stammt von Melena (1972), der in den Ziegenprodukten Material zur Herstellung von Wagenkästen sehen will, deren Böden aus einem Ledergeflecht bestanden, das die harten Räderstöße ein wenig abfangen sollte. Damit haben wir aber die seltsamen Zahlenangaben noch immer nicht verstanden, und dahinter einen fiskalischen Vorgang zu vermuten, wie es Olivier 1974 tat, wirft noch mehr Fragen auf.

Wie zu erwarten, hat man überall Schweine gehalten, allerdings nie sehr viele. In Knossos scheint es uns, als ob jedem Beamten aus einer bestimmten Gruppe ein Schwein eher zugeteilt als abverlangt würde. In Pylos sind neben Schafen und Ziegen auch kleine Schweineherden aufgeführt, und ein interessantes Verzeichnis handelt von *sialoi*, ›Mastferkeln‹, die anscheinend in verschiedenen Gegenden der diesseitigen Provinz gemästet wurden. Auch hier sind es nur wenige, im ganzen 25 Stück. Wir wissen ja, daß Schweine zu den Opfertieren gehörten (s. S. 132) und halten es für möglich, daß in diesen Aufstellungen die Ausgabe kleinerer Schweinezuteilungen an die örtlichen Beamten verzeichnet sind, die dann bestimmte religiöse Feiern abhalten konnten.

Tierische Produkte

Zur Ernährung gehörte auch Fleisch, bei den ärmeren Leuten allerdings, wie im späteren Griechenland, nur zu besonderen Gelegenheiten, etwa wenn geopfert wurde. Daß es Tieropfer gab, wissen wir aus den Opferlisten, die Opfertiere enthalten, außerdem besitzen wir die Darstellung eines zum Opfer gefesselten Kalbes auf dem Sarkophag von Hágia Triáda.

Die Milch von Kühen, Ziegen und Schafen wurde teils getrunken, teils zu Käse verarbeitet, den wir auch wieder unter den Opfergaben finden (PY Un 718). Über Ziegenhaar und Wolle ist schon gesprochen worden.

Die wichtigsten tierischen Produkte sind aber wohl Häute gewesen. Die Forderung von 234 Ochsenhäuten ist schon erwähnt worden, es scheint aber auch Schaffelle gegeben zu haben. Über ihren Gebrauch gibt eine lange Tafel aus Pylos (Ub 1318) einigen Aufschluß, auf der Häute einmal als *wrinos*, vielleicht ›Rohhaut‹, bezeichnet werden, ein anderes Mal als *diphthera*, also ›gegerbtes Leder‹. Bei *wrinos* wird nicht angegeben, um welche Art Tierhaut es sich handelt, wir glauben aber, daß nur Ochsenhäute gemeint sein können. ›Gegerbtes Leder‹ erscheint entweder ohne Herkunftsbezeichnung und dürfte dann Rindsleder sein oder mit verschiedenen Vermerken, die ›Ziege‹, ›Schwein‹ und ›Reh‹ bedeuten. Bei Rindsleder ist auch von rotem Leder die Rede, und in der Tat fand sich ein solches Stückchen in einem mykenischen Grab. Man verwendete es für Zaumzeug, Halfter und Pferdegeschirr zum Anspannen, aber auch für Packsättel, Gurte und Riemen. Schließlich wurde auch Fußbekleidung daraus gefertigt, die man mit einem Wort bezeichnete, das in klassischer Zeit die ›Sandale‹ war, hier aber wohl allgemeine Bedeutung hatte. Aus der ungegerbten Haut stellte man Schnürsenkel her und »Überzüge für drei Paar«, vielleicht Schuhe? Aus Knossos erfahren wir, daß daraus auch die Scheuklappen der Pferde bestanden. Ziegenleder verarbeiteten die Schuhmacher ebenfalls, Rehleder wäre für diesen Zweck allerdings zu weich gewesen. Über seine Verwendung gibt es nur Vermutungen. In Pylos wird gelegentlich Rotwild erwähnt, wahrscheinlich auf der Jagd erlegte Tiere. Das Wort ›Jäger‹, das im Griechischen eigentlich ›Hundetreiber‹ heißt, könnte dafür eine gewisse Bestätigung sein. Auf diesem Umweg stellen wir zwar fest, daß man Hunde hielt, aber der Katzenfreund wird enttäuscht sein: Bis heute fand sich keine Spur dieses unentbehrlichen Haustieres.

Achtes Kapitel
Handwerk, Handel und Industrie

Unter ›Industrie‹ fassen wir die verschiedenen Produktionszweige zusammen, die die mykenische Wirtschaft mit handwerklich gefertigten Gütern versorgten. Obwohl Zimmermanns- und Goldschmiedetätigkeit mit dem Wort ›Industrie‹ vielleicht allzu anspruchsvoll benannt sind, rechtfertigt doch die Organisationsweise mancher Produktionseinrichtungen voll und ganz die Bezeichnung ›industriell‹.

Bauwesen

Von den gewaltigen Mauern Mykenes ist jeder Besucher beeindruckt (s. Taf. 18). Teilweise wiederaufgebaut, stehen sie an manchen Stellen seit 3300 Jahren. Der Mauerring umfaßt mehr als 1100 Meter, und die mächtigen Steinblöcke erweckten bei den späteren Griechen begreiflicherweise die Vorstellung, daß Riesen diese Mauern erbaut hätten. Der Türsturz über dem Eingang zu dem großen Rundgrab, dem sogenannten Schatzhaus des Atreus (s. Taf. 16), wiegt ungefähr 100 Tonnen. Uns ist es ein Rätsel, wie man bei primitiver Ausrüstung und allein mit Hilfe von Zugtieren und Menschenkraft solch schwere Blöcke an ihren Platz befördern konnte. Eine ähnliche Leistung vollbrachten die Erbauer von Stonehenge in England um dieselbe Zeit. Bei mykenischen Grabbauten zeigt sich allerdings sehr viel mehr technisches Können. Im Schatzhaus des Atreus beträgt der Durchmesser der Kammer 14,5 Meter, die Höhe des Deckengewölbes 13,2 Meter. In der Tat hatten die Mykener das Prinzip des Bogens noch nicht entdeckt, sondern überbrückten jede Öffnung mit Monolithen oder überkragenden Steinlagen, bis die Lücke geschlossen werden konnte. Das hinderte sie nicht am Bau monumentaler Tore, wie des Löwentors in Mykene, oder von Brücken, auf denen Straßen über Schluchten geführt wurden. Die Reste einer solchen Brücke sind noch heute etwas unterhalb der Burg von Mykene sichtbar.

Wieviel Menschenkraft die Errichtung solcher Bauten verlangte, ist schwer abzuschätzen. An einer ummauerten Festung wie Mykene muß eine ganze Generation gebaut haben, wenn nicht ein unerschöpflicher Vorrat an menschlicher Arbeitskraft zur Verfügung stand. Nur an wenigen Orten finden sich Reste mykenischer Festungswerke. Außerhalb der Argolis haben sich auf der Akropolis in Athen mykenische Mauern erhalten, aber wegen der Zerstörungen und Neubauten aus späterer Zeit sind nicht einmal Vermutungen über das Ausmaß der dortigen mykenischen Burganlage möglich. Der vielleicht eindrucksvollste Einsatz von Menschenkraft bei einem Bauvorhaben muß in Gla in Böotien an der großen Umfassungsmauer stattgefunden haben. Mit einer Länge von 3 Kilometern umspannt sie ein Areal, das Menschen und Herden von weither aufnehmen konnte. Es gibt Spuren einer mykenischen Mauer über den Isthmus von Korinth, aber wir wissen nicht, ob sie fertig geworden ist. Der Palast von Pylos dagegen war zuletzt nicht ummauert, und es ist fraglich, ob er je zuvor Befestigungen hatte, jedenfalls keine mit Mykene oder Tiryns vergleichbaren. Auf Kreta sind Befestigungsanlagen seltsamerweise unbekannt.

Daher wundert es uns nicht, daß aus den Urkunden wenig über Bauhandwerk und Baumaterial hervorgeht. Von einem Täfelchen aus Pylos (An 35) kennen wir zwölf Maurer, wörtlich ›Mauer-Arbeiter‹, die für vier verschiedene Orte Bauaufträge haben, darunter für Pylos. Welche Bauten geplant waren, erfahren wir nicht. Aber es ist unwahrscheinlich, daß eine Handvoll Leute in letzter Minute Verteidigungsanlagen aufführen sollte, selbst wenn diese Maurer Bauführer waren, denen an Ort und Stelle ungelernte Arbeitskräfte zur Verfügung standen. Wenn dem in der Tat so gewesen wäre, sollte man auch erwarten, daß sich alle Bemühungen zunächst an einer Stelle konzentrierten und die Arbeit nicht an vier Orten zugleich begann. Wir nehmen also an, daß die Aufträge gewöhnlichen Bauvorhaben galten.

Einen ähnlichen Eindruck von normalem Haus- oder Palastbau gewinnen wir aus dem Täfelchen Vn 46 aus Pylos, das zweifellos eine Liste mit Baumaterial ist. Wegen der genauen Zahlenangaben wahrscheinlich nicht irgendeine, sondern vielleicht ein Verzeichnis von Bauhölzern, die für ein bestimmtes Vorhaben nötig waren. Es muß eine Art kleines Herrenhaus gewesen sein, vielleicht einer der für Mykene typischen Megaronbauten. Man muß sich vorstellen, daß die mykenischen Verzeichnisse ebenso viele technische Ausdrücke enthielten wie moderne Bauhölzerlisten, in denen von Pfetten, Sparren, Spindeln, Hängesäulen u. a. die Rede ist. Die Baumeister und Zimmerleute von damals wußten darüber selbstverständlich Bescheid. Wir haben es dagegen schwer mit Wörtern, die entweder nicht bis in klassische Zeit überdauerten oder, wenn ja, eine andere Bedeutung bekommen haben könnten.

Nach der unvollständig überlieferten Überschrift beginnt die Liste mit drei aufeinanderfolgenden Posten, in denen jedesmal das Wort *kapniās*, ›zum Kamin gehörig‹, vorkommt. Es sind 12 Balken, 4 Dachbalken und 6 Querbalken. Es ist eingewendet worden, daß ein Kamin wegen der Brandgefahr nicht aus Holz gebaut sein konnte. Aber das mykenische *megaron* hatte ja in der Mitte ein offenes Herdfeuer, und der Kamin war ein hölzerner Dachaufbau, durch den der Rauch in Tonröhren entwich. Wir wissen so genau Bescheid, weil Blegen aus zwei Herdstellen in Englianós Fragmente von grober Töpferware geborgen hatte. Als er sie seinem Restaurator übergab, fragte dieser verächtlich, ob denn solch plumpes Zeug die Mühe lohne. Blegen hieß ihn anfangen und das Ergebnis abwarten. Die Stücke wurden sorgfältig angepaßt und zusammengeklebt und erwiesen sich nicht etwa als ordinäre Kochtöpfe, wie der Restaurator befürchtet hatte, sondern es waren jeweils zwei zylindrische Röhren von 65 Zentimetern Durchmesser und 50 Zentimetern Länge. Durch eine komplizierte Balkenkonstruktion gehalten, hatten sie den Rauchabzug gebildet. Rekonstruktionszeichnungen zeigen eine Art Laterne auf dem Dach des Palastes, die den Schornsteinaufsatz zu halten hatte. Das hierfür benötigte Balkenwerk muß auf unserer Liste gemeint sein. Wenn wir genau wüßten, was die Fachausdrücke bedeuten, die ich mit verschiedenen Balkenarten übertragen habe, könnten wir sogar Vermutungen über das Baugefüge dieser Laterne wagen.

Die nächsten beiden Vermerke sind nicht zu verstehen, aber die Zahlenangaben von 81 und 40 deuten auf verhältnismäßig kleine Posten hin. Es folgen 23 oder mehr »Wandausstattungen«, an denen man herumrätseln kann, und 140 Holzzapfen oder Dübel. Diese wurden manchmal im kretischen Handwerk dazu benutzt, um schwere Stuckschichten an der Wand zu befestigen. Als nächstes sind 6 Balken aufgeführt, die als ›Türpfosten‹ bezeichnet werden. Hier könnten die Türstürze mit enthalten sein, so daß wir uns zwei Türen vorstellen dürfen. Wenn wir drei Türen annehmen, fehlt ein Posten mit der Zahlenangabe 3 für die Türstürze. Dann kommt eine Notiz über zwei unbekannte Gegenstände; könnten es vielleicht hölzerne Türschwellen sein? Drei weitere unleserliche Posten sind mit 10, 16 und 100 beziffert. Die Aufzählung schließt mit einem Pfeiler, dessen Verwendung nicht deutlich wird, zwei Dachbalken und einer Säule, und wir sind versucht, daraus eine kleine Vorhalle zusammenzusetzen. Dazu müßte der Pfeiler zwischen den zwei Türen an der inneren Wand gedacht werden und die Säule davor als Träger der beiden Dachbalken. Ein Architekt würde mir hier sicher Fehler nachweisen, aber ich bin zufrieden, wenn der Leser durch diesen Entwurf dazu angeregt wird, sich eine bessere Vorstellung vom Balkenwerk eines mykenischen Megaronhauses zu machen.

Metalle

Es waren fünf Metalle im Gebrauch: Gold, Silber, Blei, Kupfer und Zinn. Die beiden letzteren wurden normalerweise nicht rein verwendet, sondern mit bis zu 10 Prozent Zinn zu Bronze legiert. Eisen war nicht unbekannt, aber selten, und es lag am niedrigen Stand der Technik, daß die griechischen Eisenerzvorkommen in mykenischer Zeit nicht ausgebeutet wurden. Bronze wurde also überall dort verwendet, wo Metall gebraucht wurde, und lieferte die Schneiden für Waffen und Werkzeuge. In diesem Fall ist gute Bronze auch schlechtem Eisen vorzuziehen. Brauchbare Eisenwerkzeuge und Waffen waren erst dem technologischen Fortschritt zu danken, der nach dem Ende der Mykenerzeit in Griechenland erzielt wurde.

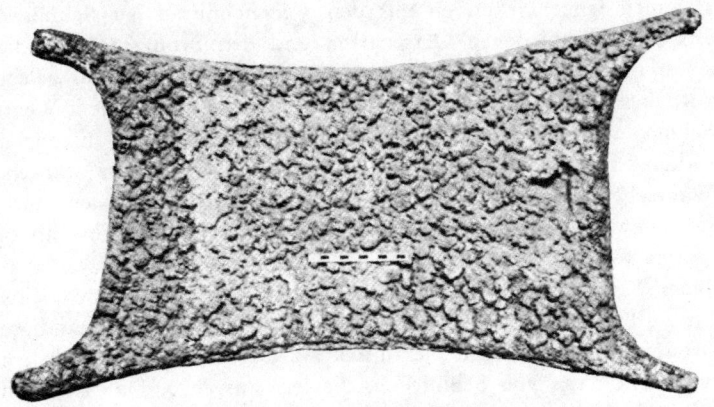

Abb. 32. Ein Kupferbarren aus Zypern.

Obwohl Bronze im mykenischen Griechenland eine so große Rolle spielt, muß sie immer ein verhältnismäßig seltenes und teures Material gewesen sein, denn soweit wir wissen, sind die dazu erforderlichen Metalle im Land nicht in ausreichender Menge vorhanden. Kupfer war aus Zypern leicht zu bekommen. Ein spätbronzezeitliches Wrack, das vor der türkischen Südküste gefunden wurde, gibt eine anschauliche Vorstellung davon, wie ganze Ladungen von Kupferbarren verschifft wurden. Dieses Schiff hat offenbar eine Schmiedewerkstatt an Bord gehabt, denn aus dem Wrack wurden Metallteile geborgen, die nur Abfälle gewesen sein können. Woher das Zinn kam, ist ein Rätsel. Eine mögliche Fundstelle wäre in der heutigen Tschechoslowakei anzunehmen, eine andere in Spanien oder sogar in England. Vielleicht gab es aber auch kleinere Vorkommen, die jetzt erschöpft sind, denn es wurden nur kleine Mengen benötigt. Daß Griechenland eine Metallindustrie entwickelt hat, könnte in der Tat mit seiner für den Import aus Ost und West günstigen Lage zusammenhängen.

Unser ganzes Wissen über die Bronzeindustrie stammt aus Pylos. Bronzeobjekte kennen wir auch von Täfelchen aus Knossos, aber über das Schmiedehandwerk gibt nur Pylos Auskunft. Von dort stammen lange Urkunden mit den Verzeichnissen der Schmiede aus den verschiedenen Ortschaften und den Bronzemengen, die sie erhalten hatten. Der Palast scheint großen Wert darauf gelegt zu haben, daß Metallieferungen streng kontrolliert wurden. Wenn Schmiede damit versorgt wurden, weil sie etwas daraus anfertigen sollten, mußte die Menge im Palast genau registriert werden. Wahrscheinlich wurden die fertigen Gegenstände sogar nach Empfang gewogen, damit man sicher sein konnte, daß nichts abgezweigt worden war.

Jedes Täfelchen dieser Serie (Jn) enthält einen Ortsnamen, eine Liste aller ansässigen Schmiede, die jedem einzelnen ausgehändigte Bronzemenge und einen Gesamtbetrag. Oft haben wir außerdem noch eine Liste von Schmieden, die leer ausgehen. Daher wissen wir, wie viele Schmiede es an jedem Ort gab und wie hoch die Zahl der unbeschäftigten war, deren Anteil etwa ein Drittel ausmachte. Die gelieferte Bronzemenge ist allerdings gering. Einer der Schmiede erhält immerhin 12 Kilogramm, aber 3–4 Kilogramm sind normal, und einige bekommen sogar nur 1,5 Kilogramm.

Eine weitere Urkunde gibt ein sehr hohes Bronzegewicht an, bei dem es sich um die Summe aller Bronzemengen handeln muß, deren Lieferung auf den verschiedenen Täfelchen verzeichnet ist. Der Unterschied zwischen diesen 1046 Kilogramm und der Bronze, die alle erhaltenen Täfelchen zusammen ergeben, zeigt, daß eine ganze Anzahl, wahrscheinlich ein Drittel aller Täfelchen, verloren ist. Zu den genannten Schmieden auf den noch vorhandenen Täfelchen müßte man also ungefähr ein Drittel hinzuzählen. Wir dürfen damit rechnen, daß es im Königreich etwa 400 Schmiede gab. Eine erstaunliche Zahl, wenn man bedenkt, daß nicht jedes Dorf seine Schmiedewerkstatt hatte. Die Schmiede saßen vielmehr in Gruppen bis zu 26 beisammen, einige davon im Dienst der Göttin Potnia (s. S. 127). Ihre Arbeitsplätze sind manchmal die größeren Städte, mit Ausnahme von Pylos, häufiger aber sind es Orte, von denen wir sonst wenig oder nichts erfahren. Das mag daran liegen, daß Gießereien in Gegenden mit reichlichen Vorräten an Brennmaterial angesiedelt werden mußten, womöglich auch an hochgelegenen, windigen Orten. Es ist einfacher, das Metall in die Nähe des Brennstoffes zu schaffen, als den Brennstoff in die Städte zu transportieren.

Ein Heer von 400 Schmieden müßte im Jahr viele Tonnen Schmiedewaren produziert haben, weit mehr, als das Königreich nach unserer Ansicht gebrauchen konnte. Bronze war ja nie ein billiges Metall, und man mag Ersatz dafür verwendet haben, wo es irgend ging. Es kann natürlich sein, daß die Handwerker damals nicht den ganzen Tag beruflich arbeiteten, sondern möglicherweise zu ihrem Unterhalt auch Land bebauten. Aber selbst unter diesen Umständen ist es unwahrscheinlich, daß eine so große Zahl allein für die heimischen Bedürfnisse notwendig war. Pylos könnte deshalb seinen Überschuß an Metallwaren exportiert haben, womit wir vielleicht eine einleuchtende Erklärung für einen Teil des pylischen Wohlstandes gefunden hätten. Wenn wir Export voraussetzen, müßte die pylische Wirtschaft vom Seehandel abhängig gewesen sein, da sowohl die beiden Rohstoffe als auch die fertigen Produkte auf dem Seeweg zu befördern waren. Jede Beeinträchtigung der Handelswege müßte deshalb schwere Konsequenzen für das Königreich gehabt haben.

Unsere Urkunden zeigen jedoch mit aller Deutlichkeit, daß Metall knapp war, anders wäre diese vorsichtige Bewirtschaftung kaum notwendig gewesen. Diesen Eindruck bestätigt eine weitere einzigartige Urkunde (Jn 829), in der es nicht um Lieferungen, sondern um Abgaben von Bronze geht. Zu Beginn wird in einer langen Formel zum Ausdruck gebracht, daß man es mit einem Verzeichnis von Abgaben zu tun hat, die von den örtlichen Statthaltern und ihren Vertretern zu leisten sind. Verlangt wird »Tempelbronze für Speerspitzen und Wurfspieße«. Der Zweck dieser Sammelaktion ist also die Beschaffung von Rohmaterial für die

Rüstungsindustrie, ein Beweis dafür, daß Pylos dabei war, seine Streitkräfte auszubauen. Die Doppeldeutigkeit des Dialektes bringt es mit sich, daß das mit ›Tempel‹ übersetzte Wort auch ›Schiff‹ heißen könnte, doch was sollte mit ›Schiffsbronze‹ gemeint sein, die binnenländischen Statthaltern auch wohl kaum zur Verfügung stand? Angenommen, ›Tempel‹ wäre richtig, müssen wir bedenken, daß die Mykener unseres Wissens normalerweise keine freistehenden Tempel bauten, sondern ihre religiösen Zeremonien in dafür vorgesehenen Palasträumen abhielten. Wir könnten folgerichtig ›Altar‹ statt ›Tempel‹ sagen. Von jedem Bezirksstatthalter und seinem Vertreter kann erwartet werden, daß sie in ihren Häusern einen solchen Altar besaßen. Es schickte sich nicht, den Göttern geweihte Gegenstände, die alt und unbrauchbar geworden waren, wie Abfall wegzuwerfen, sondern man bewahrte sie lange Zeit auf. Beim Neubau eines Tempels wurden dann oft die überflüssigen Weihgeschenke des alten in den Fundamenten des neuen Heiligtums vergraben. Aus solchen Hortfunden haben Archäologen reiche Schätze geborgen. Wahrscheinlich stammen die mykenischen Elfenbeine von Delos aus einer solchen Fundgrube. Zu den Altären müssen also vermutlich viele bronzene Gegenstände gehört haben, auch gebrauchte, abgenutzte, deren Ablieferung die Behörden notfalls verlangen konnten, um sie, obwohl sie geweiht waren, als Altmetall zu verwenden. Wieder scheint es uns, als ob ein Verhängnis über Pylos schwebte.

Eine Gruppe stark beschädigter Täfelchen aus Knossos (Oa 730, 733, 734) scheint eine Aufstellung von Bronzebarren zu sein, doch nur auf einem hat sich das Zeichen für ›Bronze‹ erhalten. Für 60 Barren sind etwa 1562 Kilogramm angegeben, d. h. durchschnittlich 26,03 Kilogramm pro Barren, ein Gewicht, das weitgehend mit dem übereinstimmt, das die von Archäologen gefundenen Barren aufwiesen (s. S. 140–143).

Bronze wurde für vieles verwendet. Sie eignet sich offenbar für Gefäße aller Art, ist billiger als Gold oder Silber und viel haltbarer als Töpferware. Nicht immer ist leicht zu sagen, woraus die auf den Täfelchen verzeichneten Gefäße gefertigt waren, denn das Wort oder Ideogramm für ›Bronze‹ wurde nur bei Verwechslungsgefahr hinzugesetzt. In einem Inventar von Gefäßen aus Pylos (Tn 996.4) unterscheidet man zwei ähnliche Becher daran, daß einem das Zeichen für ›Bronze‹, dem anderen das für ›Gold‹ hinzugefügt wurde (s. Abb. 33). Das soll aber nicht heißen, daß alle anderen Gefäße dieser Liste aus Ton waren. Sogar große Badewannen konnten aus Bronze sein, wie ein Siegelabdruck aus Knossos beweist (Ws 8497), der über einem rechteckigen Ornament das Zeichen für ›Bronze‹ zeigt und auf einer anderen Bildseite das Wort *asaminthos*, einen sehr alten Homerischen Namen für ›Bad‹. Auch bei den Gefäßen, die zu Beginn der sogenannten Hausgerätetäfelchen aus Pylos aufgezeichnet sind, können wir nicht mit Bestimmtheit sagen, woraus sie gemacht waren. Soweit wir die Beschreibungen entziffern können, beziehen sie sich auf

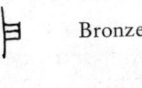

Bronze

Gold

Abb. 33. Die Ideogramme für Bronze und Gold.

den Gefäßschmuck, nicht auf das Material. Solche Sorgfalt beim Inventarisieren ist selbst dann erstaunlich, wenn es sich um sehr fein bemalte Keramik handeln würde; einen Schatz dieser Art aus Metallgefäßen wagen sich aber die Ausgräber nicht einmal zu erträumen.

Wir würden die Epitheta, die zur Beschreibung der Gefäße dienen, leichter verstehen, wenn wir wüßten, ob sie sich auf den Schmuck oder den Typ des Gefäßes beziehen. Eine Kanne (Ta 711.3) wird z. B. als »einer Königin gehörend, weiblich, mit Rinderkopf, mit Spiralmuster« bezeichnet. Sollten damit Frauen vor einer Königin (auf einem Thron?) gemeint sein und das Bild vielleicht von Bukranien und Spiralbändern eingefaßt gewesen sein? Die sechs großen Kessel auf Dreifußuntersätzen waren sicher aus Bronze und mit einer Ausnahme alle »kretische Arbeit«, was freilich nicht mehr bedeuten muß, als daß sie von kretischen Handwerkern gefertigt waren. Wir brauchen hier also keinen Import aus Kreta zu vermuten. Ein Kessel wird mit einem Wort bezeichnet, das man etwa als ›mit Ziegen‹ deuten könnte. Dazu wurde vorgeschlagen, dieser Ausdruck könnte vielleicht damit zusammenhängen, daß der Gefäßrand bei großen Kesseln an der Außenseite häufig mit kleinen Tierköpfen ornamentiert war. Oder waren die Ziegenköpfe vielleicht ein Henkelzierat? Von einem Dreifußuntersatz heißt es, »mit einem Bein«, von einem anderen, »mit abgebrannten Beinen«. Wir sehen, daß auch schadhafte Geräte noch immer kostbar genug waren, um sorgfältig inventarisiert zu werden. Sie können deshalb nicht bloß aus Ton gewesen sein. Einige als *dipas* bezeichnete Gefäße waren anscheinend keine Tassen, wie das klassische *depas* vermuten ließe, sondern größere Krüge. Das Wort hat also mit der Zeit seine Bedeutung geändert, obwohl auch noch Spuren des ehemaligen Wortsinns erhalten sind, wenn man nur danach sucht. Diese *dipas* gibt es in zwei Größen, mit drei oder vier Henkeln oder henkellos.

Völlig unklar ist, ob all die anderen hier aufgeführten Geräte (Ta 709) aus Bronze sind. Das Inventar enthält eine Harke, zwei Feuerzangen und zwei Kohlenbecken, aber solche Bronzegegenstände sind selten erhalten, denn sie waren keine angemessenen Grabbeigaben. Eine Anzahl Wörter ist überdies unverständlich oder in der Bedeutung umstritten.

Bronze wurde bekanntlich für Waffen und solche Gerätschaften verwendet, die eine Schneide benötigten; daß auch Rüstungen daraus gefertigt wurden, hatte man weniger erwartet. Nachdem jedoch in Dendrá der vollständig erhaltene Bronzepanzer entdeckt worden ist, darf es uns nicht wundern, daß auch auf den Täfelchen Bronze für Rüstungen genannt wird. Einzelheiten über Waffen und Rüstungen werden in Kapitel 9 (S. 212–230) besprochen. Bronze wurde auch für Beschläge an Wagenrädern verwendet, vermutlich dünne Bronzestreifen, die die Verbindung von Speichen und Felge verstärkten. Ein Paar Wagenräder erscheint einfach als »aus Bronze«, andere daneben sind »bronzebeschlagen«. Da ein ganz aus Bronze konstruiertes Rad schwer vorstellbar ist, muß wohl etwas anderes gemeint sein. Auch ein Täfelchen aus Knossos

(Sc 223) ist in dieser Hinsicht unklar. Es zeigt das Ideogramm für ›Bronze‹ unter dem Zeichen für ›Wagen‹.

Unter den archäologischen Funden sind gelegentlich auch Gegenstände aus Silber, das sonderbarerweise in den Urkunden nicht vorkommt. Eine Ausnahme bildet ein Paar Wagenräder, die »mit Silber beschlagen« sein sollen, eine ganz einmalige Verwendung dieses Materials, offensichtlich für ein Luxusfahrzeug. Bronzebeschlagene Räder sind uns schon begegnet. Da auf den Täfelchen sonst nirgends von Silber die Rede ist, könnte es vielleicht noch immer unentdeckt hinter einem Wort oder Ideogramm versteckt sein. Aber keines der unentschlüsselten Ideogramme scheint ein Metall zu sein, und das einzige Wort mit der möglichen Bedeutung ›Silber‹ wäre *pa-ra-ku*, das man mit keinem griechischen Wort in Verbindung bringen kann. *pa-ra-ku* ist ein Material, das für dekorative Einlegearbeiten verwendet wird. Dafür kommt Silber durchaus in Frage, aber eine andere Möglichkeit wäre etwa Niello, eine metallische Schmelzmasse, die wegen ihres schwarzen Glanzes gebraucht wird. Eine negative Feststellung darf aber getroffen werden: Silber ist kein Tauschmittel, in dem man Güterwerte festlegt. Es muß sehr selten gewesen sein.

Blei war dagegen bekannt und diente zum Gießen kleiner Figuren und anderer Dinge. Eine neuere Grabung in Theben erbrachte eine große Menge Bleiklümpchen, geschmolzene Gegenstände aus einem durch Feuer zerstörten Haus. In dem Wort *mo-ri-wo-do*, das einmal erscheint (KN Og 1527), könnte man unter großen Vorbehalten eine mykenische Form (*moliwdos*?) jenes Lehnwortes sehen, das ›Blei‹ heißt und im späteren Griechisch in verschiedenen Formen wie *molybdos, molibos* usw. auftritt.

Gold wird entweder mit dem Ideogramm bezeichnet (s. Abb. 33) oder durch das gebräuchliche griechische Wort *chrysos*. Hierbei ist interessant, daß wir es als semitisches Lehnwort kennen (ugaritisch *ḫrṣ*, assyrisch *ḫurāšu*). Es ist klar, daß noch eine Anzahl anderer Wörter des mykenischen Griechisch einer semitischen Sprache entlehnt ist. Man vergleiche etwa *lewōn*, ›Löwe‹, mit dem hebräischen *lābī'* und dem assyrischen *labbu* und die beiden Gewürznamen ›Kümmel‹ und ›Sesam‹. Daran wird deutlich, daß diese Entlehnungen nicht erst der Berührung mit den Phöniziern während der »orientalisierenden« Phase der Archaik zu danken sind, also dem 8. bis 7. Jahrhundert. Auch die Anzeichen für ein Sexagesimalsystem bei Maßen und Gewichten weisen in diese Richtung.

Aus Pylos besitzen wir eine lange, leider verstümmelte Liste mit Goldabgaben (Jo 438). Es müssen wohl Abgaben sein, denn während sonst bei Zuteilungen der Dativ verwendet wird, stehen hier die einzelnen Eintragungen im Nominativ. Nahezu die Hälfte ist außerdem mit einem Kontrollvermerk in Form eines Kreuzchens versehen, das vielleicht die schon erfolgte Zahlung bestätigen soll. Die Überschrift ist bis auf das letzte Wort, *koretēr*, ›Statthalter‹ (s. S. 99), verloren. Neun Eintragungen enthalten denselben Titel, zwei nennen einen *prokoretēr*, ›Vizestatthalter‹. Drei Personen haben den Rang eines *mo-ro-qa*, ›Eigner eines Landanteils‹, einer ist *guasileus*, ein ›Anführer‹. Wo ein Ortsname anstelle eines Personennamens oder Titels vorkommt, wie es in einigen Fällen geschieht, scheint damit ausgedrückt zu sein, daß der Ort durch seinen Statthalter vertreten ist. Manche der hier angegebenen Personennamen kennen wir schon aus anderen Urkunden. *Nedwātās* ist der Befehlshaber eines Gebietes im Norden, mutmaßlich ein Bezirksstatthalter. Es folgt *Echemēdēs*, der erste seiner Untergebenen aus den Küstenwachttafeln, der mit großer Wahrscheinlichkeit sein Stellvertreter war. Auch *Augewās* begegnet uns hier wieder, dem vom König das Amt des *da-mo-ko-ro* übertragen worden war. Ganz offensichtlich sind es also alles hohe Beamte unter den Landedelleuten, deren Abgaben die Liste enthält, es fehlen aber der König selbst und die Beamten seines Hauses. Die höchsten Abgaben entrichtet eine am Anfang der Liste eingetragene Persönlichkeit, von deren Namen sich nur noch ein Zeichen erhalten hat, das weder zu ›König‹ noch zu *lāwāgetās* oder ihren Namen *E-ke-ra$_2$-wo* und *Wedaneus* rekonstruiert werden kann.

Die Goldabgaben schwanken zwischen 1 Kilogramm und 62 Gramm, am häufigsten findet man 250 Gramm. Insgesamt ist von etwa 5 Kilogramm Gold die Rede, aber auch einschließlich der verlorenen Posten dürften es nicht mehr als 6 Kilogramm gewesen sein, also eine außerordentliche Menge des seltenen Metalls. Im Königreich selbst kann Gold nur in Spuren gefördert worden sein. Dieses Gold war also vermutlich importiert. Wie kam es, daß Beamte so viel davon besaßen, und unter welchen Umständen konnte der Palast dermaßen hohe Abgaben verlangen? Auf keinen Fall war Gold in solchem Überfluß vorhanden, daß es alljährlich in diesem Umfang eingezogen werden konnte. Folglich müssen wir es hier mit einer außerplanmäßigen Erhebung zu tun haben. Es wäre denkbar, daß die örtlichen Beamten goldenes Geschirr oder Goldschmuck besessen haben oder das Goldgerät in den ihrer Aufsicht unterstellten Altären und Tempeln fanden, wie auch die beschlagnahmte Bronze, von der schon die Rede war. Aber nur in außergewöhnlichen Situationen konnte ein solcher Zwangsbeitrag vertretbar gewesen sein.

Es sieht so aus, als ob dieses Dokument ein neuer Hinweis auf die Notlage wäre, in der sich Pylos zu dieser Zeit befand. Wozu die Erhebung diente, ist freilich nicht ganz klar. Bronze einzuziehen war wichtig für die Verfertigung von Waffen, Gold ist für militärische Zwecke wertlos, außer man benutzt es als Tauschmittel. Es könnte entweder zur Finanzierung einer Handelsgesandtschaft gedient haben, die Kriegsausrüstung oder Söldner von irgendwoher einkaufen sollte, oder sogar als eine Art Tributzahlung, mit der man sich von potentiellen Angreifern loskaufen wollte.

Daneben kommt Gold auch in der Beschreibung von Gefäßen und reich verziertem Mobiliar vor. In Knossos begegnet uns das Wort für ›Gold‹ auf einem leider unvollständig erhaltenen Täfelchen mit den Piktogrammen einer besonderen Gefäßart. Es müssen zwei sogenannte Stierkopfrhyta sein (s. Abb. 34 und Taf. 22), Spendegefäße in Form eines Stierkopfes, von denen wir aus Knossos und Mykene je ein silbernes Exemplar kennen. Sie hatten wahrscheinlich Hörner aus Holz, die mit Goldfolie überzogen waren, die unvollständig erhaltene Beschreibung erwähnt es ausdrücklich (*ke-ra-a*, ›Hörner‹). Gold kommt jedoch im verbliebenen Textteil nur in Verbindung mit einem Becher vor, der vom Typus der Váphio-Becher ist, der berühmten Goldbecher aus dem lakonischen Váphio. Das Wort davor ist unvollständig, könnte aber etwas ähnliches wie ›Überzug‹ heißen.

Auf einer Liste aus Pylos mit Gefäßen aller Art (Tn 996) steht das Zeichen für ›Gold‹ vor einem Piktogramm, das eine Art Schüssel darstellt, deren Bezeichnung nicht zu deuten ist (*po-ka-ta-ma*). Die Anzahl ist mit 1 angegeben, aber es folgt ein weiteres

Abb. 34. Knossos-Täfelchen K 872 mit zwei Stierkopfrhyta.

ähnliches Piktogramm mit dem Zeichen für ›Bronze‹ und der Zahlenangabe 3. Der Eintragung davor (vielleicht wieder ein Rhyton) könnte ebenfalls das Zeichen für ›Gold‹ vorangestellt gewesen sein. In der vorhergehenden Zeile sind 7 Bronzekannen aufgeführt, auf die vielleicht ein Posten von ähnlichen Kannen aus Gold folgte.

Eine große Anzahl Goldgefäße erscheint schließlich auf der besonders wichtigen Tafel mit Kultgaben (PY Tn 316, s. S. 122). Es sind nicht weniger als dreizehn Goldbecher, manche glatt, andere kunstvoll ausgearbeitet und mit Henkeln versehen. Im Palast, der

anscheinend gründlich geplündert worden war, bevor er ange-
zündet wurde, ist nicht das kleinste Stückchen Gold gefunden
worden. Eine ungeplünderte Tholos in Peristeriá, nördlich von
Kiparissía, barg jedoch mehrere Goldbecher, die heute im Museum
von Chóra sind. Die Verwendung von Gold in Einlegearbeiten
soll später behandelt werden (s. S. 197). Von Goldschmieden ist nur
einmal die Rede. Vier Vertreter dieses Handwerks sind unter
Töpfern, Bogenmachern und Sattlern auf einer bunt zusammen-
gewürfelten Liste von pylischen Gewerbetreibenden aufgeführt
(An 207).

Hausrat

Ein Verzeichnis wertvoller Gegenstände, das größtes Aufsehen
erregte, ist in einer Gruppe von Pylos-Tafeln erhalten, die als
»Hausgerätetafeln« bekannt geworden sind (Ta). Wir wissen
nicht genau, wozu diese Aufstellung diente, obwohl der Einlei-
tungssatz völlig klar ist. Er lautet folgendermaßen: »*Pu₂-ke-qi-ri*
sah, was nun folgt, als der König *Augewās* zum *da-mo-ko-ro* ernannte.« Mit *Pu₂-ke-qi-ri* ist ein Männername gemeint, mit *da-
mo-ko-ro* ein Titel. Wir erfahren also, daß die Liste das Ergebnis einer Inspektion ist, aber nicht, wo die besagten Gegenstände aufbewahrt wurden. Es kann sich nicht um die Ausstattung einer Zimmerflucht handeln, denn es fehlen z. B. die Betten.
L. R. Palmer übertrug das oben mit ›ernannte‹ wiedergegebene
Wort mit ›begrub‹, eine problematische, aber theoretisch mögliche
Lesart, und bezeichnete die Sammlung als den Inhalt einer Tholos,
die für eine weitere Bestattung nochmals geöffnet worden war.
Dagegen wurde sehr bald eingewendet, daß aus dem ganzen Bereich Pylos kein Grab bekannt sei, in dem alles Platz gehabt
hätte. Überdies enthält die Liste Dinge, die bisher noch in keinem
ungeplünderten mykenischen Grab gefunden worden sind. Höchstwahrscheinlich haben wir hier den Inhalt eines Lagerraums vor
uns, für den der Beamte verantwortlich war. Die überzähligen
Gegenstände und der schadhafte Zustand einiger Sachen, der

ausdrücklich hervorgehoben wird, lassen sich damit wohl am besten erklären.

Die Liste beginnt mit einer Reihe von Gefäßen verschiedener Art, die schon bei den Bronzegeräten besprochen wurden (s. S. 189), da sie wahrscheinlich aus diesem Material gefertigt sind. Dazwischen sind allerhand andere Dinge vermerkt, die wohl auch aus Bronze sind. Weiter geht es dann mit den Möbeln selbst, also Tischen, Stühlen und Hockern. Für ›Tische‹ scheint eindeutig eine Vorform des klassischen *trapeza* zu stehen, doch diese neue Form wird die Diskussion über die Etymologie dieses Wortes nicht beenden. Der zweite Teil des Wortes bezieht sich offensichtlich auf ›Füße‹, im ersten wollte man eine Kurzform der Zahl vier erkennen. Die Schwierigkeit liegt darin, daß Tische im Altertum häufiger drei als vier Beine hatten, denn ein dreibeiniger Tisch kann auf unebenem Boden besser stehen. Von dem Wort für ›Stuhl‹ stammt letzten Endes unser ›Thron‹ ab. Hier sind ohnehin keine gewöhnlichen Stühle, sondern königliche Ehrensitze beschrieben, wie wir an den kunstvollen Verzierungen sehen. Oft gehören Hocker dazu, die vielleicht nur Fußschemel waren; da es aber sehr viel mehr Hocker als Stühle gab, hat man wohl auch darauf gesessen.

Woraus die Möbel eigentlich gemacht waren, scheint gar nicht gesagt zu werden. Die Beamten hielten es offenbar für überflüssig, Holz als Material ausdrücklich anzugeben, vielleicht wußten sie auch nicht, was für Holz es war. Eine namentlich genannte Holzart ist *kutisos*, worunter die Griechen später eine Art Goldregen verstanden. Sie wurde für Verzierungen verwendet und heißt jetzt gelegentlich ›falsches Ebenholz‹. Auch von Buchsbaumholz ist die Rede. Im übrigen müssen sich die Materialbezeichnungen eher auf das schmückende Beiwerk beziehen als auf die Fertigungssubstanz, denn wir hören von Stein, Bleikristall und Elfenbein. Blegen fand bei seiner Grabung Fragmente von Tischplatten aus Marmor, sonst scheinen aber alle Wertsachen vor der Zerstörung entfernt worden zu sein. Ein Teil der Einrichtungsgegenstände wird als »golden« bezeichnet, doch wir wissen nicht, ob damit mehr als ein Überzug aus Goldfolie gemeint ist. Füße und Stützen, heißt es, seien »aus Elfenbein«.

In vielen Fällen ist die Beschreibung der Möbelornamente aber sehr genau, weil der Leser mit ihrer Hilfe den gewünschten Gegenstand herausfinden sollte. Ein bestimmter Ausdruck muß ›Einlegearbeit‹ bezeichnen, obwohl es kein späteres griechisches Wort dafür gibt. Meist wurde Elfenbein dazu verwendet, aber auch Gold, blaue Glaspaste (*kuanos*) und ein noch unbekanntes Material (*pa-ra-ke-we*), das Silber sein könnte (s. S. 191). Ein anderes, schwer erklärliches Wort ist *qe-qi-no-me-na*, anscheinend ›mit Figuren geschmückt‹, ob damit aber gemalte oder geschnitzte Figuren gemeint sind, läßt sich unmöglich sagen. Als Dekorationsmotive erscheinen menschliche Figuren, Helme, Bukranien, Kälber, Löwen, ein Pferd, ein Oktopus, Vögel und Muster, wie z. B. Spiralen. Von einem Hocker wird gesagt, daß er mit Mann, Pferd, Oktopus und einem *phoinix* in Elfenbeineinlegearbeit verziert sei (Ta 722.1), wobei das letzte Wort entweder ›Palme‹ oder ›Greif‹ heißen kann, ›Palme‹ wäre wahrscheinlicher. Es kommt zwar vor, wie der ältere Plinius glaubwürdig versichert, daß Oktopoden auf Bäume steigen, aber wir müssen uns hier wohl kein ganzes Bild vorstellen, auf dem ein Bursche das Pferd hält und der Oktopus auf die Palme klettert. Eher wären vier verschiedene Motive, auf die vier Seiten des Hockers verteilt, denkbar.

Die zyprischen Funde der letzten Zeit (Karageorghis, 1969) haben uns zu neuen Erkenntnissen über mykenische Möbel verholfen. Auf diesem abgelegenen Vorposten der griechischen Welt hielt man noch an mykenischen Traditionen fest, als sie in Griechenland schon längst vergessen waren. So fanden sich in Salamis Gräber aus dem 8. bis 7. Jahrhundert, in deren Dromoi der Wagen des Toten samt den erschlagenen Pferden bestattet war, ein mykenischer Brauch, den wir von einem Grab bei Marathon in Attika kennen. Eines dieser Gräber enthielt drei reichverzierte Throne oder Lehnsessel, die uns lebhaft an die Beschreibung aus Pylos erinnern. Obwohl sich das Holz aufgelöst hatte, konnte einer davon wiederhergestellt werden. Er war dicht mit dünnen Elfenbeinplättchen besetzt. Der zweite Thron war mit dünnen Silber- und Elfenbeinplättchen bedeckt, die in blauer Glaspaste eingelegt waren, Knöpfe aus vergoldetem Silber dienten als Zierat. Ein ähnlich

Abb. 35. Elfenbeinplatte aus Mykene.

prunkvoller Fußschemel lag in der Nähe. Einige der uns erhaltenen mykenischen Elfenbeine stammen wahrscheinlich von Möbeln dieser Art.

Nichtsdestoweniger werfen die Beschreibungen noch viele Fragen auf. Die Tische z. B. sind fast immer durch Ausdrücke spezifiziert, in denen wir ohne weiteres die Angaben »neun Fuß« und »sechs Fuß« erkennen. Andere Zahlenangaben kommen nicht vor. Wir können uns nun keinen Tisch mit neun Beinen vorstellen, außer er hätte drei Stützen, deren jede in dreifach gespaltenen Füssen endete. Dann hätte aber die Dreierstütze ihren Sinn verloren. Vielleicht haben aber die Mykener, wie die Griechen der Klassik, den Fuß als Längenmaß gekannt – in unseren Urkunden ist kein Längenmaß festzustellen. Unverständlich bleibt natürlich, warum es so viele neun Fuß lange Tische gegeben haben sollte und außer der zweiten Größe von sechs Fuß sonst kein anderes Tischformat vorhanden war. Andere Epitheta beziehen sich wahrscheinlich auf die Art des Tisches, wir können sie aber im einzelnen nicht verstehen.

Vom Wagenschmuck wird im nächsten Kapitel die Rede sein, doch sollte hier gesagt werden, daß dann einige schon bekannte Ausdrücke erneut auftreten, wie z. B. das Wort für ›Elfenbeineinlegearbeit‹.

Stoffe

Unser nächster Gegenstand, die Textilindustrie, ist durch zahlreiche, wenn auch nicht leicht zu interpretierende Urkunden belegt. Wollespinnen und Wolleweben waren im mykenischen Griechenland so selbstverständlich wie bei allen antiken Völkern. Aber unsere Urkunden haben nichts mit der Herstellung von gewöhnlicher Alltagskleidung zu tun. Die königlichen Archive offenbaren ein spezielles Interesse an diesem Produktionszweig. Deshalb müssen wir daraus schließen, daß diese Textilien nicht für den täglichen Bedarf gedacht waren, eher sind es Spezialanfertigungen für die Familie und den Haushalt des Königs gewesen oder, was sehr wahrscheinlich ist, für den Export bestimmte Artikel. Auf ägyptischen Denkmälern erscheinen mykenische Gesandte mit »Tributen«, wie prahlerisch gesagt wird, in Wirklichkeit wohl mit Geschenken, wie es Brauch war, und offerieren darunter auch Stoffbahnen. Wir glauben nicht, daß es sich dabei um gewöhnliches Tuch gehandelt hat, es muß kunstvoll gewebte Ware gewesen sein, die in Ägypten normalerweise nicht erhältlich war.

Die Interpretationsschwierigkeiten liegen hauptsächlich an den Fachtermini. Die Kunstfertigkeit, die die Herstellung von Luxusgütern dieser Art voraussetzte, wird wohl kaum die dunklen Jahrhunderte überdauert haben, die auf den mykenischen Zusammenbruch folgten, und wie zu erwarten, haben sich die speziellen Bezeichnungen nicht bis in klassische Zeit erhalten. Allmählich sehen wir aber auch hier klarer, hauptsächlich dank J. T. Killens neuen, gründlichen Forschungen. Ein weiteres Problem sind die äußerst lückenhaften Texte aus Knossos, auf die sich unsere Erkenntnisse über die Textilherstellung fast ausschließlich stützen, weil es aus Pylos zu diesem Thema nur wenige kurze Informationen gibt. Die Wolletafeln aus Mykene beweisen wenigstens, daß die Verhältnisse sehr ähnlich waren, denn dort wiederholen sich manche Ausdrücke.

An der Textilindustrie von Knossos ist auffallend, wie stark sie zentral kontrolliert wurde. Wenn die Wolle einer Schafherde aus dem Landkreis in Phaistos eingetroffen war, wurde die Menge im 50 Kilometer entfernten Knossos sorgfältig auf einem Tontäfelchen registriert. Dort steht auch, daß soundsoviel Wolle an »Frauen aus Phaistos« geliefert wurde, und bald darauf, daß der fertige Stoff in Empfang zu nehmen war. Die Wolle selbst wurde wohl nicht erst nach Knossos gebracht und dann nach Phaistos zurückgeschickt; aber alles, was mit ihr geschah, findet sich in Knossos peinlich genau vermerkt. Es muß ein vorzüglich funktionierendes Kuriersystem gegeben haben, das die zentrale Informationsspeicherung gewährleistete.

Für ein Buch dieser Art wäre eine ins einzelne gehende Darstellung der vielfältigen Textilproduktion technisch zu speziell. Killen beabsichtigt eine ausführlichere Diskussion im Rahmen einer späteren Publikation. Wir haben den Eindruck, daß bestimmte Städte auf bestimmte Erzeugnisse spezialisiert waren. An einigen Orten wurde der Stoff gewebt, an anderen das dazugehörige schmückende Beiwerk hergestellt. Die Frauen dieser verschiedenen Betriebe, die ihre Nahrungsration vom Palastmagazin bezogen, waren, wie wir daran sehen, keine freien Arbeiterinnen, sondern regelmäßig Beschäftigte, geradezu Sklavinnen, obwohl das Wort in seiner bei uns üblichen Bedeutung für die mykenische Gesellschaft nicht gebraucht werden sollte.

Über die erwerbstätige Bevölkerung erfährt man am meisten aus den schon erwähnten beiden pylischen Tafelserien (s. S. 107). Wir wollen nun die Berufsbezeichnungen zu bestimmen versuchen, die zur Kennzeichnung der einzelnen Frauengruppen verwendet werden. Der einzige Schlüssel dafür ist die rein etymologische Suche nach den dazugehörigen griechischen Wörtern. Eine Kontrollmöglichkeit besteht allein darin, daß anscheinend nur niedere Tätigkeiten auf zwei Bereichen, dem häuslichen und dem industriellen, angegeben sind. Zu den im Hause Beschäftigten zählen Frauen, die Korn mahlen, Badewärterinnen, Gesinde und ›Mädchen für alles‹, wie ich den Ausdruck *pa-wo-ke* interpretiert habe (Chadwick, *Minos* 8 1967). Es gibt noch eine interessante, anscheinend ›Lohnempfänger‹ genannte Gruppe, aber ob diese Frauen wirklich frei waren, muß bezweifelt werden, denn bei der Nahrungszuteilung scheinen sie wie alle anderen behandelt worden zu sein.

Im industriellen Bereich ist man ausschließlich mit Textilien beschäftigt. Zwei gebräuchliche Ausdrücke müssen ›Wollarbeiterinnen‹ und ›Leinenarbeiterinnen‹ bedeuten. Die Herstellung von Leinen soll später behandelt werden, hier gehen wir davon aus, daß alles nicht speziell gekennzeichnete Material wahrscheinlich Wolle war. Wir hören von Spinnerinnen, Wollkämmerinnen und Weberinnen, aber die Namen der meisten Gruppen stammen von einer besonderen Textilart oder einem bestimmten Artikel. Es ist z. B. von »Stirnbandmachern« die Rede, die auch sonst schon vorkamen, aber in Verbindung mit Pferden. Auch Menschen könnten wollene Haarbänder getragen haben, sie waren dann sicher bestickt oder anders verziert. Eine Textilart heißt *te-pa*, ein Wort, das mit keinem späteren griechischen verglichen werden kann, obwohl eine auffallende Ähnlichkeit zu *tapēs*, ›Teppich‹, besteht. Auffallend deshalb, weil Killen entdeckte, daß der *te-pa* eine beachtliche Wollmenge enthält und deswegen eine Art von flau-

schigem Vorleger gewesen sein muß. Einige Gruppen hatten sich
auf die Herstellung von *o-nu-ke* spezialisiert, was das griechische
Wort für ›Fingernägel‹ zu sein scheint, hier aber als technischer
Ausdruck für ein Stoffmuster verwendet wird. Andere bezeichnen sich als *a-ke-ti-ri-ja*, ein Wort, das auf verschiedene Weise
erklärt werden kann. Nach Darstellung von Killen müssen es
allerdings *askētriai* sein, was ›Fertigsteller‹ heißt, worunter Frauen
zu verstehen sind, die das gewebte Wolltuch in die endgültige
Fasson bringen. Die Serie enthält noch mehr solcher Ausdrücke,
zweifellos ebenfalls Berufsbezeichnungen, die wir aber noch nicht
entschlüsseln konnten.

In vielen Fällen sind die Aufgaben der Frauen überhaupt nicht
zu bestimmen, denn die Gruppen wurden nach ihrem Standort
oder der Herkunft benannt. Die Arbeiterinnen, die man von der
kleinasiatischen Küste geholt hatte (s. S. 109), waren möglicherweise in besonderen Fertigkeiten bewandert, so daß ein Beamter
schon bei Erwähnung der Gruppe gewußt haben mochte, welches
ihre Tätigkeit war, die uns natürlich unbekannt bleiben muß. Bei
der Untersuchung der Zahlenangaben dieser Tafelserie hat sich
zweierlei herausgestellt. Etwa zwei Drittel aller Frauen, im ganzen ungefähr 500, wohnen in Pylos selbst. Die übrigen leben an
anderen Orten in beiden Provinzen, wobei die Arbeiterinnen der
jenseitigen Provinz hauptsächlich in Leuktron zu Hause sind, das
wohl das Verwaltungszentrum dieser Gegend ist. Etwa ein Viertel aller Frauen, deren Beschäftigung wir feststellen konnten,
übt eine hauswirtschaftliche Tätigkeit aus, die anderen drei Viertel
verrichten industrielle Arbeit. Wenn wir das gleiche Verhältnis
auch für die Gruppen annehmen, deren Verwendung unsicher
bleibt, würde das bedeuten, daß zwischen 500 und 600 Frauen
über das ganze Königreich verteilt in der Textilproduktion gearbeitet haben.

Flachs

Auf einer umfangreichen Gruppe von Pylos-Tafeln ist ein Produkt aufgeführt, das mit dem Silbenzeichen *SA* bezeichnet wird. Wir wissen durch andere Beispiele, daß sich hinter diesen Abkürzungen nicht unbedingt griechische Wörter verbergen, sondern daß sie anscheinend aus Linear A stammen. *SA* gibt also sicherlich keinen Hinweis auf den griechischen Namen eines bestimmten Gegenstandes. Zum Glück ist auf einer der Urkunden (Nn 228), am Anfang einer Reihe von Eintragungen unter *SA*, eine Überschrift erhalten, die besagt, daß die genannten Gemeinden mit ihrer *linon*-Abgabe im Rückstand sind. Das griechische Wort *linon* bedeutet ›Flachs‹ und ›Leinen‹. Da unter den Sklavinnen einige als *lineiai*, ›Flachsarbeiterinnen‹, bezeichnet werden, muß natürlich auch das Rohmaterial vorkommen. Man hat daher in der Hauptgruppe dieser Tafeln (Na) die Produktionsverzeichnisse der Flachsanbaugebiete gesehen. Die Identifizierung von *SA* mit Flachs schien nichtsdestoweniger fragwürdig, bis sie sich durch meine Beobachtung bestätigte, daß auch in neuerer Zeit auf der Südwestpeloponnes reichlich Flachs angebaut wurde. Das griechische Gebiet mit dem meisten Flachsanbau zur Fasergewinnung war sogar fast identisch mit dem vom Palast in Englianós aus kontrollierten Königreich. Das kann kein Zufall sein, sondern muß mit besonders günstigen Wachstums- und Verarbeitungsbedingungen zusammenhängen. Die Westküste hat in der Tat die höchste Niederschlagsmenge Griechenlands und daher sehr viel mehr Gewässer, die das ganze Jahr über fließen. Der erste Schritt zum Aufbereiten der Faser, das »Rösten«, besteht nämlich darin, daß man die gebündelten Stengel in fließendes Wasser legt. Es würde uns daher nicht wundern, wenn hier Flachsanbau von der mykenischen Zeit bis heute betrieben worden wäre. Durch die Konkurrenz der Kunstfaser ist er in den letzten Jahren allerdings merklich zurückgegangen. Thukydides (4,26,8) bestätigt, daß es nicht weit von dieser Gegend Flachsanbau gab, denn er erwähnt Leinsamen, der mit Nahrungsmitteln bei den Spartanern auf der Insel Sphaktería eingeschmuggelt wurde. Auch mittelalterliche Verzeichnisse nennen Flachs als ein Erzeugnis der Gegend. Man darf also wohl davon ausgehen, daß *SA* richtig gedeutet wurde.

Auf das Zeichen *SA* folgen in Pylos Zahlen, die nicht erkennen lassen, auf welche Weise Flachs gemessen wurde. Einmal erscheint der Betrag von 100 Einheiten (Na 296), am häufigsten sind 30 Einheiten. Killen (1966) kam jedoch für Knossos zu dem Ergebnis, daß Flachs gewogen wurde, die Mengen sind hier allerdings geringer und übersteigen selten 3 Kilogramm. Es ist uns schon einmal begegnet, daß das Zeichen für einen bestimmten Gebrauchsartikel gleichzeitig eine Gewichtseinheit bedeuten kann. Das Zeichen für ›Wolle‹ z. B. zeigt zugleich eine Gewichtseinheit von 3 Kilogramm an (s. S. 174). Das ist im Fall von *SA* ausgeschlossen, denn es werden 3 und mehr Kilogramm ohne Angabe der größten Gewichtseinheit verzeichnet. Übrigens wären diese Mengen sehr gering, wenn sich die Verzeichnisse auf Rohmaterial beziehen sollten. Möglicherweise ist die mit *SA* angegebene Einheit daher die größte Gewichtseinheit, das Talent, so wie die Zeichen für ›Weizen‹ oder ›Gerste‹ die größte Trockenmaßeinheit mit einschließen. Als maximales Produktionsergebnis für ein einziges Dorf lassen sich danach ungefähr 3 Tonnen errechnen, das normale Ergebnis würde sich auf etwas weniger als 1 Tonne belaufen. Das sind durchaus mögliche Zahlen, wenn wir es hier mit Bündeln von gerösteten Fasern zu tun hätten. Die neueren Produktionszahlen der Peloponnes lagen bei über 300 Tonnen pro Jahr, das meiste davon aus der Gegend um Pylos.

Auf der Serie Na müssen die aus den aufgeführten Orten eingegangenen oder erwarteten Ergebnisse verzeichnet sein. Hierzu gehören etwa 100 Täfelchen oder Fragmente, so daß die Gruppe im ganzen wohl mindestens 80 Täfelchen enthalten hat. Es wundert uns, daß Veranlagung und Eintreibung nicht dezentralisiert sind, so daß nur die Daten der sechzehn Verwaltungsbezirke erfaßt wären. Es ist aber so, daß jedes Anbaugebiet gesondert behandelt wird. Wie bei den diversen landwirtschaftlichen Erzeugnissen auf den Täfelchen der Serie Ma sollte man auch hier annehmen, daß der jeweilige örtliche Statthalter für die Eintreibung verantwortlich war. Gelegentlich steht der Name eines Verwaltungsbezirks als Ortsname auf einem Flachstäfelchen. Dann ist wahrscheinlich nur das Gebiet gemeint, das die Siedlung selbst einnimmt, nicht der ganze Bezirk. Die meisten Ortsnamen sind nämlich sonst unbekannt. Die Täfelchen waren ursprünglich in zwei Körbe sortiert, denn wir besitzen zwei Täfelchen mit der Summenangabe (Ng), die die Namen der beiden Provinzen tragen, in die das Reich geteilt war. Es läßt sich aber nicht feststellen, in welchen Korb die einzelnen Ortsnamen gehört hatten, mit Ausnahme der wenigen, die wir durch andere Anhaltspunkte lokalisieren können. Bis zu welchem Teil die jeweiligen Urkunden erhalten sind, ist nicht abzuschätzen, da die Zahlenangabe des einen Summentäfelchens abgebrochen ist. Für die diesseitige Provinz, deren Unterlagen vollständig sind, beträgt die Summe 1239 Einheiten, etwa 37 Tonnen, wenn unsere oben aufgestellte Rechnung richtig ist, für die jenseitige Provinz ist sie kleiner. Als Minimum dürften 200 Einheiten gelten, aber der Zustand des Täfelchens erlaubt es auch, einen Betrag bis zu 899 Einheiten anzunehmen.

Die Täfelchen erscheinen grundsätzlich in zwei Varianten, nämlich eine Sorte mit einem Posten Flachs, die andere mit zwei oder mehreren. Beim einfacheren Typus steht meist ein Ortsname, gefolgt von *SA* und einer Zahl. Damit scheint ausgedrückt zu sein, daß der Ort seine Norm erfüllt hat. Manchmal sind kurze Bemerkungen hinzugefügt. Der andere Typus, der mehrere Posten enthält, ist im ganzen wie der einfachere angelegt, hat aber zusätzlich einen Vermerk, der besagt, daß soundso viele Einheiten Flachs »frei« oder »nicht übergeben« seien. Das müssen Ermäßigungen sein, die auf den ursprünglich festgesetzten Betrag gewährt wurden. Bezeichnenderweise ergibt es fast immer eine runde Zahl, wenn man Ermäßigung und ersten Posten addiert, woraus wir entnehmen, daß der erste Posten verzeichnet, was tatsächlich an Flachs abgeliefert wurde, nicht, was als abzuliefernde Menge festgesetzt war. Nicht ganz verständlich ist, daß die Ermäßigungen in zwei verschiedenen sprachlichen Wendungen ausgedrückt sind, denn die Summentäfelchen führen nur den einen zusätzlichen Vermerk auf, »nicht übergeben«. Die beiden Wendungen sind keineswegs darauf zurückzuführen, daß ein Unterschied zwischen einem Beitragsversäumnis und der Rabattgewährung gemacht wurde, wie man aus Beispielen schließen könnte, wo beide Wendungen mit verschiedenen *SA*-Angaben vorkommen (Na 185). Es gibt nämlich durchaus Fälle, in denen beide zusammen verwendet sind: »und so viel bringen die Schiffbauer nicht auf, *E-sa-re-u ke-po-da* [Name und Titel eines Mannes?] machte es frei: *SA* 50« (Na 568). Der Unterschied war offenbar so gering, daß man ihn beim Addieren der ausstehenden Beiträge nicht beachten mußte.

Das letzte Beispiel zeigt, daß die Rabatte nicht der ganzen Gemeinde, sondern bestimmten Gruppen gewährt wurden. In diesem Zusammenhang sind auch Bronzeschmiede, Jäger und Pflanzer erwähnt. Bronzeschmiede und Schiffbauer könnten den Rabatt zur Belebung der Rüstungsindustrie erhalten haben. Wir haben ja schon gehört, daß Bronzeabfälle für die Verfertigung von Waffen gesammelt wurden. In drei Fällen verursacht das Fehlen der Null im mykenischen Zahlensystem einige Verwirrung, denn der ganze veranlagte Betrag wird durch den Rabatt aufgehoben. Dabei ist ein Täfelchen besonders interessant (Na 334), auf dem »es gehört dem König« steht. Königliche Besitzansprüche können aber nicht der einzige Grund für die Gewährung einer Ermäßigung sein, denn es gibt andere Orte, für die ähnliche Besitzverhältnisse angegeben sind, die keinen Nachlaß erhalten.

Auf diesen Täfelchen werden mehrere Besitzer genannt. Ihre Namen sind dieselben, die auch für die Späher bei der Küstenwacht gebraucht werden (s. S. 235). Das hatte vor der Entschlüsselung der Flachstäfelchen die merkwürdigsten Ideen zur Folge. Palmer vermutete beispielsweise (1963, S. 312), ›Flachs‹ sei eigentlich Leinsamen, der in Notlagen als Nahrungsmittelration zur Verteilung kam. Die Gedankenverbindung beruhte auf der Annahme, daß die Anzahl der Flachseinheiten gleich jener der Männer wäre, die in den Küstenwachtkommandos zu denselben Aufgaben bestimmt waren. Heute wissen wir, daß diese Übereinstimmung entweder trügerisch oder zufällig ist, denn in beiden Serien ist die 30 eine Zahl, die häufig erscheint (Chadwick, 1973, S. 470). Die fremdartig anmutenden Namen halte ich jetzt eher für Namen von Stammesgruppen, die wahrscheinlich nicht-griechischer Abkunft waren und einige der flachserzeugenden Dörfer bewohnten. In Notfällen wurden sie vorwiegend zu waffenlosen Diensten herangezogen. Einem dieser Volksstämme soll interessanterweise der bedeutende Bezirkshauptort Charadrō gehören, vielleicht das heutige Phinikoús. Er versorgt auch die Küstenwacht der angrenzenden Gegend mit Nachschub (Na 543, An 661.4–6). Das beweist aber keinerlei direkte Beziehung zwischen den beiden Urkundenserien.

Eine gewisse Schwierigkeit liegt darin, daß wir Flachstäfelchen in einem Archiv finden, dessen übrige Aufzeichnungen aus den ersten Monaten eines Jahres zu stammen scheinen. Flachs wird ja eigentlich im Herbst geerntet. Die flachsbauenden Dörfer könnten aber die Aufgabe gehabt haben, nach der Ernte die Faser zu rösten, wozu mindestens ein Monat nötig gewesen wäre. Selbst in Messenien ist Wasser nicht so reichlich vorhanden, daß man allen Flachs zugleich rösten konnte. Es ist also durchaus möglich, daß das nächste Frühjahr herankam, bevor die Faser gesammelt und in die Produktionszentren geschafft war. Die geröstete und getrocknete Faser hält sich ja gut. Aus Pylos und einer anderen Stadt der diesseitigen Provinz hören wir von Frauengruppen, die ›Flachsarbeiterinnen‹ genannt werden, die meisten scheint es aber in Leuktron, dem Hauptort der jenseitigen Provinz, gegeben zu haben. Dort sind mindestens 28 nachweisbar, dazu noch zwei Gruppen von unbestimmter Größe. Es ist wahrscheinlich Zufall, daß in der diesseitigen Provinz weniger Frauen zu diesem Berufsstand gezählt werden, obwohl dort eigentlich mehr Flachs produziert wurde.

Über Leinenerzeugnisse haben wir keinerlei Unterlagen aus Pylos. Leinen müßte für Segel, Tauwerk und Kleidung nötig gewesen sein. Es spricht einiges dafür, daß Leinen auch bei der Herstellung von Panzern verwendet wurde (s. S. 213).

Handel

Produktion und Verbrauch müssen sich die Waage halten. Das gilt sowohl für landwirtschaftliche als auch industrielle Erzeugnisse, und jeder Überschuß sollte exportiert werden. Bei der Dürftigkeit unserer Urkunden ist es schwer zu sagen, wie groß der eigene Verbrauch in diesem Wirtschaftssystem gewesen sein mag, aber man darf wohl annehmen, daß die Produktionskapazität der pylischen Bronzeindustrie mit ihren 400 Arbeitern weit über den Bedarf der dortigen Bewohner hinausging. Auch die Leinenerzeugung könnte die heimische Nachfrage um einiges überstiegen haben, denn gewiß verlangten auch andere Gegenden Griechenlands nach pylischen Produkten, wenn die Umgebung von Pylos zu Anbau und Verarbeitung von Flachs am besten geeignet war. Auch die Landwirtschaft von Knossos könnte Überschüsse erzielt haben. Manche Gewürze sind in sehr großen Mengen verzeichnet, von denen vielleicht ein Teil exportiert wurde. In der folgenden Zeit scheint es auf dem Festland in Kreta hergestellte Bügelkannen gegeben zu haben, die einen Exportartikel, wahrscheinlich Olivenöl, enthielten. Während der mykenischen Zeit gelangten in Griechenland hergestellte Gefäße bis nach Süditalien, in die Levante und nach Ägypten. Auch ohne genaue Daten angeben zu können, dürfen wir also annehmen, daß die mykenischen Königreiche Überschüsse für den Export produzierten.

Auf der anderen Seite wäre hervorzuheben, daß mykenische Paläste auch Dinge enthielten, die zweifellos importiert waren. Das Elfenbein der Grabungsfunde wie das in den Urkunden erwähnte war offensichtlich ausländischer, wahrscheinlich syrischer Herkunft. Gold dürfte in sehr geringen Mengen in griechischen Minen gefördert worden sein. Das wenige, das bei Grabungen gefunden wurde, kann nur einen kleinen Teil des Metalls ausmachen, das damals in Gebrauch war, und die Urkunden bestätigen uns, daß Gold in den Palästen nichts Ungewöhnliches war. Es stammte wahrscheinlich, wenigstens teilweise, aus dem Ausland. Auch andere Luxusgüter sind zweifellos importiert worden, so daß eine Art Auslandshandel bestanden haben muß.

Eine Handel treibende Bevölkerungsschicht ist schon oft vermutet worden. Das erste Haus, das Wace außerhalb der Mauern von Mykene ausgrub, nannte er »das Haus des Ölhändlers«, mit Sicherheit ein Gebäude, das der Zubereitung und Aufbewahrung von Olivenöl diente. Einige Funde lassen vermuten, daß in einem oberen Stockwerk eine Wohnung eingerichtet war. Zwei gewichtige Gründe sprechen aber gegen das Vorhandensein eines Kaufmannsstandes. Auf keinem der bisher bekannten Linear-B-Täfelchen sind Kaufleute oder kaufmännische Tätigkeit erwähnt. Wenn aber der Kaufmannsstand eine einflußreiche Bevölkerungsgruppe gewesen wäre, müßten wir begreiflicherweise einen Hinweis auf seine Existenz haben. In den Palastarchiven des Vorderen Orients ist häufig von ihm die Rede, denn er bedeutet eine unschätzbare Einnahmequelle. Der zweite Einwand ist der, daß ein Handelssystem nur dann reibungslos funktionieren kann, wenn es eine Art Währung gibt. In einer nicht-monetären Wirtschaft kann Handel natürlich in Form von Tauschgeschäften betrieben werden, allerdings eine schwerfällige Methode, bei der nur solche Partner tauschen können, die jeweils das suchen, was der andere anbietet. Daher findet man gewöhnlich bestimmte Güter, oft Gold oder Silber, als Standardmaß verwendet und den Preis einer Ware durch ein bestimmtes Quantum Edelmetall ausgedrückt. Auch andere Gegenstände können als Tauschmittel dienen: Homer kennzeichnet den Wert von Panzern, indem er ihren Gegenwert in Ochsen angibt. Doch trotz aller Forschungsarbeit, die schon geleistet wurde, müßten die mykenischen Urkunden den eindeutigen Beweis für eine solche Währung noch liefern.

Das stark verstümmelte Fragment Un 1322 aus Pylos könnte einen kaufmännischen Text enthalten. Hier tritt das Wort *o-no* auf, das in solchem Zusammenhang vorzukommen scheint, aber die Identifizierung ist schwierig. Es gibt zwar das griechische Wort *ōnos* mit der Bedeutung ›Preis‹, doch sollte man dafür aufgrund von Sprachvergleichen als mykenische Form *wōnos* erwarten. Immerhin kann auch die Zuordnung ähnlicher Wörter aus verwandten Sprachen hier ein Fehler sein. Der Text nimmt Bezug auf ein *o-no* aus Weizen und Feigen, aus denen sich im allgemeinen der pylische Standardverpflegungssatz zusammensetzt, für einen Netzemacher und einen Weber. Es folgen, wie es scheint, zwei Posten feines Tuch, darauf ein Zeichen, das vielleicht eine Stoffart angibt, und gleich dahinter die Angabe einer Weizenmenge, deren Bedeutung hier rätselhaft ist, wenn der Weizen nicht eine Art Maß für den Wert der Textilien sein soll. Es ist bedauerlich, daß fast alle Lesarten dieses Täfelchens, das offenbar ein Unikum ist, unsicher sind.

Wir sind jedoch im Besitz anderer Texte, die den Ausdruck *o-no* enthalten und auch wieder den Eindruck vermitteln, daß eine Art Tauschgeschäft verzeichnet ist. Zweimal erscheint der Ausdruck *tu-ru-pte-ri-ja o-no* (PY An 35.5, Un 443.1), dessen erstes Wort wahrscheinlich *struptēriās*, ›aus Alaun‹, bedeutet (klassisch *stypt-*, vgl. englisch *styptic*). Alaun wurde nach Griechenland importiert und kam hauptsächlich aus Zypern. Man benutzte es vor allem als Beizmittel in der Färberei. Beide Male folgt auf das Wort ›Alaun‹ eine Warenliste, die einmal aus 6 Kilogramm Wolle, 4 Ziegen, 3 Stück Textilien, 288 Litern Wein und 384 Litern Feigen besteht, im anderen Fall aus 30 Kilogramm Wolle und 10 Stück Textilien. In diesen Gütern darf man wohl zu Recht den »Preis« sehen, der für das Alaun zu zahlen war. Das Wort *o-no* wird in ähnlicher Weise gelegentlich auch in Knossos und Mykene gebraucht, die Ware ist dann entweder Olivenöl oder Wolle. Interessant ist die Entdeckung, daß auf drei Knossos-Tafeln (Fh 347, 361, 372) für die an der Transaktion beteiligte Person derselbe Name angegeben ist wie auf einem der Beispiele aus Pylos (Un 443.1). Derselbe Mann kann eigentlich nicht gemeint sein, und es würde wie zufällige Übereinstimmung aussehen, wenn der fragliche Name nicht *Kuprios*, ›der Zypriote‹, wäre. Sollte das nicht anstelle eines Eigennamens vielleicht eher ›der Mann aus Zypern‹ sein? Wir besäßen dann den urkundlichen Beweis für mykenischen Handel mit Zypern, der archäologisch längst bezeugt ist. Alaun und Kupfer wurden ja, wie schon erwähnt, aus Zypern eingeführt.

Auch aus Vergleichen mit den Königreichen des Vorderen Orients geht hervor, daß der Handel in einer nicht-monetären Gesell-

schaft im allgemeinen Staatsmonopol war. Für die Könige von
Pylos oder Knossos muß es ein leichtes gewesen sein, ein Schiff,
beladen mit kostbaren Erzeugnissen, wie Metallgegenständen,
Schmuck, Textilien oder Salböl, auszurüsten, damit es dafür auf
seiner Reise Gold, Elfenbein und ähnliche Luxusgüter einhan-
delte. Dazu wird man Beamte benötigt haben, die sich um diesen
Wirtschaftszweig zu kümmern hatten und deren Kontore sich für
den Archäologen wahrscheinlich nicht im geringsten von Kauf-
mannskontoren unterscheiden, die auf eigene Rechnung betrieben
wurden. Aber man kann sich nur schwer vorstellen, daß in einem
so stark kontrollierten Verwaltungssystem ein Privatmann unabhängig Handel treiben konnte. Es ist nicht auszuschließen, daß
es in den mykenischen Städten eine Art Markt gegeben hat, auf
dem überschüssige Agrarerzeugnisse getauscht wurden, aber die
Existenz eines regelrechten Kaufmannsstandes ist sehr fraglich,
solange keine urkundlichen Zeugnisse auftauchen, die sie uns
bestätigen.

Neuntes Kapitel
Waffen und Krieg

Die Auffindung der mykenischen Archive erweckte zunächst die kühnsten Hoffnungen. Man erwartete sozusagen, eines Tages auf die Musterliste der Schiffe in Aulis zu stoßen, die am Unternehmen gegen Troja beteiligt waren, oder gar auf den Operationsbefehl für den Angriff der Sieben gegen Theben. Es wäre mehr als verwunderlich, wenn dergleichen, auf Ton geschrieben, überdauert hätte, denn unsere Täfelchen enthalten ja nichts anderes als alltägliche Buchführung während einer kurzen Zeitspanne vor der Zerstörung der Paläste. Einzig in Pylos gibt es Hinweise, die meiner Meinung nach mit dem bevorstehenden Unheil in Verbindung gebracht werden können.

Die minoische Gesellschaft scheint verhältnismäßig friedlich gelebt zu haben. Kriegerische Szenen sind in der Kunst nicht üblich, und die zuletzt gefundenen Fresken aus Thera zeigen durchaus außergewöhnliche Darstellungen von bewaffneten Truppen und Kriegsflotten (s. Abb. 36). Keine minoische Stadt scheint befestigt gewesen zu sein, aber mit der Ankunft der Griechen in Kreta in der zweiten Hälfte des 15. Jahrhunderts wandelt sich das Bild von der friedvollen Volksgemeinschaft. Zunächst erregte die Entdeckung von sogenannten Kriegergräbern dieser Epoche das Erstaunen der Archäologen. Ihren Namen erhielten die nahe Knossos gelegenen Gräber von den Waffen und Rüstungen, die darin gefunden wurden. Den kriegerischen Eindruck bekräftigen noch die Linear-B-Täfelchen aus Knossos, die militärische Ausrüstungsgegenstände verzeichnen, doch offensichtlich keine Truppen. Das Kriegerische kennzeichnet also die griechische Herrschaft auf Kreta.

Eine Armee ist auf keiner Urkunde bezeugt, wir besitzen lediglich Verzeichnisse von Männern, denen Aufgaben bei Militär und Marine zugewiesen waren. Man hat versucht, in einigen der gebräuchlichen Titel militärische Rangbezeichnungen zu sehen, und hat aus dem *lāwāgetās* einen Generalissimus gemacht (s. S. 97). Aber in einer Gesellschaft von der Art der mykenischen war Soldatsein wohl eher die Pflicht eines jeden Bürgers, und wenig spricht dafür, daß besondere militärische Qualifikationen erworben werden konnten. Wir müssen daher versuchen, uns mit Hilfe der Ausrüstungslisten eine Vorstellung von der mykenischen Gesellschaft im Krieg zu machen.

Rüstung

Vor kurzem wurde in einem mykenischen Grab bei Dendrá in der Argolis ein schöner Bronzepanzer gefunden (s. Abb. 38). Aber viele Rüstungen mögen auch aus Leder oder schwerem Leinen gewesen sein, das vielleicht mit verstärkenden Metalleinlagen versehen war. Eine größere Zahl aufeinandergefalteter Leinenlagen bietet erstaunlich wirksamen Schutz bei Schwerthieben. Ein Metallpanzer muß im griechischen Sommer höchst unbequem gewesen sein, und es wundert uns nicht, griechische Krieger oft halb nackt dargestellt zu finden. Aus einem der mykenischen Schachtgräber stammt ein vielfach übereinandergelegtes Leinenfragment. Eine Urkunde aus Knossos (L 693) erwähnt »feines Leinen«, das offenbar für ein »Panzerhemd« (*chitōn*) bestimmt war, aber am Ende der Notiz steht »1 Kilogramm Bronze«, und die zweite Zeile bezieht sich ebenfalls auf »Panzerhemdeinlagen (*epichitōnia*) 1 Kilogramm Bronze«. Die Bronze könnte hier als Tauscheinheit gedient haben, aber wahrscheinlicher ist, daß das besagte Panzerhemd ein Leinengewand war, das mit einem angemessenen Quantum Bronze verstärkt wurde. Die gleiche Menge wird noch einmal für »Panzerhemdeinlagen« gebraucht, aber vielleicht ist auch ein Überzieher gemeint, der über dem Panzerhemd zu tragen war, ein verstärkter Umhang, um Schultern und Oberarme zu schützen.

Eine interessante, aber sehr unvollständige Täfelchenserie aus Knossos (Sk) beschäftigt sich ausführlicher mit Rüstungen, gibt aber nicht das Material an. Aufgeführt sind ein Helm (*korus*),

Abb. 36. Flottenfresko aus Thera.

viermal Helmzubehör (metallene Verstärkerplättchen auf Leder oder Fell?), zwei Wangenklappen, zwei *qe-ro₂*, zwei Schulterstücke und eine unbestimmte Menge anderes Zubehör. Die Reihenfolge, in der diese Dinge erscheinen, läßt vermuten, daß mit dem unübersetzten *qe-ro₂* eine Art ›Armschützer‹ gemeint ist. Andere sehen darin die beiden großen Metallplatten, aus denen der Schalenpanzer besteht. Meiner Ansicht nach sollte man in der zweiten Folge von »Zubehör« den eigentlichen Panzer sehen, doch sind Vermutungen hier nicht unbedenklich, da wir nicht wissen, wieviel »Zubehör« es gab. Das hier mit ›Zubehör‹ wiedergegebene *o-pa-wo-ta* heißt wörtlich ›Dinge, die angehängt sind‹. Das im Griechischen gebräuchliche Wort für ›Brustpanzer‹ findet sich in Knossos nicht, wird aber mit ziemlicher Sicherheit durch ein Ideogramm repräsentiert (s. Abb. 37).

In Pylos begegnet uns der klassische Ausdruck für ›Brustpanzer‹ (*thōrāx*) zusammen mit einem Ideogramm, das offenbar ein kurzärmeliges Panzerhemd mit einem Helm darüber darstellen soll (s. Abb. 40). Damit lassen sich am besten Schuppenpanzer vergleichen, die auf etwas späteren ägyptischen Malereien dargestellt sind (s. Abb. 41). Bei diesem Typus sind zwischen 250 und 500 Metallplättchen zur Verstärkung auf ein Panzerhemd aus Leinen oder Leder genäht. Der Text ist auf allen Täfelchen aus Pylos ähnlich, und jedes Wort ist wenigstens einmal ausgeschrieben, auch wenn sonst üblicherweise Abkürzungen verwendet werden. Jeder aufgeführte Brustpanzer hat nach Angabe der Listen 20 Stück großes und 10 Stück kleines »Zubehör« (Platten?) und, wie in Knossos, zusätzlich vierfaches »Zubehör« für den Helm plus zwei

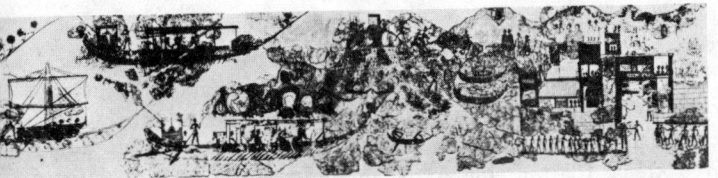

Wangenklappen. Den Helm kann man sich unschwer vorstellen, wenn man voraussetzt, daß mit Hilfe von vier blattförmigen Platten die Schwierigkeiten bei der Herstellung eines kegelförmigen Bronzegegenstandes überwunden werden konnten. Die Wangenklappen könnten an seinem Rand angebracht gewesen sein. Wie dagegen der Brustpanzer beschaffen war, will nicht ohne weiteres einleuchten, denn 30 Plättchen wären für einen Schuppenpanzer viel zuwenig. In vier von elf Fällen sind übrigens etwas größere Zahlen genannt: 22 große und 12 kleine Platten.

Selbstverständlich muß man mit den wenigen angegebenen Platten auskommen, wenn man sich überlegen will, wie sie wohl angeordnet waren. Daß es bisher keine archäologischen Hinterlassenschaften dieser Art gibt, weder als Fundstück noch als bildliche Darstellung in der Kunst, soll den Versuch nicht hindern, das Aussehen einer solchen Rüstung zu rekonstruieren. Das Zubehör oder die Platten waren vielleicht so in die Stofflagen eines leinenen Panzerhemds eingenäht, daß die Anordnung auf Bildern nicht in Erscheinung treten konnte. Das Fehlen archäologischer Zeugnisse auf diesem Gebiet ist allzu oft falsch gedeutet worden. Niemand hätte z. B. vor dem Fund von Dendrá geglaubt, daß es solche Bronzepanzer gegeben haben könnte.

Auf Sh 740 mit der Eintragung von fünf »alten« Brustpanzern steht vor der Zahlenangabe die Abkürzung für ›Paare‹. Brustpanzer waren möglicherweise paarweise zueinander passend angefertigt, etwa für den Krieger und den Lenker seines Streitwagens, wie wir aus Serie Sc in Knossos schließen könnten (s. S. 223). Ebensogut kann sich aber die Bezeichnung ›Paare‹ auf die beiden

Hälften beziehen, aus denen ein Brustharnisch bestehen muß, damit man ihn anlegen kann. Wahrscheinlich ist von Bedeutung, daß die Platten immer in geraden Zahlen vorkommen. Die Gesamtzahl von 30 oder 34 Stück läßt sich in zweimal 15 bzw. 17 Platten teilen. Es ist nun nicht leicht, für 10 oder 11 große und 5 oder 6 kleine Platten eine Anordnung zu finden, in der sie die eine Seite des auf dem Ideogramm im Umriß wiedergegebenen Brustpanzers bedeckt haben könnten (Abb. 40). Bei starken Größenunterschieden und unregelmäßiger Verteilung ist einfach jede Möglichkeit denkbar. Aber wenn wir annehmen, daß die

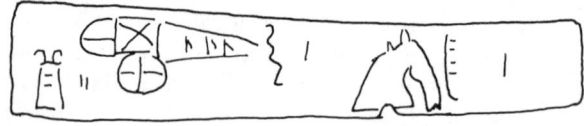

Abb. 37. Knossos-Täfelchen Sc 217 mit Streitwagen.

Platten einander in Form und Größe grundsätzlich entsprechen, allenfalls in den schon erwähnten zwei Formaten vorliegen, kommen wir einer Lösung schon näher. Vieles spricht dafür, daß 10 Platten zwei Fünferreihen bedeuten, damit die 5 kleineren dazu passen. Palmer (1963, S. 333) schlug vor, bei 11 und 6 Platten Schulterstücke in Betracht zu ziehen, aber alle Ideogramme weisen durchweg Ärmel auf. Auch unsere Überlegungen, die darauf hinzielen, daß Form und Größe miteinander übereinstimmen, müssen dagegen sprechen. Die größere Anzahl von 17 Platten sollte man sich eher folgendermaßen arrangiert denken: 5 + 6 + 6. 15 Platten stellte sich Palmer in fünf Horizontallagen zu je dreien vor, zwei große an jeder Seite und eine kleine in der Mitte. Diese Anordnung erscheint jedoch nicht besonders sinnvoll und erschwert die Unterbringung von Extraplatten. Palmer macht geltend, daß die Ideogramme der knossischen Sc-Serie das Panzerhemd oft in fünf horizontale Streifen geteilt zeigen (s. Abb. 37), doch wäre dem das pylische Panzerhemd-Ideogramm entgegen-

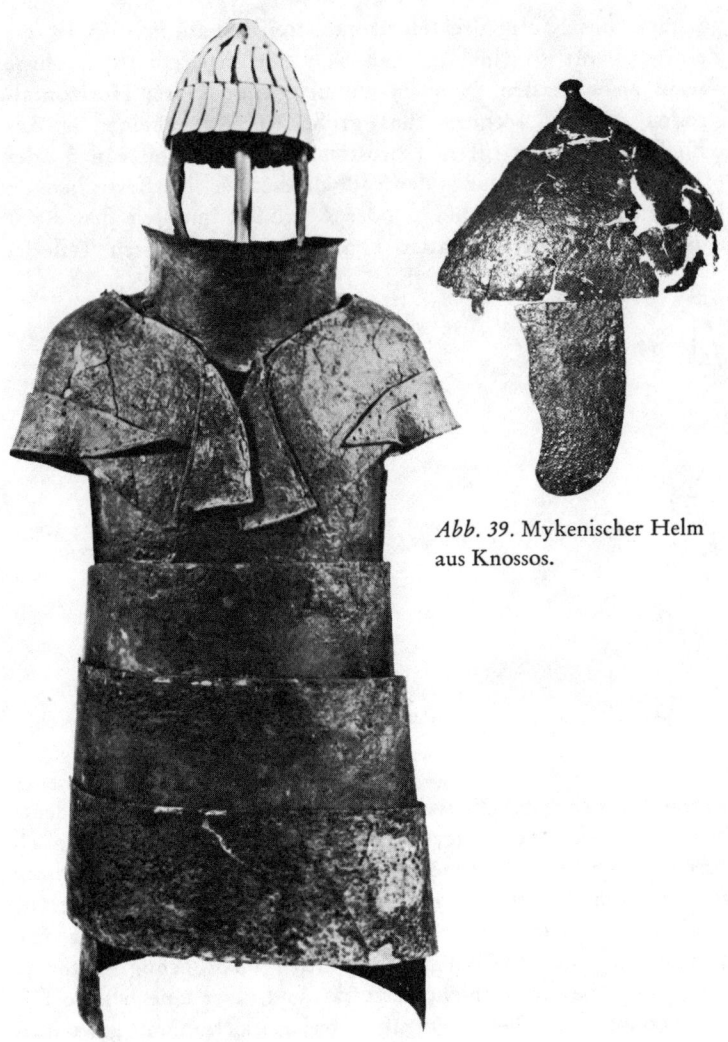

Abb. 39. Mykenischer Helm
aus Knossos.

Abb. 38. Bronzepanzer und Helm aus Dendrá.

zusetzen, das häufig drei Horizontalstreifen hat. Freilich ist die Zeichnung oft so flüchtig, daß sich nur zweifelhafte Schlüsse daraus ziehen lassen. Nehmen wir aber einmal drei Horizontalstreifen an und rechnen fünf große, vertikal aneinander anschließende Platten für den Brustschutz. Eine Reihe von 5 oder 6 kleineren Platten würde dann für die notwendige Beweglichkeit in der Taille sorgen, und 5 oder 6 größere müßten den Rock bedecken. Zusätzliche Platten könnten gut am unteren Teil des

Abb. 40. Panzerhemd und Kopfbedeckung von einem Sh-Täfelchen aus Pylos.

Abb. 41. Schuppenpanzer aus Ägypten.

Abb. 42.
Panzer aus Pylos. Rekonstruktionsversuch.

Gewandes untergebracht werden, das sich in einigen Fällen deutlich nach außen verbreitert. Die Platten müßten wahrscheinlich übereinandergreifend gedacht werden, um ausreichenden Schutz zu gewährleisten. Ein Panzer sähe dann vielleicht so aus wie auf Abbildung 42. Dabei ist nachteilig, daß die Schultern ohne eine angemessene obere Wölbung der Platten nicht genug geschützt wären und die Ärmel nicht verstärkt sind, aber eine bessere Lösung konnte aus diesen Angaben bisher noch nicht gewonnen werden.

Die mykenische Kunst kennt zahlreiche Darstellungen von Schilden, die anscheinend aus Ochsenhaut gefertigt und manchmal mit

metallenen Buckeln verstärkt waren. Die riesigen Schilde in Form
einer Acht aus der früheren mykenischen Zeit dienten später oft
nur zur Dekoration, wie auf dem berühmten Fresko im Palast von
Knossos zu sehen ist. Auf unseren Täfelchen scheinen Schilde jedoch nicht vorzukommen, obwohl Ochsenhäute erwähnt sind;
diese werden aber, soweit wir sehen, zu anderen Zwecken verwendet. Kein Ideogramm läßt einen Schild erkennen, und es läßt sich
auch kein Wort mit klassischen oder homerischen Begriffen für
verschiedenartige Schilde in Zusammenhang bringen. Neben allem,
was wir über Waffen und Rüstungen aus den Urkunden erfahren, ist das Fehlen aller Aussagen über Schilde unerklärlich. Es
wäre nur möglich, daß das Wort ›Schild‹ noch in einem traditionellen Ideogramm versteckt ist, das wir nicht entschlüsseln konnten. Das scheint um so weniger wahrscheinlich, je mehr wir begreifen, welchen Zweck die Tafelserien in den Archiven hatten.
Es bleibt nur zu vermuten, daß der Palast nicht die Absicht hatte,
seine Streitkräfte mit Schilden auszurüsten, und es ist keineswegs
unwahrscheinlich, daß der gewöhnliche Infanterist seine Waffen
selbst beschaffen mußte und der Inhalt des Palastarsenals nur für
den »Offiziersstand« bestimmt war.

Streitwagen

Ein mykenischer Krieger, mag er noch so gut bewaffnet sein,
ist ohne Fortbewegungsmittel unzulänglich gerüstet. Wir müssen
zwar davon ausgehen, daß die überwiegende Zahl der Soldaten
aus regulären Fußtruppen bestand, aber Schwerbewaffnete benötigten eine Transportmöglichkeit. Der massenhafte Einsatz von
Kampfwagen in den Schlachten, wie wir ihn von zeitgenössischen
Nachbarn der Mykener, etwa den Hethitern, kennen, dürfte in
den meisten Gebieten Griechenlands kaum durchführbar gewesen
sein. Das Aufstellen einer solchen Truppe verlangte offene Ebenen
ohne Bäume oder Wasserläufe. Auf geeignetem Gelände ist die
Verwendung von Streitwagen natürlich denkbar, aber in Gegenden wie Messenien oder Kreta werden sie höchstens als Fortbe-

Abb. 43. Mykenischer Streitwagen auf einem Fresko aus Pylos.

wegungsmittel und vielleicht sogar nur als Prestigesymbol gedient
haben.

Der mykenische Streitwagen ist auf vielen Knossos-Täfelchen ab-
gebildet und erscheint häufig in der Kunst, sowohl auf Fresken
wie in Pylos, wo Krieger im Streitwagen fahren (s. Abb. 43), als
auch auf vielen Vasenbildern. Der Wagen besteht aus einem
leichten Wagenkasten, dessen Front und Seitenteile vielleicht aus
Weide geflochten sind. An einer starren Achse sind zwei Räder mit
vier Speichen befestigt. Meist sind zwei Pferde vorgespannt.
Skelettfunde ergaben, daß die Pferderasse, die man damals in
Griechenland kannte, sehr kleinwüchsig war und die Tiere kaum
größer als Shetlandponys wurden. Auf der Ägäis-Insel Skyros gibt
es noch heute eine ähnliche, halbwilde Pferdeart, in der wir
vielleicht Abkömmlinge jener mykenischen Pferdchen erblicken
dürfen. Das Fehlen von Kavallerie ist sicher der mangelhaften
Stärke und Ausdauer dieser Rasse zuzuschreiben, doch nachweislich wurden Pferde auch geritten. In einem leichten, von zwei

Pferden gezogenen Wagen ließ sich aber immerhin auf geeigneten Straßen rasch, wenn auch unbequem vorankommen.

Gab es Wagen, so muß es auch Straßen gegeben haben, auf denen man fahren konnte. Um für die unbeschlagenen Pferde zu taugen, dürfte die Straßendecke von lockerer Beschaffenheit, die Straße selbst an Abhängen entlang angelegt gewesen sein; so wurde ein zu starkes Gefälle vermieden. Mit der Datierung einer antiken Straße haben wir es schwer. Seit der Mykenerzeit hat es in Griechenland immer straßenähnliche Verbindungen gegeben, von denen aber viele bis in heutige Zeit Packpferdpfade sind, die viel stärkere Steigungen überwinden als die Fahrstraßen. Ich denke dabei z. B. an die türkischen *kalderim*, von denen wir oft noch Spuren sehen. Aber es gibt auch Straßenabschnitte aus mykenischer Zeit, die wir besonders wegen der Bauart der Wasserleitungen und noch erhaltener kleiner Brücken recht gut identifizieren konnten. Solch eine kleine mykenische Brücke befindet sich nahe der heutigen Straße zwischen Návplion und Epídavros. Zwischen dem heutigen Kalamáta und Pílos wurde eine antike Straße entdeckt, deren S-Kurven am Hang typisch für Fahrstraßen sind (McDonald/Rapp, 1972, S. 27, 245). Südlich des Palastes von Knossos führte ein Viadukt über die Senke, und noch heute sind Spuren einer Brücke sichtbar, die die Schlucht bei Mykene überspannte. Es wird noch lange dauern, bis wir eine mykenische Straßenkarte zu zeichnen vermögen, aber es scheint jetzt doch festzustehen, daß jedes Königreich ein eigenes Straßennetz besaß. Wie weit die Entfernungen waren, die man auf Straßen zurücklegen konnte, ist ungewiß. Die abgelegeneren Gegenden Kretas werden wohl keine ausreichenden Überlandverbindungen gehabt haben.

Aus den Inventaren in Knossos lernen wir den Wagen und seine Ausstattung etwas genauer kennen. Solche Aufzeichnungen hat Pylos nicht; daß es aber Wagen gab, geht aus den Radinventaren hervor. Wagengestelle oder Wagenkörbe werden von den Rädern getrennt aufgeführt. Manche sind mit Geschirren, Zügeln und anderen notwendigen Dingen vollständig ausgerüstet, andere wurden aber offenbar auseinandergenommen, und einmal findet sich eine Bemerkung, die ›in Bestandteile zerlegt‹, demontiert (*me-ta-*

ke-ku-me-na) heißen könnte. Von den Fachtermini lassen sich einige gar nicht oder nicht eindeutig klären, aber am häufigsten verzeichnen die Listen zusammen mit den Wagenkörben Elfenbeineinlagen, Zügel oder Geschirre, Scheuklappen aus Leder oder Elfenbein, eine Reihe rätselhafter Ausrüstungsgegenstände aus Horn oder Bronze (*o-pi-i-ja-pi*), ein Paar »Absätze«, möglicherweise Trittbretter, mit denen man an der Rückseite aufstieg, einen »Pferdebegleiter«, vielleicht eine Art Kummet, und eine Röhre (*aulos*), deren Bestimmung wiederum unklar ist. Einiges davon soll rot (*phoinikiai*) oder zinnoberrot (*miltowessai*) bemalt sein.

Die vollständig montierten Fahrzeuge sind meist einzeln oder in Paaren aufgeführt, aber es gibt weitaus mehr bloße Wagenkästen, deren Zahl zweimal mit 80 Stück, einmal mit 56 Stück und darunter angegeben wird. Räder sind in großer Zahl verzeichnet. Eine große Tafel, die zusammengefügt werden konnte, jedoch leider alles andere als vollständig ist, nennt insgesamt mindestens 246 Wagenkästen und 208 Räderpaare. Es ist gut möglich, daß Knossos außer einer Reihe von Luxusfahrzeugen etwa 200 Streitwagen in den Kampf werfen konnte.

Neben den Streitwagen-Inventaren, die zum größten Teil aus dem Arsenal außerhalb des eigentlichen Palastes stammen, gibt es noch Reste einer merkwürdigen Serie von kleinen Tafeln (Sc), auf denen voll ausgerüstete Streitwagen mit montierten Rädern zu sehen sind (s. Abb. 37). Von diesen Täfelchen sind verhältnismäßig wenige vollständig erhalten, aber die Eintragungen lassen sich entschlüsseln. Das erste Wort ist anscheinend immer ein Männername, ob er den Besitzer, also einen Krieger, oder den Wagenlenker bedeutet, sei dahingestellt. Dann folgt das Ideogramm einer Tunika, womit wohl eher ein Panzerhemd als lediglich ein Kleidungsstück gemeint ist, mit der Ziffer 2, darauf ein vollständig montierter Streitwagen mit der Zahlenangabe 1 und ein Paar Pferde. Wir haben hier ein Beispiel mit den ausführlichsten Eintragungen wiedergegeben, aber viele Täfelchen verzeichnen offensichtlich erheblich weniger. Jeder der drei genannten Posten kann auch wegfallen, wie z. B. auf Sc 236 die Pferde. Das Tunika-Ideogramm, das schon eingetragen war, wurde wieder getilgt, so daß nur der Streitwagen übrigblieb.

Sc 222 zeigt zwei Tuniken und das Pferdegespann, jedoch keinen Streitwagen. Es kann auch eine einzige Tunika verzeichnet sein (z. B. auf Sc 243). Mindestens achtzehnmal ist das Tunika-Ideogramm geschrieben und wieder getilgt worden. Noch mehr überraschte es uns aber, daß einmal nur ein Pferd eingetragen ist. In diesem Fall lesen wir *MO* (*monwos*), ›einfach‹, anstatt des Zeichens *ZE* (*zeugos*) für ›ein Paar‹. Das Streitwagen-Ideogramm erscheint auf 91 Täfelchen, doch die ganze Serie dürfte bedeutend umfangreicher gewesen sein. Wegen der vielen Fragmente hat es keinen Zweck, die Stücke einfach zu zählen, da mehrere zum selben Täfelchen gehören könnten.

Nichts läge nun näher, als in einer Folge von 100 Täfelchen, auf denen alle drei Posten, sowohl Panzerhemden, als auch Wagen und Pferde, erscheinen, das Inventar der knossischen Kriegswagenstreitmacht zu sehen. Die Posten mit zwei Panzerhemden bzw. Brustharnischen wären dann so zu verstehen, daß zwei Panzer für den Krieger und seinen Wagenlenker gemeint sind und nicht die beiden Hälften, aus denen sich ein Schalenpanzer zusammensetzt. Wenn die Serie Sc aber ein Inventar sein soll, aus dem die Einsatzbereitschaft der Truppe hervorgeht, so erweist sich diese als kläglich schlecht gerüstet. Nur wenige Kampfeinheiten könnten einrücken. Einige besitzen nur ein Pferd oder gar keines, andere haben Pferde, aber kein Fahrzeug, und bei vielen fehlen die Panzerhemden. Entweder hat die Truppe gerade eine Niederlage erlitten, oder sie ist so lange nicht im Einsatz gewesen, daß die Hälfte der Ausrüstung verlorengegangen ist. Beides kommt uns unwahrscheinlich vor. Wäre nicht noch eine andere Lösung denkbar?

Zunächst müssen die auffallend häufigen Tilgungen in dieser Serie bedacht werden. Ein in den Ton geritztes Zeichen kann gleich darauf leicht getilgt werden, hinterläßt jedoch meist Spuren, die auch durch Überschreiben nicht verschwinden. Man sieht daher auf den ersten Blick, daß etwa 20 Täfelchen dieser Serie ursprünglich das Tunikazeichen enthalten hatten, das dann gelöscht wurde. Die Tontäfelchen weisen zwar häufig zahlreiche Korrekturen und Tilgungen auf, aber hier ist das gelöschte Zeichen ungewöhnlich oft das Tunika-Ideogramm. Zudem wurde es mindestens zweimal durch ein völlig anderes ersetzt, dessen Bedeutung noch nicht ganz geklärt ist. Es hat starke Ähnlichkeit mit einem als ›Barren‹ gedeuteten Zeichen, das auf Inventarlisten vorzukommen scheint, die von Kupfer- oder Bronzelagern stammen. Auch hier könnte diese Deutung richtig sein, Zweifel sind aber dennoch angebracht, denn weder Metallart noch Gewicht sind angegeben. In einem Fall steht dieses Zeichen nicht anstelle der Tunika, sondern es ersetzt den Pferdeeintrag.

Es wurde nun angeregt, der Wagenlenker könne gelegentlich auch einen Bronzebarren anstelle eines bronzebeschlagenen Brustharnisches erhalten haben, also statt des fertigen Artikels das dazu benötigte Rohmaterial oder einen Teil davon. Dabei ist aber problematisch, daß von Leinen, Leder oder anderer notwendiger Fütterung keine Rede ist, keineswegs also ein vollständiger Bausatz für die eigene Herstellung eines Brustharnisches geliefert wird (wobei die dafür benötigte Bronze allerdings noch am schwersten zu beschaffen gewesen wäre). Kann man sich aber, wenn es trotzdem zuträfe, wirklich vorstellen, daß die einzelnen Krieger mit Rohmaterial versehen wurden anstatt mit dem fertigen Panzer? Wieviel Zeit mußte wohl verstreichen, bis aus dem Bronzebarren eine brauchbare Rüstung geworden war? Der Gedanke ist geeignet, unsere Ratlosigkeit angesichts dieser Urkunde noch zu verstärken.

Gehen wir aber weiter davon aus, daß hier eine Musterung der Streitwagentruppe, vielleicht als Bestandteil regelmäßig abgehaltener Frühjahrsmanöver, stattgefunden hat und die Magazine beauftragt waren, alle fehlenden oder unbrauchbar gewordenen Ausrüstungsgegenstände zu ersetzen. In einem Fall besitzt ein Krieger einen Streitwagen, muß aber mit zwei Panzerhemden und einem Pferdegespann versehen werden, ein anderer hat ein Pferd, aber sonst keine weitere Ausrüstung usw. Als Konsequenz dieser Überlegungen könnte sich ergeben, daß für einen mit allem versehenen Krieger lediglich ein Täfelchen mit seinem Namen angelegt wurde. Es gibt solche kleinen Täfelchen, und sie gehören zum selben Archiv wie die Serie Sc. Nach dem Namen enden sie häufig mit der Zahl 1 (Vc). Sind sie nun wirklich ein Bestandteil derselben Liste? Mindestens ein Name erscheint auf beiden Listen, doch das könnten wir vielleicht mit einem zweiten Mann gleichen Namens erklären. Meist kommen die Namen jedoch in der anderen Liste nicht noch einmal vor. Die Lage sähe dann insofern etwas günstiger aus, als die Zahl der mangelhaft Ausgerüsteten weniger als zwei Drittel der Gesamtzahl betragen würde. Das nach wie vor ungelöste Problem wäre aber die noch immer hoffnungslos unzulängliche Ausrüstung der Streitwagentruppe, deren Gefechtsbereitschaft wohl kaum durch die Austeilung von Rohbronze verstärkt worden wäre.

Mir scheint das ein Grund für die Annahme, es könne sich bei allen Täfelchen aus dem einen Raum, den Evans den »Raum der Streitwagentäfelchen« genannt hatte, einschließlich der Serien Sc und Vc nicht um wirkliche Urkunden, sondern um eine Art von Schreibübungen handeln (Chadwick, 1968, S. 17–21). Der zweite wichtige Grund dafür war die Beobachtung, daß die Täfelchen aus diesem Bereich einen charakteristischen Schriftduktus aufweisen. Es sieht nicht so aus, als ob sie alle von einer Hand stammten, aber eine Anzahl Schreiber könnte einen bestimmten Schreibstil kopiert haben. Am wenigsten braucht wohl angenommen zu werden, hier sei ein besonders strenger Vorgesetzter für das Büro verantwortlich gewesen, der seine Angestellten dazu angehalten hätte, seine eigene Handschrift nachzuahmen. Wäre es aber nicht vorstellbar, daß der Vorgesetzte in Wirklichkeit ein Lehrer war? Auffallend ist auch, daß all diese Täfelchen besonders wenig aussagen, noch weniger als die rätselhafte Serie Sc, die schon besprochen wurde. Außerdem gibt es zwischen diesen Täfelchen und dem Hauptarchiv keinen zuverlässigen Zusammenhang, wenn auch manche Ortsnamen an beiden Stellen erwähnt werden. Daß eine Anzahl Männernamen noch an anderer Stelle erscheint, beweist nicht, daß es dieselben Personen sein müssen, was schon deswegen unwahrscheinlich wäre, weil einige darunter sind, denen sonst Schafherden unterstehen. Die Zahl der wiederholt auftretenden Personennamen, bei denen mit Sicherheit auszuschließen ist, daß die Namensträger miteinander identisch sind, ist hier auch keineswegs größer als an anderen Orten. Wie sich dieses Rätsel auch immer lösen wird, man kann das Problem nicht einfach übergehen, und es hilft uns nicht weiter, wenn ein Kollege meint, sich dagegen verwahren zu müssen, daß wir wertvolles Beweismaterial einfach beiseite schieben. Ein Beweismittel, das sachdienlich sein will, muß immer auch eindeutig zu verstehen sein. Wenn das nicht zutrifft, sollte man sich hüten, damit zu arbeiten.

In Pylos sind keine Streitwagenverzeichnisse gefunden worden. Vielleicht wurden sie auch in einem abseits gelegenen Gebäude aufbewahrt, das noch nicht ausgegraben ist. Es darf nicht vergessen werden, daß das Grabungsgebiet bisher nur die eigentlichen Palastbauten umfaßt, in deren Umgebung sich sehr wahrscheinlich die Überreste weiterer, weniger wichtiger Nebengebäude erhalten haben. Dort könnten sich, wie es bei anderen mykenischen Palästen beobachtet wurde, auf jeden Fall kleinere Tontafelarchive befunden haben. Leider waren die Kosten für eine erweiterte Grabung zu hoch, und das Ergebnis hätte die Ausgaben vielleicht nicht gerechtfertigt.

Wir besitzen jedoch eine ganze Reihe Täfelchen (Sa), auf denen Räder verzeichnet sind, die natürlich auch zu einem anderen Zweck gedient haben könnten, doch wir nehmen an, da sie pro Täfelchen stets paarweise erscheinen, daß sie zu einem zweirädrigen Fahrzeug gehört haben müssen, das wohl nur ein Streitwagen gewesen sein kann. Gewöhnlich lautet der Text: »Fahrzeug des X [unklares Wort], ein Paar Räder mit Einfassung« (X steht für einen Männernamen). Nur wenige Namen dieser Serie finden sich auch an anderer Stelle. Einer kehrt begreiflicherweise auf einem Rüstungstäfelchen wieder (Sh 736), zwei, die aber wohl Duplikate sind, gehören an anderen Orten des Königreichs unter die Schäfer. Daher glauben wir nicht, daß uns hier ein Verzeichnis mit den Streitwagen hoher Beamter vorliegt, es sei denn, der Name wäre der des Wagenlenkers. Das zweifelhafte Wort wird mit ›in gutem Zustand‹ oder ›benutzbar‹ wiedergegeben; damit scheint das Gegenteil eines Ausdrucks gemeint zu sein, der eindeutig ›untauglich, unbenutzbar‹ bedeutet. Beim Vergleich mit der klassischen Bezeichnung ergaben sich allerdings Schwierigkeiten, so daß auch andere Interpretationen vorgeschlagen wurden, wie etwa ›auf einer Achse laufend‹, eine höchst unwahrscheinliche Erklärung, denn der mykenische Streitwagen war ja in Wirklichkeit auf einer starren Achse befestigt, an der die von einem Splint mit Riemenzunge gehaltenen Räder montiert waren. Räder mit Einfassung (*termidwenta*) werden in Knossos häufig erwähnt, ohne daß wir wüßten, was »Einfassung« oder »Rand« bedeuten. Man ist versucht, an eine Art Reifen zu denken, doch ist das Wort nicht das dafür im Homerischen und späteren Griechisch gebräuchliche. Vielleicht ist damit auch ein dekorativer Bestandteil gemeint, denn einmal wird Elfenbein als Material genannt. Einige Männer besitzen zwei Räderpaare, aber niemand mehr als das.

Eine Anzahl Täfelchen dieser Reihe nennt Räder, die nicht zu einem bestimmten Fahrzeug gehören. Es sind vermutlich Ersatzräder, die man auf Lager hatte, z. B. »1 Paar Räder, silberbeschlagen« (Sa 287), »1 Paar Räder mit Einfassung und 1 einzelnes Rad aus Zypressenholz« (Sa 488), »6 Paar geschmiedete Räder, unbrauchbar« (Sa 682), »32 Paar Räder mit Einfassung aus Zakynthos, unbrauchbar« (Sa 751), »6 Paar Räder mit Einfassung, Sorte ›Gefolgsmann‹, unbrauchbar« (Sa 790), »11 Paar Räder mit Einfassung, Elfenbeinränder, alt, dünn [?]« (Sa 793), »1 Paar bronzebeschlagene Räder, unbrauchbar« (Sa 794). Auf zwei Täfelchen wird addiert: »macht so viele brauchbare, neue: 20 Paar Räder mit Einfassung« (Sa 843), »macht so viele alte, brauchbare: 31 Paar und 1 Einzelrad«. »Alt, Sorte ›Gefolgsmann‹, 12 Paar Räder; 32 Paar Räder aus Zakynthos« (Sa 787): Diese Eintragung ist Sa 751 zum Verwechseln ähnlich und muß sich wohl auf denselben Posten Räder beziehen, aber es ist nicht klar, wie sich die anderen Zahlen mit den Täfelchen vereinbaren lassen. 22 Räderpaare werden bestimmten Fahrzeugen zugeordnet.

Aus alledem geht eindeutig hervor, daß Pylos in der Tat eine Streitwagentruppe besaß, die, wie unser Material vermuten läßt, kleiner als die in Knossos war. Der Grund dafür könnte die geringere Ausdehnung des Königreichs gewesen sein, aber die wirkliche Truppenstärke ist nicht festzustellen, solange die pylischen Streitwagenverzeichnisse fehlen.

Waffen

Evans hatte auf ein Arsenal von Täfelchen (Ra) hingewiesen, die eine Art Kurzschwerter zeigen. Aus der Zeichnung ist nicht sicher zu ersehen, ob es sich um Schwerter handelt, die wegen der horizontalen Anlage des Täfelchens in vertikaler Stellung leicht verkürzt wiedergegeben werden mußten, oder um Dolche. Das auf den Täfelchen dafür gebrauchte Wort bringt uns nicht weiter. *pa-ka-na* ist zwar gewiß das Homerische *phasgana* und einer der drei von ihm für ›Schwert‹ verwendeten Ausdrücke, doch läßt die Ähnlichkeit zu anderen Wörtern vermuten, daß in Homerischer Zeit eine Vermischung von Begriffen stattgefunden haben könnte, die bei den Mykenern noch verschiedene Bedeutungen hatten. Auch das Wort ›Dolch‹ bliebe also eine durchaus mögliche Übertragung.

Wie dem auch sei, wir dürfen wohl in dieser Täfelchengruppe ein Inventar sehen, das in der Waffenkammer der königlichen Leibwache aufbewahrt wurde. Die Täfelchen fanden sich in einem Korridor östlich des Zentralhofes, nicht weit von den Räumen des Königs. Es wäre denkbar, daß die Leibwächter ein Waffenlager benötigt haben, das sofort verfügbar war und aus dem im Ernstfall vielleicht auch Waffen an Mitglieder des Hofes verteilt werden konnten. Wenn wir die *Odyssee* zum Beweis heranziehen wollen, obwohl sie nicht in diese Zeit gehört, erfahren wir dort, daß es üblich war, Waffen am Wohnsitz des Königs aufzubewahren. Beim Angriff auf die Freier war es nämlich eine der schwierigsten Aufgaben für Odysseus, die Waffen, ohne Aufsehen zu erregen, aus der Halle zu entfernen, damit die Freier nicht zu Beginn des Kampfes danach greifen konnten. Das Täfelchen, das dieser Serie als Summierungstafel dient (Ra 1540, s. Abb. 44), gibt für die Schwerter oder Dolche eine Zahl nicht unter 50 an. Davon sind einige in schwerverständlicher Form näher beschrieben. »Mit Band versehen« könnte sich auf das Wehrgehänge beziehen, an dem die Waffe getragen wurde. Von anderen heißt es »elfenbeinbeschlagen« (Ra 984, 1028), die übrigen Wendungen lassen sich bisher nicht zufriedenstellend deuten.

In Pylos kommt das Wort für ›Schwert‹ oder ›Dolch‹ nicht vor, aber ein sonderbares, zum Inventarverzeichnis der Gefäße und Einrichtungsgegenstände gehörendes Täfelchen (Ta 716) nennt zwei Schwerter mit dem klassischen Wort *xiphos*, wobei die Schreibweise uns allerdings erstaunt. Verstehen wir die Zeichnung recht, so sind auch zwei Doppeläxte angegeben, aber das Wort, mit dem sie beschrieben werden, läßt sich mit keiner dafür in Frage kommenden klassischen Wortform vergleichen. Ein

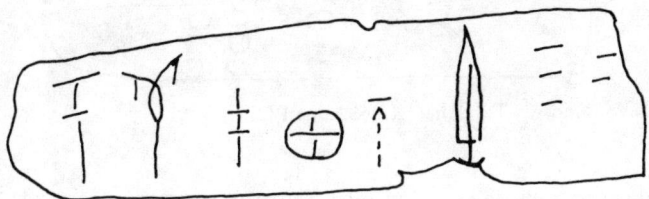

Abb. 44. Knossos-Täfelchen Ra 1540 mit Schwertern oder Dolchen.

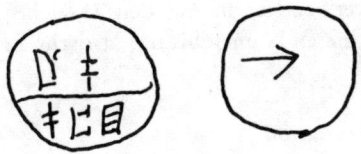

Abb. 45. Wurfspieße auf einem Siegelabdruck aus Knossos (Ws 1704).

Täfelchen, auf dem Bronzeabgaben gefordert werden (Jn 829, s. S. 187), gibt an, daß sie zur Herstellung von Speerspitzen und *pa-ta-ja* benötigt werden. Dieses Wort erscheint auf einigen Siegelabdrücken aus Knossos (Ws 1704, 1705, 8495), die einen kurzen, mit einer Spitze versehenen Stock zeigen (s. Abb. 45). Evans fand im Zusammenhang mit diesen Siegelabdrücken Gegenstände, die er als Pfeilspitzen beschrieb, und wir zogen daraus den voreiligen Schluß, *pa-ta-ja* bedeute ›Pfeile‹. Aber ein anderes Ideogramm mit einem hinten gefiederten Stock (s. Abb. 46) stellt zweifellos einen Pfeil dar, und wir betrachten daher den mit einer Spitze versehenen Stock eher als leichten Wurfspeer oder Wurfspieß. Zu dieser Waffengattung dürfte noch einiges andere zu rechnen sein, das bisher in den Museen unter die zahlreichen Pfeilspitzen eingeordnet wurde. Es scheint festzustehen, daß diese Art von Speeren von den

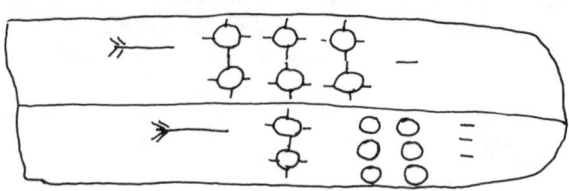

Abb. 46. Knossos-Täfelchen R 4482 mit Pfeilen.

Mykenern zur Jagd verwendet wurde, und wenn wir Homer glauben dürfen, auch im Krieg. Auf bildlichen Darstellungen mit eindeutig kriegerischen Szenen finden wir allerdings die einfache schwere Lanze verwendet, die auf den Täfelchen, wie wir wissen, *enchos* hieß und diesen Namen bis in klassische Zeit beibehielt.

Militärische Organisation

Daß die Tafeln nur wenige Waffen verzeichnen, soll nicht als Beweis für die Friedfertigkeit des mykenischen Volkes gelten. Wir dürfen nicht vergessen, daß auf den Täfelchen nur über die den Palast interessierenden Lebensbereiche Buch geführt wurde. Es hat also den Anschein, als ob die Könige von Pylos und Knossos kein gutbestücktes Arsenal unterhalten hätten, aus dem die Armee bei einer Mobilmachung mit Waffen versorgt wurde. Wahrscheinlicher ist, daß von jedem Wehrfähigen, wie im klassischen Griechenland, der Besitz eigener Waffen verlangt wurde, die er, wenn er zu militärischen Diensten herangezogen wurde, zu gebrauchen hatte. Es ist bedauerlich, daß in Knossos alle Truppenverzeichnisse fehlen, denn der König müßte eigentlich zur Aufrechterhaltung der

Herrschaft über sein großes Hoheitsgebiet eine starke Kriegsmacht unterhalten haben. Zu dieser Vorstellung passen auch die »Kriegergräber« in der Umgebung von Knossos, in denen einige der ›Gefolgsmänner‹ oder ›Grafen‹ bestattet gewesen sein müssen, von welchen einige wenige gelegentlich auf den Täfelchen erwähnt werden.

In Pylos ist die Lage etwas besser. Zahlreiche Männer werden dort immerhin als »Ruderer« bezeichnet, woraus sich vielleicht Aufschluß über die Organisation der Marine gewinnen läßt. Ich muß hier allerdings anfügen, daß das mit ›Ruderer‹ wiedergegebene Wort in Knossos in offenbar unangemessenem Zusammenhang zu finden ist, denn auf C 902 geriet ein »Ruderer« auf eine Liste, die hauptsächlich örtliche Statthalter enthält. Aus Pylos liegt uns aber ein Verzeichnis von 30 Männern vor (An 1), die aus fünf Ortschaften eingezogen wurden und »als Ruderer nach Pleuron gehen«. Wo Pleuron lag, vermögen wir nicht festzustellen, es könnte, was freilich nicht zwingend ist, die gleichnamige Stadt am Nordufer des heutigen Golfs von Patras gewesen sein. Der Anfang einer viel umfangreicheren Liste (An 610) ist zwar stark zerstört, läßt aber das Wort für ›Ruderer‹ erkennen. Der erhaltene Teil nennt insgesamt 569 Männer, doch eigentlich dürften es zwischen 600 und 700 gewesen sein, denn bei fünf Eintragungen wird keine Zahl genannt, und einige andere mögen ebenfalls unvollständig sein. Man hat angenommen, daß ein Schiff mit 30 Ruderern besetzt war, so daß diese Zahl für die Besatzung von mehr als 20 Schiffen gereicht hätte. Auf dem neuentdeckten Schiffsfresko aus Thera sieht es allerdings so aus, als ob minoische Kriegsschiffe mit 42 Ruderern bemannt gewesen wären. Es ist allerdings fraglich, ob wir diese Zahl auch bei mykenischen Schiffen zugrunde legen dürfen, denn die übrigen Schiffsdarstellungen sind meist so ungenau, daß sich die Ruderer nicht zuverlässig zählen lassen. Homer scheint mit einer Besatzung von 52 Mann pro Schiff zu rechnen, zwei davon sind Offiziere. Wenn die Jahreszeit einen feindlichen Angriff von See her zuließ, konnte die pylische Flotte jedenfalls auslaufen.

Das strategische Problem, vor dem der König von Pylos stand, ist bekannt. Eine Reihe von mykenischen Herrschern hatte in den unsicheren Zeiten gegen Ende des 13. Jahrhunderts starke Befestigungswerke aufgeführt, in denen die Bevölkerung und ein Teil der Herden Zuflucht fanden. Die ungeheure Ringmauer von Gla in Böotien konnte Zehntausende von Schafen fassen, nur die Beschaffung von Futter muß schwierig gewesen sein. In Pylos ist praktisch nicht die Spur einer Befestigungsanlage gefunden worden. Die einzigen Überreste starker Mauerzüge scheinen aus früherer Zeit zu stammen und im 13. Jahrhundert geschleift worden zu sein. Der König muß also sicher gewesen sein, im Verteidigungsfall den Feind vom Palast fernhalten zu können. Wenn wir die Grenzen annehmen, die in Kapitel 3 vorgeschlagen wurden, dürfte es nicht leicht gewesen sein, vom Land her in das Reich einzufallen. Die Ostgrenze bildet ein hoher Gebirgszug, im Norden endet Pylos mit niedrigeren, aber schwer zu überwindenden Bergen. In der Nordostecke des Reichs führte eine Straße, deren Stelle heute Eisenbahn und Fahrstraße einnehmen, in steilem Anstieg hinüber ins Hochland von Arkadien. Es war wohl nicht schwer, das Tal gegen einen Feind zu verteidigen, der sich nach dem Erreichen dieser Gegend vermutlich auch erst die ganze nördliche Peloponnes unterworfen hätte. Aus dieser Richtung war dann wenig zu befürchten, solange Mykene standhielt. Nur entlang der Westküste bietet sich von Norden her ein günstiger Annäherungsweg, aber auch dieser führt über einen leicht zu verteidigenden kleinen Paß. Einen Überfall von der Landseite her brauchte der König von Pylos also wenig zu fürchten, anders jedoch lagen die Verhältnisse von See aus betrachtet.

Die gesamte Küstenlinie des Königreichs ist ungefähr 150 Kilometer lang. Eine genaue Zahl kann ich deshalb nicht nennen, weil mir niemand sagen kann, wie der Küstenverlauf zu messen ist. Man folgt entweder exakt jeder Bucht und jedem Vorgebirge oder mißt etwas großzügiger. Wenn der Feind von der Seeseite anrückte, müßte er unter einer ganzen Reihe von günstigen Landungsplätzen die Wahl gehabt haben. Da an einer überwiegend felsigen Küste einige Stellen aber von vornherein ungeeignet sind und andere schwierig, dürfte es nur wenige wirkliche Gefahrenpunkte gegeben haben. Beginnen wir im Norden, so treffen wir nördlich der heutigen Stadt Kiparissía auf eine Gegend mit flachen Stränden und leichtem Zugang zu den wichtigen Ansiedlungen, die sich das Flußtal hinaufziehen, welches schließlich in die höher gelegene messenische Talmulde führt. Der Küstenabschnitt südlich von Kiparissía ist für eine Landung weniger geeignet und das Binnenland rauh und schwer zu begehen. Im Norden liegt direkt neben der Bucht von Navaríno der kleine Hafen von Voïdokiliá, der der wichtigste Ankerplatz gewesen sein mag. Die Bucht mit ihrem etwa 5 Kilometer langen Sandstrand, geschützt durch die Insel Sphaktería, ist ein idealer Anlegeplatz. Von hier führte offenbar auch eine Straße zum 6 Kilometer entfernten Palast. Südlich der heutigen Stadt Pílos liegen Klippen, so daß eine Landung vor Methóni, der südwestlichen Spitze der Halbinsel, unmöglich gewesen wäre. Dort, oder auch in Phinikoús, 12 Kilometer weiter östlich, könnten Schiffe anlegen, aber die Gegend ist weit vom Palast und den Hauptstädten entfernt. Das Kap Akrítas, die Südspitze der Halbinsel, ist wiederum unwirtlich und felsig. An den Küsten des Messenischen Golfs dürften Schiffe bis zur Grenze in der Nähe des heutigen Kalamáta keine Landungsmöglichkeiten gehabt haben. Eine Ausnahme bildet lediglich ein sumpfiger Abschnitt am Nordstrand, der wohl schon im Altertum ein Morast war, obgleich die Küstenlinie damals wahrscheinlich anders verlief. Aber so gut man hier hätte landen können, die Entfernung zum Palast war wiederum sehr groß. Es bedeutete überdies ein erhebliches Risiko, in den Golf hineinzufahren, denn der Ausgang konnte leicht durch eine feindliche Flotte blockiert werden. Diese Überlegung hatte 1941 auch ein englisches Geschwader zur Umkehr und Aufgabe seiner Mission bewogen, nämlich Truppen aufzunehmen, die sich auf dem Rückzug vor der deutschen Invasion befanden. Das Auftauchen einer italienischen Flotte auf dem Schauplatz hätte womöglich zu einer Katastrophe geführt. Obwohl also der Golf von Messene in mancher Hinsicht geeignet scheinen könnte, ist es doch unwahrscheinlich, daß von dort aus ein Überfall unternommen wurde.

Ein über den ganzen Küstenverlauf ausgedehntes Wach- und Warnsystem, das feindliche Flottenbewegungen oder Landemanöver beobachtete, war für die Verteidigung oberstes Gebot. Von dieser

Organisation stammt zufällig eine unserer wichtigsten Urkunden, die mit den Worten »so bewachen die Beobachter die Küstengegenden« beginnt, ein deutlicher Hinweis auf ihre Aufgabe. Wir wollen sie hier eingehend beschreiben.

Das einzigartige Dokument ist in einer Gruppe von fünf Tafeln enthalten (An 657, 654, 519, 656, 661). Die Schriftstücke sind nicht numeriert, und die Anordnung ihrer Abfolge, die wir gerade wiedergegeben haben, beruht auf verschiedenen komplizierten Erwägungen. Nach dieser Ordnung wird aber sofort folgendes Schema deutlich: Die ganze Küste ist in zehn Abschnitte geteilt. Für jeden Abschnitt wird der Name des verantwortlichen Beamten genannt, gefolgt von einigen anderen, die vermutlich Untergebene sind. Den einen oder anderen Beamten kennen wir schon aus anderen Urkunden, sie gehören anscheinend zur örtlichen regierenden Oberschicht. Es folgen Gruppen von Männern, die verschiedenartig benannt sind. Die Stärke einer solchen Gruppe beträgt stets ein Vielfaches von 10 und kann sich bis auf 110 belaufen. Einige Zahlen mögen fehlen oder unvollständig sein, aber insgesamt sind etwa 800 Mann angegeben. An einem Ort zusammengezogen, würden sie eine beachtliche Truppe darstellen, aber auf 150 Kilometer Küstenlinie verteilt, läßt sich nur etwa alle 200 Meter ein Posten aufstellen. Eine Abwehr dieser Art war außerstande, aktiven Widerstand zu leisten, aber durchaus fähig, Beobachtertätigkeit auszuüben. Die ebenfalls erwähnten Ortschaften können nicht alle ausgemacht werden, es steht jedoch fest, daß die Einteilung in Sektoren im Norden am Nédafluß beginnt und sich die Westküste entlang bis Kap Akrítas hinzieht, um sich nach Norden hinauf in den Golf von Messene zu wenden.

Unter den Gruppen sind einige durch Erwähnung ihrer Heimatstadt näher gekennzeichnet. So ist etwa der Sektor bei *Owithnos* (oder ähnlich, die klassische Form ist unbekannt) mit Männern dieser Stadt besetzt. Von einer Anzahl anderer Ausdrücke, die diese Gruppen charakterisieren, ist keiner im späteren griechischen Wortschatz belegt. Einige scheinen von Ortsnamen abgeleitet, ohne daß sich Orte dieses Namens auf den Täfelchen entdecken ließen. Eine andere, wie ich betonen muß, vage Möglichkeit wäre, daß diese Namen Stammesbezeichnungen von Bevölkerungsgruppen sind, die im Königreich ansässig sind, jedoch kein volles Bürgerrecht haben. Darunter könnte man sich Reste einer vorgriechischen Bevölkerung vorstellen, die nicht in den griechischen Ankömmlingen aufgegangen waren. Solchen Stämmen hätte man kaum so weit vertraut, daß Angehörige in der Armee dienen durften, sie könnten aber unter griechischem Befehl trotzdem Dienst / bei der nichtkämpfenden Truppe getan haben, wie z. B. bei den Spähern.

Die Urkunde vermittelt uns noch andere Erkenntnisse. Hin und wieder stoßen wir auf den Vermerk »und bei ihnen [ist] der Gefolgsmann X«. Insgesamt gibt es elf Vermerke dieser Art, in einem Fall ist allerdings kein Name genannt, sonst erscheint er in der Regel in seiner vollen Form, also mit dem Vatersnamen. Wir zählen zehn Sektoren und elf Gefolgsleute oder Grafen, aber die Verteilung ist unregelmäßig, wie die Tabelle beweist:

	Sektor
A-e-ri-qo-ta	I, II Nord
A₃-ko-ta	II Süd
A-re-ku-tu-ru-wo	III
Ro-u-ko	IV, V, VI
Pe-re-qo-ni-jo	VII Nord
Di-wi-je-u	VII Süd
Di-ko-na-ro	VIII Nord
Pe-re-u-ro-ni-jo	VIII Mitte
Ka-e-sa-me-no	VIII Süd
Wo-ro-tu-mi-ni-jo	IX
(ohne Namen)	X

Zunächst dachte man, der Gefolgsmann diene als eine Art Verbindungsoffizier. Ein Beobachtungssystem ist nur dann sinnvoll, wenn in kurzer Zeit eine Verbindung zu den Hauptquartieren hergestellt werden kann. Wie wir gesehen haben (s. S. 227), kannte man in Pylos »Räder der Sorte ›Gefolgsmann‹«; wir schließen daraus, daß den Gefolgsleuten Wagen zur Verfügung standen. Sie hätten also die Berichte, die sie von den Sphähereinheiten erhielten, per Eilboten durch ihre Wagenlenker an den König in Pylos befördern lassen können. Das mag wohl zum Teil zutreffen, erklärt aber nicht, warum die Gefolgsleute so unregelmäßig auf die Sektoren verteilt waren, daß einmal drei Verbindungsoffiziere auf einen Abschnitt kommen, während ein andermal ein Offizier in drei Abschnitten gleichzeitig Dienst tut.

Ich habe daher nach einer anderen Erklärung gesucht. Die größte Anzahl Gefolgsleute, insgesamt fünf, konzentriert sich in den Sektoren VII und VIII, die etwa am Südende der Westküste zu suchen sind, genauer gesagt, in der Gegend der Bucht von Navaríno und der unmittelbar nördlich daran anschließenden Küste. Wie wir schon gesehen haben, ist es genau dieser Bereich, in dem nach strategischen Gesichtspunkten die Hauptgefahrenzone liegt. Eine zweite, geringere Konzentration von Gefolgsleuten stellen wir im Norden fest, wo zwei für Abschnitt II angegeben sind. Damit ist eindeutig der Küstenbereich des Flußtales nördlich von Kiparissía gemeint, ebenfalls ein wichtiger strategischer Punkt. Wir kennen die Gefolgsleute bzw. Grafen schon als vorgesetzte Beamte der königlichen Hofhaltung und brauchen uns jetzt nur noch vorzustellen, daß jeder der elf, die unsere Urkunde verzeichnet, ein Regiment der pylischen Armee befehligt. Damit wird uns schlagartig klar, daß uns hier auf höchst eindringliche Art die militärischen Maßnahmen vor Augen geführt werden, die der König gegen den drohenden Überfall getroffen hat.

Zwei Regimenter stehen in der Gegend von Kiparissía und direkt nördlich davon (Sektor II). Sie sollen die wichtige Straße landeinwärts und die an ihr liegenden Siedlungen schützen, nebenbei auch die von Norden kommende Küstenstraße sichern. Südlich von Kiparissía sind die Landungsmöglichkeiten weniger günstig, und ein Regiment deckt Sektor III; aber die Abschnitte IV, V und VI sind nur schwach gesichert. Diese müssen in dem zum Anlegen äußerst ungeeigneten Küstengebiet gelegen haben. Wirkliche Gefahr besteht, wenn der Feind an den Stränden im Norden von Navaríno landet (den gut geeigneten Hafen von Voïdokiliá inbegriffen) oder in der Bucht selber. Daher sind zwei Regimenter im Sektor VII stationiert, im Sektor VIII (der Bucht?) sogar drei.

Damit hat man nahezu die Hälfte aller verfügbaren Truppen in dieser Gegend zusammengezogen, eine vollkommen richtige Maßnahme bei solcher Bedrohung. Ein Regiment steht im Süden der Halbinsel, allerdings nicht so weit südlich wie Phinikoús oder Koróni, so daß es zur Unterstützung der Hauptstreitmacht rasch herbeieilen kann. Würde der Überfall im Golf von Messene stattfinden, so könnte es gemeinsam mit dem im Norden des Golfs stationierten Regiment operieren. Hier liegt aber vielleicht der schwache Punkt des Systems, denn ein größeres Landungsunternehmen am Ende des Golfs träfe nur auf schwache Abwehr und fände, im Falle des Gelingens, den Weg zu den wichtigen Siedlungen in der messenischen Mulde offen. Den Marsch auf den Palast könnten die Hauptstreitkräfte im Bereich Navaríno freilich noch immer aufhalten, wenn sie schleunigst ganz oder teilweise ins Hochland verlegt würden, das die Angreifer zu durchqueren hätten. Der König hatte also wohl recht damit, diese Gegend nur schwach verteidigen zu lassen. Alles muß von der Widerstandskraft der fünf Regimenter der Hauptarmee abhängig gewesen sein; waren diese geschlagen, konnte der Palast nicht mehr gehalten werden.

Was wirklich geschah, bleibt ein Geheimnis, das unsere Phantasie aufs höchste beschäftigt. Wir wissen nur, daß der Palast geplündert und niedergebrannt wurde. Da Überreste von Menschen fehlen, schließen wir daraus, daß es dort keinen Widerstand gegeben hat. Die Zivilbevölkerung hatte sich wahrscheinlich gleich bei Empfang der Nachricht von der Niederlage der Armee oder auch schon vorher in die schützenden Berge geflüchtet und vielleicht einige Wertsachen mitgenommen. Falls Frauen und Kinder in die Hand der Angreifer fielen, wurden sie in die Sklaverei verschleppt; Männer wurden erschlagen. Die Verhältnisse müssen sich jedoch drastisch verändert haben, denn nur eine spärliche Zahl von Siedlungsstätten scheint in der Folgezeit (Späthelladisch III C) noch weiter bewohnt gewesen zu sein. Die archäologischen Funde lassen vermuten, daß sich die Bevölkerung auf etwa ein Zehntel ihres früheren Umfangs reduzierte. Viele Überlebende hatten sicher ihre Wohnstätten verlassen, wenn sie für Angreifer, die von See her kamen, zu leicht erreichbar waren, und waren weiter landeinwärts gezogen. Die weite Streuung der auf den Täfelchen begegnenden Ortsnamen könnte durch diese Bewegung verursacht worden sein (s. S. 59). Archäologische Befunde legen nahe, daß Flüchtlinge in den Nordwesten der Peloponnes gelangt sind und sogar auf die Ionischen Inseln, wo in Späthelladisch III C anscheinend blühende Siedlungen bestanden haben.

Aber wer waren die Angreifer? Alle Anzeichen sprechen dafür, daß sie übers Meer gekommen sind, und zwar von Süden oder Osten her, denn die Folge des Überfalls war ein Rückzug nach Norden. Hier fehlt es an Zeugnissen, die uns weiterhelfen könnten. Aber wenn wir uns einmal eine Spekulation erlauben wollen: Man fühlt sich stets an die Überfälle auf Ägypten erinnert, die die »Völker der See«, wie die Ägypter sie nannten, um diese Zeit verübten. Die »Seevölker« kamen mit großer Wahrscheinlichkeit aus dem ägäischen Raum. Die Ägypter nennen sogar ihre Namen, doch sind sie wie üblich schwer zu identifizieren. Selbst wenn wir Philister und Lyker zu erkennen glauben, wissen wir doch nicht, ob sie damals schon dort ansässig waren, wo sie in geschichtlicher Zeit lebten. Die Philister wenigstens scheinen sich erst, nachdem sie von Ägypten zurückgeschlagen worden waren, in Palästina niedergelassen zu haben, und es wird vermutet, daß sie vorher Beziehungen zur Ägäis hatten. Nach bisherigen Erkenntnissen müßten sie ihren Ursprung in Anatolien gehabt haben.

Unter den Seevölkern befand sich auch ein Stamm, dem die Ägypter einen entfernt an »Achäer« anklingenden Namen gegeben hatten. Die lautliche Übereinstimmung ist nicht sehr groß, und es muß ohnehin bezweifelt werden, ob sich die Mykener mit diesem Namen bezeichnet haben. Doch die Zeit der beiden Seevölkerüberfälle auf Ägypten, die nach der üblichen Chronologie 1225 und 1183 v. Chr. stattgefunden haben, paßt so genau zum Zeitpunkt der Zerstörung von Pylos, daß man versucht ist, einen Zusammenhang zu sehen. Der Angriff der Seevölker auf Ägypten scheint kein bloßer Überfall, sondern ein ernstgemeinter Invasionsversuch zu Siedlungszwecken gewesen zu sein, denn die Kriegsmacht umfaßte sowohl Wagen, die mit Frauen und Kindern beladen waren, als auch Schiffe. Bei der mächtigen Flotte, die die Seevölker besaßen, wäre auch eine kleine Flottenabteilung für einen Beutezug in ein kleineres Königreich ausreichend gewesen. Ihre Hauptstreitkräfte konnten jedenfalls nur mit Mühe durch eine der damaligen Großmächte zurückgeschlagen werden. Die Seevölker könnten, wie die Wikinger, eine Art Piratenhaufen gewesen sein, der sich von Zeit zu Zeit zusammenrottete, um größere Vorhaben vereint anzupacken, sonst aber häufig in kleineren Gruppen gegen schwächere Gegner vorging. Wenn sie von der östlichen Ägäis aus operierten, müßten sie die Handelswege nach Zypern und in die Levante unsicher gemacht haben. Dazu würden die Zeugnisse passen (s. S. 187), nach denen eine Verknappung der Rohstoffe für die Metallindustrie eingetreten war. Auf jeden Fall sind die Seevölker die Hauptverdächtigen, was auch immer die Wahrheit sein mag, die wir vielleicht nie erfahren werden.

Aus den in Kapitel 11 angeführten Gründen müßte der Überfall im Frühling stattgefunden haben. Eine außergewöhnliche Urkunde, ein Verzeichnis von Weihgaben, beginnt mit einem Wort, das vermutlich ein Monatsname ist, der ›Segelzeit‹ bedeutet (s. S. 124). Auch das würde gut zu der Vorstellung eines von See her geführten Einfalls passen, der dann eines der ersten Unternehmen zu Beginn einer neuen Saison von Feldzügen gewesen wäre.

Der Fall von Knossos ist viel weniger gut bezeugt. Trotz aller bisherigen Bemühungen muß sich erst noch zeigen, ob es dort Täfelchen gibt, die militärische Vorbereitungen betreffen. Allein die Zuteilung von Rüstungen, Wagen und Pferden könnte in diesem Zusammenhang als Versuch gedeutet werden, die Streitkräfte zu verstärken, aber diese Theorie ist problematisch, wie wir gesehen haben (s. S. 225). Es hat mehr den Anschein, als ob der König von Knossos von dem bevorstehenden Schlag wenig geahnt hätte. Anstelle einer kriegerischen Auseinandersetzung könnte es vielmehr einen internen Staatsstreich gegeben haben, obwohl es ungewöhnlich wäre, daß dabei der Palast in Brand gesteckt wurde. Hinsichtlich der Zerstörung von Knossos gibt es noch viele offene Fragen, und bei dem Mangel an Beweismaterial wäre es töricht, Spekulationen darüber anzustellen.

Zehntes Kapitel
Homer, der Pseudohistoriker

Um das Jahr 700 fügte ein Dichter aus lange bekannten Sagenstoffen zwei große epische Gedichte zusammen. Spätere Zeitalter kannten ihn als *Homēros*, ein Name, der ›Geisel‹ bedeutet. Die *Ilias*, genannt nach Trojas zweitem Namen ›Ilion‹, behandelt eine kurze, aber entscheidende Zeitspanne im zehnten Jahr der Belagerung dieser Stadt durch ein griechisches Heer. Die *Odyssee* ist die Sage von Odysseus, der aus dem Trojanischen Krieg heimkehrt. Beide Epen haben also einen gemeinsamen Zeithintergrund, der lange vor der Zeit ihrer Entstehung liegt. Dennoch sind sie die Hauptquelle für die Geschichte des Trojanischen Krieges. Wann fand er statt? Und hat es ihn überhaupt gegeben?

Im 8. vorchristlichen Jahrhundert bestand Griechenland aus einer Reihe unbedeutender Staaten, die keinen Zusammenhang untereinander hatten. Das Niveau der Zivilisation war verhältnismäßig niedrig. Häuser errichtete man überwiegend aus Holz und Lehmziegeln, wertvolles Material war sehr selten, Malerei und Bildhauerkunst erscheinen primitiv. Aber das Bild Griechenlands, das Homer entwirft, zeigt ein Netz wohlorganisierter Königreiche, die zu einem gemeinsamen Feldzug imstande sind. Seine Könige leben in aufwendigen Palästen aus Stein, geschmückt mit Gold, Elfenbein und anderen kostbaren Stoffen. Die Szenen, die angeblich auf Achilleus' Schild zu sehen waren, den der Gott Hephaistos ihm geschmiedet hatte, setzen ein Höchstmaß an kunsthandwerklicher Geschicklichkeit voraus. Genausowenig passen die Homerischen Beschreibungen aber zu dem wenigen, das wir über die Verhältnisse im 9., 10. oder 11. Jahrhundert wissen, den sogenannten dunklen Jahrhunderten. Wir müssen bis in die Mykenerzeit zurückgehen, bis ins 12. oder sogar 13. Jahrhundert, um einen akzeptablen Hintergrund für Homers Griechenlandvorstellung zu finden.

Wäre es denn möglich, daß ein Dichter des 8. Jahrhunderts Ereignisse genau wiedergeben konnte, die sich 500 Jahre zuvor abgespielt haben? Auf diese Frage läßt sich vielleicht mit Ja antworten. Das mittelalterliche *Rolandslied* erzählt z. B. eine Begebenheit aus dem Jahre 778, wurde aber offenbar erst im 12. Jahrhundert verfaßt. Ein Vergleich mit anderen Epen erweist sich dagegen als gleichermaßen ermutigend wie enttäuschend. Er zeigt, daß mündliche Überlieferung historische Ereignisse über Jahrhunderte hinweg durchaus präzise bewahren kann, aber auch, daß Wahrheit in der mündlichen Tradierung verzerrt wiedergegeben wird und sich schwere Irrtümer in den Gang der Darstellung einschleichen können. Im *Rolandslied* ist der Gegner z. B. die (historisch) falsche Person, und in anderen Epen werden Gestalten in die Handlung eingeführt, die, zeitlich gesehen, nicht dorthin passen. So wie sie sind, können die Homerischen Epen daher nicht ›historisch‹ genannt werden, und vieles darin läßt sich nicht bestätigen; aber Homers Zuverlässigkeit ist hochzuschätzen, wenn man seine Darstellung mit den uns erhaltenen Zeugnissen vergleicht.

Es ist das große Verdienst des amerikanischen Gelehrten Milman Parry (1902–1935), uns gezeigt zu haben, auf welche Weise mündliche Dichtung entstanden ist. Ein literarisches Werk kann natürlich dadurch bewahrt werden, daß es Wort für Wort von einem Erzähler zum anderen übermittelt wird. Jahrhundertelang wurden die indischen *Veda*-Gesänge so überliefert, ehe man sie schriftlich niederlegte. Auch die Homerischen Epen könnten nach ihrer Vollendung in dieser Weise tradiert worden sein, bevor sie aufgeschrieben wurden. Wann die Schrift zur Überlieferung hinzukam, ist schwer zu sagen, denn unser Text beruht auf einer Homer-Ausgabe mit modernisierter Schreibweise aus dem 3. vorchristlichen Jahrhundert. Wenn Homer wirklich im 8. Jahrhundert gelebt hat, wäre das gerade die Zeit, zu der sich die alphabetische Schrift in allen griechischen Landschaften durchsetzte.

Bei einer des Lesens und Schreibens nahezu unkundigen Gesellschaft hinterläßt aber der Entstehungsprozeß mündlicher Dichtung seine unverwechselbaren Spuren im Werk. Der Dichtersänger reproduziert nicht nur wie ein Plattenspieler, er gestaltet seine Dichtung bei jedem Vortrag neu und ist zu dieser Leistung fähig,

weil sein Gedächtnis ganze Zeilenfolgen, einzelne Zeilen, halbe
Zeilen und sogar noch kleinere Einzelheiten gespeichert hat, mit
denen sich alle möglichen Situationen ausdrücken lassen. Er wird
z. B. bei der Überlegung nicht aufgehalten, wie etwa der Einbruch
der Nacht zu schildern wäre. Schon hat er die Zeile zur Hand:
»Und die Sonne versank, und es dunkelten alle die Wege« (sämt-
liche Odyssee-Zitate nach der Neuübersetzung von Roland Hampe,
Reclams Universal-Bibliothek Nr. 280). Ein Krieger, der in der
Schlacht getroffen wurde: »Dröhnend kam er zu Fall, und es ras-
selten um ihn die Waffen.« Zahlreiche Wendungen schildern das
Sprechen, wie z. B.: »Und er sagte zu ihm und sprach die gefiederten Worte.« Jeder Held hat sein immer wiederkehrendes
Epitheton: Achill ist »der fußschnelle«, Odysseus »erfindungs-
reich«, Agamemnon der »Vater der Völker«. Da Griechisch eine
flektierende Sprache ist, werden diese Namen in den verschiedenen
Kasus unterschiedlich skandiert, so daß aus metrischen Gründen
auch die Beiwörter austauschbar werden. »Der fußschnelle Achilleus« paßt im Genitiv nicht ins Versmaß, weshalb in diesem Fall
daraus »des Peleiaden Achilleus« werden kann. Jeder häufig vorkommende Gegenstand hat mehrere, stets wiederholte Epitheta.
Ein Schiff ist »schnell« oder »doppeltgeschweift«, eine Hand »ner-
vig«, auch wenn es die einer Königin ist, eine Vorhalle ist »dröhnend«, auch wenn sie einem Fremden als Aufenthalt für die Nacht
zugewiesen wird. Diese sonderbare Methode hat zwei Vorzüge. Sie
erleichtert nicht nur dem Dichtersänger die Aufgabe, dem die
formelhafte Wendung Zeit gibt, in Gedanken die nächste Zeile zu
entwerfen, sondern vermittelt auch dem Hörer das angenehme
Gefühl, Teile eines Gedichts wiederzuerkennen, das er nie zuvor
gehört hat. Eine ganz und gar neue Komposition wird ja selten
beim ersten Hören voll gewürdigt. Solche Dichtung mit häufig
wiederholten Wendungen hat allerdings den Nachteil, alsbald fade
zu werden. Die Lieder der jugoslawischen Sänger, die Parry und
seine Nachfolger aufzeichneten, werden am Lagerfeuer ihren Reiz
besessen haben, aber schwarz auf weiß gelesen, fehlt ihnen fast
alle dichterische Qualität.
Die Homerische Dichtung enthält diese formelhaften Motive in

reichem Maß, dennoch nimmt Homers Werk einen weit höheren Rang ein. Er war nicht nur ein großartiger Erzähler, sondern einer der größten Dichter der Welt, der mündlich Überliefertes in herrlichste Wortkunst verwandelte. Natürlich finden sich auch weitschweifige Abschnitte, aber Homer handhabt Fabel, Charakterisierung und Beschreibung so überlegen, daß gerade der mündliche

Abb. 47.
Leierspieler auf einem Fresko aus Pylos.

Kompositionsentwurf zum besonderen Vorzug wird. Es ist klar, daß Homer einen großen Teil seiner Kunstfertigkeit von seinen unbekannten Vorgängern geerbt hat, und von ihnen mag er auch viel von seinem Stoff übernommen haben.

Diese Überlieferung von einem Sänger zum anderen ist das Band, das Homer mit dem mykenischen Zeitalter verknüpft. Von seinen Palästen hat nichts Schriftliches überdauert und wenn doch, so konnte es niemand lesen, denn der Schlüssel zu Linear B war verloren. Wenn Homer beschreibt, wie einem Reisenden ein Brief mit-

gegeben wird – kurioserweise enthält er die Forderung, man möge
den Überbringer stillschweigend töten –, so erscheint das geradezu
wie eine fremdartige, magische Handlung. Aber eine gewisse Vorstellung von der Welt Mykenes könnte sich doch durch das dunkle
Zeitalter bis in Homers Zeit erhalten haben, und die Tradition der
Versdichtung mag wohl bis auf die mykenischen Paläste zurückgehen. Die sogenannten Theater der kretischen Paläste waren für
vokale Darbietungen viel besser geeignet als für Stierspiele. Ein
Fresko aus Pylos zeigt einen Leierspieler auf einem Felsen sitzend
(s. Abb. 47). War er vielleicht ein früher Vorläufer Homers?

Mehrere Anzeichen sprechen dafür, daß wesentliche Bestandteile
der Homerischen Dichtung sogar aus der Zeit vor dem Ende der
mykenischen Epoche stammen könnten. Eine Gestalt aus der
Ilias trägt den großen, körperbedeckenden Schild, von dem es
heißt, er sei »wie ein Turm«. Solche Schilde sind aber offenbar
schon Jahrhunderte vorher außer Gebrauch gekommen. Hier
scheint ein Fall vorzuliegen, wo das Epos historische, doch nicht
gleichzeitig anzusetzende Ereignisse kombiniert. Homer liefert die
genaue Beschreibung eines Helmes, der mit aus Eberhauern zuge-
schnittenen Platten besetzt war. Diese Helme waren in frühmykeni-
scher Zeit verbreitet, scheinen aber im 13. Jahrhundert veraltet
gewesen zu sein. Eine der treffenden Wendungen, die den Namen
eines Helden gewöhnlich begleiten, ist »des Alkinoos heilige Stärke«
(oder eines anderen). Der Held muß jedoch nicht besonders fromm
sein, um diese Bezeichnung zu verdienen, sondern mit dem Wort,
das späteren Griechen ›heilig‹ bedeutete, könnte ursprünglich bloß
›gewaltig‹ gemeint gewesen sein. Bemerkenswert ist hier, daß eine
gleichlautende Wendung, ohne den Eigennamen, auch in den *Veda*-
Hymnen vorkommt. Dem griechischen *hieron menos* entspricht
dort *ishiram manas* nicht nur in seiner Bedeutung, als ›gewaltige
Kraft‹, sondern es sind im Ursprung genau dieselben Worte. Es
könnte sein, daß beide Sprachen hier einen sehr alten Ausdruck
bewahrt haben. Zugleich darf man nicht glauben, daß die Sprache
Homers nur einfach aus mykenischer Zeit ererbt wäre. Das mag
für einzelne Redewendungen durchaus zutreffen, aber ein Passus
wie die Beschreibung des Eberzahnhelmes gebraucht eine Sprache,

die später entstanden ist. Nicht alle Homerische Dichtung wäre noch metrisch, wenn man sie ins Mykenische umschriebe.

Über Homer selbst weiß die Überlieferung wenig zu berichten. Es heißt, er sei blind gewesen, eine Vermutung, zu der der blinde Sänger Demodokos Anlaß gegeben haben könnte, der in der *Odyssee* vorkommt. Ein Körnchen Wahrheit mag darin liegen, da Blinde oft ein außergewöhnliches Gedächtnis haben, das für den Sänger unerläßlich ist. Homers Vatersname ist unbekannt, und es fehlt ihm damit der unentbehrliche Achtbarkeitsnachweis, den jeder freie griechische Bürger benötigt. Dieser Umstand und sein ungewöhnlicher Name führten zu der Vermutung, Homer habe Griechisch nicht als Muttersprache gesprochen. So wie der erste Dichter Roms Grieche war, der Homer ins Lateinische übertrug, habe er die Dichtkunst bei den Griechen eingeführt, indem er aus seiner eigenen Sprache übersetzte. Dieser Gedanke ist unvereinbar mit der offenkundig langen Tradition einer mündlichen Übermittlung auf Griechisch, das Homers Vorgänger zweifellos gesprochen haben. Besonders bedauerlich ist, daß wir nicht wissen, woher Homer kam. Daß die Griechen keine zuverlässigen Nachrichten darüber hatten, sieht man daran, daß allein sieben Städte behaupten dürfen, sein Geburtsort zu sein. Nach dem Dialekt, in dem die Dichtungen abgefaßt sind, müßte er in Ionien zu Hause sein, also im Zentrum der anatolischen Westküste, wo auch die Mehrzahl der Städte liegt, die ihn für sich beanspruchen.

Bisher habe ich von Homer als dem Verfasser sowohl der *Ilias* als auch der *Odyssee* gesprochen, aber es ist die Frage, ob sich nicht zwei Personen hinter diesem einen Namen verbergen. Jedes Epos erscheint wie ein monumentales Bauwerk, der Entwurf eines einzigen Architekten, auch wenn mehrere Baumeister daran mitgearbeitet haben sollten, aber es fragt sich, ob beide Entwürfe vom selben Architekten stammen. Oberflächlich betrachtet, sind sie sich sehr ähnlich, aber bei näherem Hinsehen kann man Unterschiede entdecken, die zum Teil schwer erklärlich wären, wenn beide Werke von einer Hand stammten. Mit Geduld und Findigkeit ließe sich sicher auch nachweisen, daß *Paradise Lost* und *Paradise Regained* oder »Inferno« und »Paradiso« der *Divina Commedia* von verschiedenen Autoren verfaßt wurden, denn jeder Dichter wandelt seinen Stil im Laufe seines Lebens. Aber die stilistischen Unterschiede zwischen *Ilias* und *Odyssee* scheinen sich nicht allein aus einem Reifungsprozeß zu erklären. Eine völlig andere Geisteshaltung kennzeichnet das blutige Kriegsgeschehen der *Ilias* im Vergleich zu den wohlgemuten Abenteuern der *Odyssee*. Die Ursache dafür muß wohl nicht darin gesehen werden, daß ein kleines Land nahezu gleichzeitig zwei solche Geister hervorgebracht hätte, sondern daß Homer aus zwei verschiedenartigen Überlieferungen geschöpft hat, die für die Unterschiede unter der oberflächlichen Einheitlichkeit verantwortlich sind.

Während der letzten hundert Jahre ist es Mode gewesen, sich von der Archäologie die »Wahrheit der Mythen« beweisen zu lassen. Wohlgemerkt, nicht alle Mythen lassen sich diesem Verfahren unterwerfen. Wir müssen die Knochen der Sphinx erst finden, und noch immer ist das Linear-B-Täfelchen unentdeckt, auf dem Phädra den Hippolytos anklagt. Wenn sich aber zeigt, daß ein bei Homer erwähnter Sachverhalt mit archäologischen Überresten übereinstimmt, so glaubt man um so eher, daß Homer auch dort die Wahrheit sagt, wo seine Angaben nicht nachprüfbar sind. Bei der sogenannten biblischen Archäologie verhält es sich ganz ähnlich. Seit die Existenz von Städten, die im Alten Testament erwähnt werden, durch Grabungen nachgewiesen ist, glaubte man auch desto eher an seine moralische Autorität – das ist ähnlich absurd wie etwa die Annahme, die Auffindung der Mauern von Jericho beweise, daß sie durch den vorbeiflutenden Verkehr zum Einsturz gebracht wurden. Es genügt nicht, daß einige Tatbestände der Homerischen Darstellung nachweislich zutreffen, wir müssen uns vielmehr mit allen Homer-Stellen beschäftigen, bei denen seine Beschreibung durch archäologische Zeugnisse überprüft werden kann. Danach läßt sich erst Bilanz ziehen, eine Bilanz, die seit der Erschließung von Linear B entscheidend anders aussieht.

Welche Fehler Schliemann auch gemacht haben mag, er hat doch zumindest das Verdienst, Troja bei Hissarlık richtig lokalisiert zu haben. Durch seine eigenmächtige Grabung leitete er die archäologische Erforschung der ägäischen Welt der Bronzezeit ein. Troja

war, von nur kurzen Unterbrechungen abgesehen, vom 4. vorchristlichen Jahrtausend an bewohnt. Die Überreste von neun oder mehr
Städten liegen in Schichten übereinander. Generationen passionier-
ter Archäologen haben sie seziert und wie ein riesiges anatomisches
Schaustück ausgestellt. Eine dieser Stadtschichten, Troja VII A,
scheint um 1250 v. Chr. durch Feindeshand zerstört worden zu
sein, ein Zeitpunkt, der ziemlich gut zu Homers Trojanischem
Krieg passen würde. Das Datum steht in der Tat dem allgemeinen
Zusammenbruch des mykenischen Griechenland verdächtig nahe.
Er könnte sogar der Anlaß für die Sage von der Zerstörung Trojas
gewesen sein, und wer Homers Ansehen retten möchte, kann das
zeitliche Zusammentreffen als Bestätigung für den Trojanischen
Krieg in Anspruch nehmen.

Zwischen einer Einzelheit, die zur Sage paßt, und der Wahrheit,
durch die die Sage glaubhaft bestätigt wird, liegt aber ein großer
Unterschied. Die Archäologie vermag uns weder die Namen der
Generale zu nennen noch, wer die Angreifer waren. Wir brauchen
nun unsere Skepsis nicht so weit zu treiben, daß wir die ganze
Geschichte vom Trojanischen Krieg verwerfen. Wir sollten nur den
Details gegenüber, wie Zeitpunkt, Kriegsgrund, Teilnehmer usw.,
Zurückhaltung üben. Es sieht auch kaum so aus, als ob wir jemals
mehr darüber wissen würden. Für die Geschichte ist eine schlechte
Quelle manchmal schlimmer als gar keine, und so ist es besser,
vorsichtig zu sein.

Die Zuverlässigkeit Homers muß man dort auf die Probe stellen,
wo wir unabhängiges Beweismaterial besitzen. Manches davon ist
altbekannt. Homer passiert es z. B. gelegentlich, daß ihm mit der
Erwähnung von Eisen ein Anachronismus unterläuft, obwohl er
seine Helden sonst in bewährter Weise mit Bronzewaffen aus-
stattet. Eisen war in der Bronzezeit an sich nichts Unbekanntes, es
fehlte aber an der technischen Fertigkeit, die zu seiner Verarbeitung notwendig ist. Die wohl auffallendste Unstimmigkeit wird
bei der Art der Bestattung deutlich. Mykenische Herrscher wurden
in Kuppelgräbern beigesetzt, die Homerischen Helden werden
verbrannt. Dazu ist eingewendet worden, daß eine Belagerungs-
macht auf feindlichem Boden zur Aufgabe ihrer heimischen Ge-

wohnheiten gezwungen gewesen sein könnte. Dennoch findet sich bei Homer kein einziger Hinweis auf die großen Rundgräber, die in mykenischer Zeit doch markante Geländepunkte gewesen sein müssen.

Die Zeugnisse der Linear-B-Täfelchen liefern uns nun noch viel mehr Vergleichsmöglichkeiten. Von den offiziellen Amtsbezeichnungen auf den Täfelchen, wie *hequetās, telestās, lāwāgetās*, findet sich notgedrungen wohl deshalb nichts, weil ihre metrische Form nicht in Homers Versmaß paßte. Wo Homer für das Wort ›König‹ abwechselnd zwei Begriffe gebraucht, unterscheiden die Täfelchen aufs bestimmteste: für sie ist *wanax* der ›König‹, das andere Wort bedeutet bloß ›Oberhaupt‹. Nachdem wir das wissen, können wir auch die letzten Spuren alter Bedeutung aufzeigen, die sich bei Homer bewahrt haben.

Interessante Vergleiche liefert die Geographie. Homer berichtet an verschiedenen Stellen über die südwestliche Peloponnes, wobei zunächst einmal der sogenannte Schiffskatalog aus dem zweiten Buch der *Ilias* zu nennen wäre. Dort sind, beginnend mit Pylos, neun Städte aufgeführt, die Nestor untertan sind. Auf den Täfelchen werden für die diesseitige Provinz ebenfalls neun Bezirke genannt (s. S. 62–68); Pylos, das nicht auf der Tributliste steht, ist jedoch nicht darunter. Von den übrigen Homerischen Namen entspricht außer *Kyparissēeis*, das eine Variante eines mykenischen Ortsnamens sein könnte, keiner einem Ort auf der Liste. Homer scheint außerdem die jenseitige Provinz zu ignorieren, die er in der *Odyssee* zu einem selbständigen Königreich macht. *Helos*, einer der Homerischen Namen, findet sich vermutlich nur zufällig auf Täfelchen der jenseitigen Provinz von Pylos, denn es ist das übliche griechische Wort für ›Sumpf‹. Wie in Kapitel 3 ausgeführt wurde, verlief die Nordgrenze des Königreichs längs des Nédaflusses, aber Homer nennt in der *Ilias* den Alpheios als Grenze, der 35 Kilometer weiter nördlich fließt. Diese Angaben sind wiederum unvereinbar mit der Lokalisierung von Pylos bei Englianós.

Unser Verdacht, daß Homer in der Geographie des westlichen Griechenland nicht allzu bewandert ist, bestätigt sich auch an anderer Stelle. Wenn er sagen will, wo Ithaka lag, die Heimat des

Odysseus, sind seine geographischen Vorstellungen so offensichtlich falsch, daß manche Kollegen schon zu beweisen versuchten, das heutige Ithaka könne überhaupt nicht gemeint sein. In Wirklichkeit ist es ganz einfach. Homer, der Grieche aus Ionien, war vermutlich nie über das Ägäische Meer gefahren, geschweige denn um die Westküste Griechenlands. Er wußte zwar, daß Mykene zu dieser Zeit die Hauptstadt Griechenlands gewesen war, und die reichen archäologischen Funde bestätigen es uns, aber es war ihm anscheinend nicht klar, wo Mykene lag. Bei ihm regiert Agamemnon ein Reich am Südufer des Golfs von Korinth, als ob Mykene viel weiter westlich läge, aber Tiryns, den Hafen Mykenes, heute ein Kilometer vom Meer entfernt, teilt er einem anderen Königreich zu. Anstatt Homers Geographie verstehen zu wollen, sollten wir uns besser klarmachen, daß sie auf solchen Nachrichten aus fernen Ländern beruht, wie sie der Stubenhocker dem Seemannsgarn entnimmt.

Wir dürfen nicht vergessen, daß Homer Dichter war und nicht Historiker. Dichterische Wahrheit und historische Wahrheit sind ganz und gar nicht miteinander zu vergleichen. Die Dichtkunst betrifft das Ewige, Unwandelbare, Geschichte befaßt sich mit Tatsachen und Ereignissen. Dichtung kann auch die Form einer Erzählung haben wie die Geschichte, aber das Schicksal kriegerischer Prinzen in ferner Vergangenheit berührt uns nicht so sehr. Was uns dagegen angeht, sind Menschlichkeit, Gefühle und Gesinnung der Geschöpfe des Dichters. Es sind die unveränderlichen Eigenschaften der menschlichen Natur, die heute so viel bedeuten wie je zuvor. Der Tod eines Kriegers, die Plünderung einer Stadt in vergangenen Zeiten mögen uns gleichgültig sein. Aber Hektors Unglück und die Tragödie Trojas erschüttern uns noch immer und beeinflussen dadurch unser Handeln. Homer nach historischen Fakten zu durchsuchen ist so vergeblich, wie in den Texten der mykenischen Täfelchen ein Versmaß finden zu wollen, das sie zur Dichtkunst erhebt. Geschichte und Dichtung gehören verschiedenen Welten an.

Elftes Kapitel
Das Ende der mykenischen Welt

Knossos

Es versteht sich von selbst, daß die Urkunden, die in den mykenischen Palästen zur Zeit der Zerstörung aufbewahrt wurden, nichts darüber sagen, was danach geschah. Die Katastrophe von Knossos im frühen 14. Jahrhundert ist noch immer das erste Beispiel für die Zerstörung eines mykenischen Palastes durch Feuer. Er ist daraufhin nie mehr in alter Größe wiedererstanden, welchen Gebrauch spätere Besitzer auch von der Stätte gemacht haben mögen. Die anderen Paläste scheinen gegen Ende des 13. Jahrhunderts niedergelegt worden zu sein, aber weder der exakte Zeitpunkt noch die Reihenfolge, in der sie fielen, lassen sich bestimmen. Die Befunde in Mykene lassen vermuten, daß zunächst, schon um die Mitte des Jahrhunderts, die Gebäude außerhalb der mächtigen Mauern zerstört wurden. Die ständigen Versuche der Archäologen, den Zeitpunkt der Zerstörungen auf dem Festland weiter herabzusetzen, könnten bewußt oder unbewußt mit der Überzeugung zusammenhängen, daß der Trojanische Krieg in die Mitte desselben Jahrhunderts datiert werden muß.

Künftige Ereignisse werfen aber oft ihre Schatten voraus, und eine blühende, wohlgeordnete Gesellschaft pflegt nicht über Nacht zusammenzubrechen. Es ist eine hochinteressante Aufgabe, die Urkunden im Licht der späteren Begebenheiten zu betrachten, in der Hoffnung, auf ihre Ursachen zu stoßen. Aber trotz aller Bemühungen bleiben die Urkunden aus Knossos in diesem Punkt unergründlich. Wir haben den überzeugenden Eindruck, daß man sich in Knossos mitten in einem völlig normalen Jahresablauf befand, als plötzlich die Katastrophe hereinbrach. Die Schafe waren schon geschoren und ihre Wolle an Frauengruppen zur Weiterverarbeitung in Wollstoffe ausgegeben, die Getreideernte scheint zumindest in einigen Gegenden bereits eingebracht gewesen zu sein.

Der Zeitpunkt, den die Abfolge landwirtschaftlicher Tätigkeiten nahelegt, stimmt jedoch nicht mit Evans' Schlußfolgerung überein, wonach der Palast im Frühling zerstört wurde. Nach Rußspuren zu urteilen, die sich auf dem Mauerwerk direkt nördlich neben den ehemaligen Balkenlagen befanden, muß damals starker Südwind geherrscht haben, der freilich in Kreta am häufigsten im Frühjahr weht. Um diese Widersprüche innerhalb des Beweismaterials aufzuklären, habe ich Messungen des Griechischen Meteorologischen Dienstes eingesehen, aus denen der prozentuale Anteil von Winden aus südlicher, südöstlicher und südwestlicher Richtung der Stärke 6 und mehr nach der Beaufortskala für Heráklion hervorgeht. Danach ergeben sich folgende Zahlen: Januar 2,4, Februar 4,4, März 3,5, April 3,5, Mai 1,0, Juni 0,5, Juli 0,0, August 0,1, September 0,1, Oktober 0,6, November 1,5, Dezember 3,6 Prozent. Die Chancen für starken Südwind sind also zwischen Juli und September gering, während im Mai, Juni, Oktober und November die Möglichkeit gegeben ist und am häufigsten von Dezember bis April mit seinem Auftreten gerechnet werden kann.

Im Zeitraum zwischen Dezember und April läßt sich allerdings ein Datum für die Zerstörung unmöglich unterbringen. Die Frühjahrsschafschur war nicht nur bereits beendet, sondern die Textilarbeiterinnen hatten auch schon große Mengen an Wolle erhalten. Die ersten Getreideerträge waren registriert worden, aber die Verzeichnisse noch unfertig, wenn unsere Listen hier nicht besonders stark gelitten haben. Der früheste Zeitpunkt im Jahr, der dafür in Frage kommt, ist Ende Mai bis Anfang Juni, eine Jahreszeit, zu der ein Südsturm nicht ausgeschlossen ist. Auch der Herbst könnte in Betracht gezogen werden, weil wir Listen mit Gewürzeingängen besitzen, wie z. B. Koriander, aber warum fehlen dann Buchungen über die Weinernte? Eher sieht es so aus, als ob man die haltbâren Samen während der arbeitsreichsten Zeit des Jahres zurückgehalten und erst im Winter nach Knossos übersandt hätte.

Man hat versucht, die Datierung unter Berücksichtigung des mykenischen Kalenders zu sichern. Daß wir nur wenige Tafeln mit Monatsnamen haben, die sich ausschließlich mit religiösen Spenden befassen (s. S. 133), könnte daran liegen, daß sich im Grunde alle

Vorgänge, die in den Archiven registriert sind, nur einmal jährlich zu einem bestimmten Zeitpunkt zutrugen und daher kein besonderes Datum angegeben werden mußte. Bis vor kurzem waren
sechs Monatsnamen bekannt, und seither sind zwei Fragmente, die
nicht unmittelbar aneinanderpassen, als zum selben Täfelchen gehörend identifiziert worden (Oa 745 und 7374), die einen teilweise
erhaltenen Monatsnamen offenbaren, welcher unter den übrigen
sechs noch nicht vorkommt. Danach müßte in Knossos mindestens
der siebente Monat des Jahres angebrochen gewesen sein, als das
Ende kam, denn es könnte noch andere Namen auf Tafeln gegeben
haben, die nicht erhalten sind. Es erhebt sich nun die schwierige
Frage, welchen Zeitpunkt die Mykener als Beginn des Kalenderjahres festsetzten. Wahrscheinlich war es einer der vier astronomi-
schen Fixpunkte: die Sonnenwenden und die Äquinoktien. Wie die
Klassik das Kalenderjahr berechnete, führt uns hier nicht weiter,
denn es begann in den einzelnen Städten zu verschiedenen Zeiten.
Wenn der knossische Kalender seinen Anfang mit dem Herbst-
Äquinoktium nahm, müßten wir nach einer Erklärung für das
Fehlen von Weinlese und anderen herbstlichen Ernten suchen, aber
für die Zerstörung ließe sich ein Zeitpunkt im Mai/Juni gewinnen,
vorausgesetzt, daß ein oder zwei Monatsnamen nicht überliefert
sind. Die pylischen Zeugnisse legen dagegen eher die Wintersonnenwende als möglichen Anfang des Kalenderjahres nahe. Dennoch
läßt sich ein Ausweg aus dieser Verlegenheit finden. Ein Täfelchen
dieser Serie (Fp 1) mit einem sonst unbekannten Monatsnamen
hat nämlich eine völlig andere Form und Größe als die übrigen. Ist
es vielleicht eine Summierungstafel mit dem Gesamtbetrag aller
Eintragungen aus dem letzten Monat des Kalenderjahres, die bei
der großen Winterinventur angelegt worden war, bei der man die
anderen Unterlagen im allgemeinen vernichtete? Dann wäre es
möglich, den Untergang des Palasts von Knossos in den sechsten
Monat zu setzen, der unserem Juni entspricht und in dem man
noch mit Südwind rechnen kann.

Evans neigte dazu, die Erdbebentheorie gelten zu lassen, die Ver-
nichtungen des frühen 14. Jahrhunderts also Erdbeben zuzuschreiben, die in einer Bebenzone häufig sind. Die Insel Kreta, in der

Nähe des südlichen Rands der ägäischen Scholle gelegen, gehört in ein solches Gebiet. Ob ein Erdbeben stattgefunden hat, geht aus den archäologischen Befunden nur dann hervor, wenn größere Verschiebungen von massivem Mauerwerk eingetreten sind, wie sie durch die Einwirkung von Feuer nicht entstehen. In Knossos ist ein solcher klarer Befund jedoch für diese Zeit nicht nachgewiesen, obwohl die Möglichkeit bestehen bleibt.

Aber wenn eine blühende Gemeinde von einem größeren Erdbeben heimgesucht worden war, ist die erste Reaktion danach der Wiederaufbau. So war es in Knossos schon einmal gewesen, und wir kennen diese Folgereaktion auch aus Thera oder Troja. Aber noch fehlen die Anzeichen, daß man nach dieser Zerstörung irgend etwas wiederaufgebaut hätte. Natürlich waren Teile des Palastes nach wie vor bewohnt, aber wenn wir davon ausgehen wollen, daß die Tontafeln alle aus der Katastrophe des 14. Jahrhunderts stammen, gibt es keine Anzeichen dafür, daß der Palast jemals wieder ein Herrschaftssitz oder Verwaltungsmittelpunkt gewesen wäre. Was auch immer die Ursache dafür war, daß er zerstört wurde, die Überlebenden haben den Ort jedenfalls aus irgendeinem Grund aufgegeben. Wenn Knossos weiterhin das Zentrum eines Königreichs geblieben ist, muß der Palast an eine andere, noch unentdeckte Stelle verlegt worden sein.

Eins könnte wichtig sein, das aus den Knossos-Täfelchen hervorgeht. Wir entnehmen den Zeugnissen, daß die königliche Verwaltung bemüht war, die Tätigkeit von Tausenden zu überwachen, und zwar nicht nur in der unmittelbaren Nachbarschaft von Knossos, sondern über eine Entfernung von 70 Kilometern oder mehr. Der am weitesten entfernte Ort, den die Tafeln nennen, ist *Kydōniā*, etwa 150 Kilometer weiter westlich. Es liegt auf der Hand, daß der örtliche Statthalter von Phaistos, über 50 Kilometer südlich von Knossos, wenig Selbständigkeit genoß. Er mußte über landwirtschaftliche Erzeugnisse und industrielle Tätigkeit in allen Einzelheiten nach Knossos Bericht erstatten. Daß die Administration überzentralisiert war, was bei den Städten, die derartig »ferngesteuert« verwaltet wurden, Unzufriedenheit hervorrief, ist nur allzu deutlich. Kreta zerfällt schon durch seine natürliche Beschaffenheit in mehrere Landschaften. Daß aber die jeweiligen Machthaber einst weitgehende Selbständigkeit besessen hatten, unabhängig davon, welche Vorherrschaft Knossos vor dem Eintreffen der Griechen ausgeübt haben mag, bezeugen fünf große Paläste, die Verwaltungsurkunden aus minoischer Zeit enthalten. Eine moderne Variante dieser Situation spiegelt sich in einem Erlebnis mit dem Bischof von Míres bei Phaistos, den ich über ein beachtliches Sozialwerk sprechen hörte, das die orthodoxe Kirche in seiner Diözese geschaffen hatte. Befragt, ob er bei der Beschaffung der Mittel die Unterstützung des Erzbischofs und anderer Gegenden der Insel gehabt habe, verneinte er entrüstet und versicherte, daß seine Diözese diese Leistung ganz allein vollbracht habe. Die Kreter sind nicht nur gegenüber der Kontrolle von seiten der athenischen Regierung noch immer sehr empfindlich, ihr Lokalpatriotismus führt auch zu leidenschaftlichen Rivalitäten unter den verschiedenen Teilen der Insel.

Obwohl solche Betrachtungen über das Fortbestehen von Verhaltensweisen von der Antike bis zur Gegenwart amüsant sind, haben wir doch zugegebenermaßen noch immer keinen eindeutigen Hinweis auf die Ursache des Zusammenbruchs oder auf die Entwicklung der Ereignisse in der Folgezeit, die noch ganz im Dunkel liegt. Hier könnte die archäologische Forschung vielleicht Abhilfe schaffen, wenn wir genau wissen, welche Stätten in der zweiten Hälfte des 14. und im 13. Jahrhundert bewohnt waren und welche Tätigkeiten fortbestanden. Es gibt bisher nur sehr wenige schriftliche Zeugnisse, obwohl Gefäße anscheinend gelegentlich gemalte Linear-B-Inschriften haben. Aber an keinem anderen Ort außer Knossos ist bislang auch nur das kleinste Tonfragment eines Linear-B-Täfelchens gefunden worden. War Kreta in Zwergstaaten zerfallen, so daß schriftliche Buchführung nicht mehr notwendig war, oder ist es nur Zufall, daß wir nichts besitzen? Da ein starkes Feuer nötig ist, um die Tontafeln so hart zu brennen, daß sie erhalten bleiben, ist es leicht möglich, daß die Bedingungen an anderen Orten für die Konservierung der Verzeichnisse ungünstig waren. Es ist schwer vorstellbar, daß z. B. die Messará, die in minoischer Zeit schriftliche Aufzeichnungen gebraucht hatte, nun so zerrissen und verarmt war, daß man keine Bücher mehr führte.

Mir will es eher scheinen, daß die griechisch sprechende Bevölkerung Kretas nach der Zerstörung des Palastes von Knossos sehr viel kleinere Verwaltungseinheiten einführte, aus denen nach einigen Jahrhunderten die kleinen Stadtstaaten der Klassik wurden, unter denen sich dann auch etwa Tylissos befindet, einst dem mykenischen Knossos untertan, das nun einen Vertrag mit dessen Nachfolger im 5. Jahrhundert abschließt. Wir wollen hoffen, daß zukünftige Forschung mehr Licht auf diese Fragen wirft.

Pylos

In Pylos ist alles ganz anders. Nach unserer Meinung gibt es hier eindeutige Beweise dafür, daß der König in einer kritischen Situation war. Aus Mykene und Theben besitzen wir noch immer zu wenige Urkunden, um solche Schlüsse zu ziehen.

Zu welcher Jahreszeit sich der Fall von Pylos zutrug, ist leichter auszumachen als in Knossos. Die Verzeichnisse führen zwar Schafe auf, aber enthalten nichts über Schafschur und nur ganz geringe Hinweise auf Textilien. Es fehlen alle Anzeichen für die Getreideernte oder Weinlese, was uns ein sehr frühes Datum vermuten läßt. Der Kalender scheint das zu bestätigen, obwohl leider nur ein einziger Name vom Wort für ›Monat‹ begleitet ist und daher ein Monatsname sein muß. Es ist *Sphagiānios*, offenbar der Monat, in dem das große Fest in Sphagiānes gefeiert wurde. In klassischer Zeit werden Monate in ähnlicher Weise nach Orten genannt. Auch zwei weitere Wörter könnten, nach ihrer Verwendung zu urteilen, wie Monatsnamen aussehen. Ich meine hier weniger das eine Wort, das bei oberflächlicher Betrachtung die Bedeutung ›neuer Wein‹ haben könnte. Wenn diese Interpretation richtig wäre (was mit erheblichen Schwierigkeiten verbunden ist), müßte der Monat in den Spätherbst gehören. Doch das andere Wort, *po-ro-wi-to-jo* aus der Einleitungsformel zum Verzeichnis der Menschenopfer (Tn 316, s. S. 124), erklärt Palmer (1963, S. 447) in sehr überzeugender Weise als *Plowistoio*, ›[im Monat] des Segelns‹. Da man sich in der Antike erst ab Ende März wieder aufs Wasser wagte, müßte hier ein Frühlingsmonat genannt sein, und nachdem wir bereits gesehen haben, daß diese Urkunde sehr wahrscheinlich aus den letzten Tagen des Palastes stammt, ergibt sich, daß Pylos im zeitigen Frühjahr zerstört wurde. Die Schafschur war noch nicht einmal beendet gewesen.

Hinweise darauf, daß Pylos einen Überfall von See her erwartete, sind schon ausführlicher in Kapitel 9 (s. S. 231–239) diskutiert worden. Als Eindringlinge werden in erster Linie die sogenannten Seevölker verdächtigt, sie zu beschuldigen fehlt es an klaren Beweisen. Der Blick auf die Zustände in der Bronzeindustrie, den die Urkunden gewähren (s. S. 186–188), bestätigt die Vermutung, daß die Meere um diese Zeit unsicher geworden waren. Pylos war eindeutig auf Metallimporte angewiesen, um die Herstellung von Bronzewaren und sehr wahrscheinlich auch ihren Export aufrechtzuerhalten. Eine so stark von der Schiffahrt abhängige Industrie müßte das erste Opfer einer auf dem Meer um sich greifenden Gesetzlosigkeit geworden sein. Auch die Beschlagnahme von Gold könnte zu Verteidigungszwecken erfolgt sein (s. S. 192).

Schluß

Wie es nun im einzelnen dazu kam – die mykenischen Stätten wurden jedenfalls eine nach der anderen erobert und niedergebrannt. In ganz Griechenland war es mit der festgefügten Ordnung, die drei Jahrhunderte überdauert hatte, vorbei. Das Land entvölkerte sich, ob als Kriegsfolge oder durch Seuchen und Hungersnot, macht wenig Unterschied – wir wissen nicht bestimmt, was als Ursache dafür in Frage kommt. Die Theorie von Rhys Carpenter (1966), derzufolge der Zusammenbruch des mykenischen Griechenland einer klimatischen Veränderung zuzuschreiben wäre, ist reine Spekulation, die die Ergebnisse paläobotanischer Untersuchungen bereits zu widerlegen scheinen. Der am wenigsten überzeugende Teil der Beweisführung Carpenters ist die Annahme, daß Gegenden wie etwa Attika, das im 12. Jahrhundert anscheinend eine Blütezeit erlebte, plötzlich ein feuchteres Klima bekamen. Aus neueren Daten geht dagegen hervor, daß dort nur halb soviel Regen fiel wie in Messenien, das nachweislich entvölkert war.

Es war allgemein Mode, den Dorern die Schurkenrolle in der mykenischen Tragödie zuzuweisen. Später waren diese das dominierende Volk im Süden und Westen des griechischen Festlandes. Den Ioniern gegenüber, die das Zentrum der Ägäis beherrschten, bewahrten sie eine traditionelle Feindseligkeit, die im 5. Jahrhundert in einem 27 Jahre währenden Krieg gipfelte. Da die Dorer zweifellos aus dem mykenischen Zusammenbruch Nutzen zogen, ist es begreiflich, daß man sie dafür verantwortlich gemacht hat. Die größte Schwierigkeit bedeutete aber immer das Fehlen jeglicher archäologischer Zeugnisse für die verschiedenen Dorer-Einfälle, die es gegeben haben muß, wenn man die Dialektveränderungen erklären will. Von den wesentlichen Neuerungen, die den Dorern zugeschrieben wurden, erwies sich nach und nach, daß sie keinen Zusammenhang mit diesen aufweisen. Es gibt kein gemeinsames Moment, das für den dorischen Sprachbereich, und zwar ausschließlich für diesen, typisch wäre.

Gewöhnlich nimmt man an, daß die Dorer südwärts zogen, um ihre klassische Heimat in Besitz zu nehmen, und um diese Zeit hat es zweifellos größere Völkerwanderungen gegeben. Aber wo wären all diese Dorer während der mykenischen Zeit gewesen? Wie kam es, daß sie sich damit begnügt hatten, in den Kulissen zu warten, bis die Zeit für ihren Auftritt gekommen war? Mit Recht nennt man die Spanne vom 11. bis 8. Jahrhundert das dunkle Zeitalter Griechenlands, über das wir kaum mehr wissen, als aus armseligen Grabbeigaben hervorgeht.

Ich möchte daher an den Schluß ein Fragezeichen setzen. Gewiß werden die dunklen Jahrhunderte nicht unerforscht bleiben, und schon jetzt zeichnen sich Umrisse ab, aber das ist ein Thema, das nicht in den Rahmen dieses Buchs gehört. Die Kontinuität, die in irgendeiner Form erhalten blieb, bewirkte die Weitergabe manchen Sagenstoffs aus den Ruhmestagen des mykenischen Griechenland. Die Überlieferung mochte verstümmelt sein, aber ein Meister der

Dichtkunst hat schließlich daraus den Hintergrund für zwei große epische Gedichte gestaltet. Zu dieser Zeit hatte sich aber alle wirkliche Kenntnis vom Bronzezeitalter längst verloren, und die Urkunden waren begraben, um erst im 20. nachchristlichen Jahrhundert wiederaufgefunden zu werden.

Literaturhinweise

Baumbach, L., *Studies in Mycenaean Inscriptions and Dialects 1953–1964*, Rom 1968. (Jährliche Folgebände, hrsg. von L. J. D. Richardson, veröff. vom London Institute of Classical Studies.)

Bennett, E. L., jr., »Review of Documents in Mycenaean Greek«, in: *Language* 33, 1957, S. 553–568.

Bennett, E. L., jr., »Tentative identifications of the hands of the scribes of the Pylos tablets«, in: *Athenaeum* 46 (N. F. 36), 1958, S. 328–331.

Bennett, E. L., jr. / Olivier, J.-P., *The Pylos Tablets in Transcription*, Rom 1973.

Carpenter, R., *Discontinuity in Greek Civilization*, Cambridge 1966.

Caskey, J. L., »Lead weights from Ayia Irini in Keos«, in: *Arkheologikón Dheltíon* 24, 1970, S. 95–106.

Catling, H. W. / Millett, A., »A study of the inscribed stirrup-jars from Thebes«, in: *Archaeometry* 8, 1965, S. 3–85.

Chadwick, J., *The Decipherment of Linear B*, Cambridge 1958.

Chadwick, J., »The Two Provinces of Pylos«, in: *Minos* 7, 1963, S. 125–141.

Chadwick, J., »Mycenaean *pa-wo-ke*«, in: *Minos* 8, 1967, S. 115–117. [Zit. als: Chadwick, 1967a.]

Chadwick, J., *The Decipherment of Linear B*, Cambridge ²1967. [Zit. als: Chadwick, 1967b.]

Chadwick, J., »The organization of the Mycenaean archives«, in: *Studia Mycenaea* (Brno), 1968, S. 11–27.

Chadwick, J., »Linear B tablets from Thebes«, in: *Minos* 10, 1970, S. 115–137.

Chadwick, J., *Documents in Mycenaean Greek*, Cambridge ²1973. [1. Aufl. s. Ventris/Chadwick.]

Chadwick, J., »Thebes Tablets II«, Suppl. zu *Minos* 4, 1975.

Chadwick, J. / Killen, J. T. / Olivier, J.-P., *The Knossos Tablets*, Cambridge ⁴1971.

Evans, A. J., *The Palace of Minos at Knossos*, Bd. 4,2, Oxford 1975.

Graves, R., *The Greek Myths*, London 1958.

Heubeck, A., *Aus der Welt der frühgriechischen Lineartafeln*, Göttingen 1966.

Hiller, A. / Panagl, O., *Die frühgriechischen Texte aus mykenischer Zeit*, Darmstadt 1976.

Karageorghis, V., *Salamis in Cyprus*, London 1969.

Kerschensteiner, J., *Die mykenische Welt in ihren schriftlichen Zeugnissen*, München 1970.

Killen, J. T., »The wool industry of Crete in the Late Bronze Age«, in: *Annual of the British School at Athens* 59, 1964, S. 1–15.

Killen, J. T., »The Knossos Nc tablets,« in: *Proceedings of the International Colloquium for Mycenaean Studies* 4, Madison 1966, S. 33–38.

Lang, M., »The Palace of Nestor excavations of 1963«, T. 2, in: *American Journal of Archaeology* 68, 1964, S. 99–105.

Lejeune, M., »Le récapitulatif du cadastre Ep de Pylos«, in: *Proceedings of Cambridge Colloquium on Mycenaean Studies*, 1966, S. 260–264.

Lindgren, M., *The People of Pylos*, 2 Tle., Uppsala 1973.

McDonald, W. A. / Rapp, G., *The Minnesota Messenia Expedition: Reconstructing a Bronze Age Regional Environment*, Minneapolis 1972.

Melena, J. L., »On the Knossos Mc tablets«, in: *Minos* 13, 1972, S. 29–54.

Melena, J. L., »*ki-ta-no* en las tablillas de Cnoso«, in: *Durius* 2, 1974, S. 45–55.

Nilsson, M. P., *The Minoan-Mycenaean Religion and its Survival in Greek Religion*, Lund 1927, ²1950.

Ninkovich, D. / Heezen, B. C., »Submarine geology and geophysics«, in: *Colston Papers* (Bristol) 15, 1965, S. 413–452.

Olivier, J.-P., *Les Scribes de Cnossos*, Rom 1967.

Olivier, J.-P., *The Mycenae Tablets IV*, Leiden 1969.

Olivier, J.-P., »Une loi fiscale mycénienne«, in: *Bulletin de Correspondance Hellénique* 98, 1974, S. 23–35.

Ota, H., »Pyurosu monjo ni okeru DA oyobi TA«, in: *Shigaku Zasshi* 68, 1959, S. 60–72.

Palmer, L. R., »A Mycenaean calendar of offerings«, in: *Eranos* 53, 1955, S. 1–13.

Palmer, L. R., »Methodology in ›Linear B‹ interpretations«, in: *Die Sprache* 3, 1959, S. 128–142.

Palmer, L. R., *Mycenaeans and Minoans*, London 1961.

Palmer, L. R., *The Interpretation of Mycenaean Greek Texts*, Oxford 1963.

Shelmerdine, C. W., »The Pylos Ma tablets reconsidered«, in: *American Journal of Archaeology* 77, 1973, S. 261–275.

Taylor, Lord William, *The Mycenaeans*, London 1964.

Tritsch, F. J., »The Women of Pylos«, in: *Minoica. Festschrift Johannes Sundwall*, hrsg. von E. Grumach, Berlin 1958, S. 406–445.

Ventris, M. / Chadwick, J., *Documents in Mycenaean Greek*, Cambridge 1956. [2. Aufl. s. Chadwick.]

Vermeule, E., *Greece in the Bronze Age*, Chicago 1964.

Wyatt, W. F., jr., »The Ma tablets from Pylos«, in: *American Journal of Archaeology* 66, 1962, S. 21–41.

Tafelnachweis

Soweit nicht anders angegeben, handelt es sich um Aufnahmen des Hirmer Fotoarchivs, München.

1 Knossos. (Foto: J. Allan Cash Ltd.)
2 Palast von Knossos von der Hágios-Elias-Ebene aus.
3 Blick vom Dach des Palastes in Knossos nach Norden. Aus: John Chadwick: The Mycenaean World. London: Cambridge University Press, 1976. S. 49, Abb. 29.
4 Palast von Knossos. Ostflügel, Haupttreppe.
5 Palast von Hágia Triáda. (Foto: J. Allan Cash Ltd.)
6 Palast von Phaistos. Blick durch den Mittelhof.
7 Kreta von Phaistos aus. (Foto: J. Allan Cash Ltd.)
8 Phaistos. Häuser westlich des Palastes.
9 Akropolis von Arne (Gla). Nordtor.
10 Der Fischer aus dem Westhaus in Thera.
11 Das moderne Kiparissía von der Burg aus. Aus: John Chadwick: The Mycenaean World. London: Cambridge University Press, 1976. S. 39, Abb. 25.
12 Der Palast von Áno Englianós. Im linken Vordergrund das Archiv. Aus: John Chadwick: The Mycenaean World. London: Cambridge University Press, 1976. S. 18, Abb. 8.
13 Porossarkophag mit Freskobemalung aus einem Kammergrab nahe dem Palast von Hágia Triáda.
14 Gebiet von Pylos. Die Buchten von Buphras (Voïdokiliá) und von Pylos, von Koryphasion aus.
15 Gebiet von Pylos. Der sog. Palast des Nestor bei Englianós.
16 Mykene. Das sog. Schatzhaus des Atreus. Inneres mit Blick auf Eingang (rechts) und Grabkammerzugang (links).
17 Mykene. Oberburg und Palast.
18 Mykene. Aufweg zum Löwentor mit einer der turmartigen Befestigungen der Mauer.
19 Goldbecher in Schalenform mit Meerestieren, von unten gesehen, aus Midea in Argos.
20 Tiryns. Blick von Osten auf die Burg.
21 Burg von Tiryns. Rampe und Osttor.
22 Rhyton in Form eines Stierkopfes aus schwarzem Steatit. Nüsternpartie aus Tridachna-Muschel, Augen aus Bergkristall, Hörner aus vergoldetem Holz. Aus dem Kleinen Palast in Knossos.
23 Bruchstück eines Dolches mit Goldgriff und Liliendekor aus Mykene, Grab V.
24 Goldene Totenmaske eines mykenischen Fürsten aus Mykene, Grab IV.

Die Textabbildungen und Karten wurden entnommen aus: John Chadwick: The Mycenaean World. London: Cambridge University Press, 1976. Die Karten auf den Seiten 14 und 72 zeichnete Theodor Schwarz, Urbach, nach Vorlagen aus demselben Werk.

Orts-, Personen- und Sachregister

Geographische Namen sind gerade, Personennamen kursiv und Begriffe gesperrt gesetzt.

A b k ü r z u n g e n 49, 53, 110–113, 173, 203
A c h ä e r 16, 238
Achaia (Akhaiwia) 71
Achilleus 89, 242
Ägypten 88, 178, 238
a g r í m i 177
Aigaleon 58, 63
Aiguptios 88
Aischylos 119
Akrítas, Kap 56, 61
Akrotíri 19
A l a u n 105, 210
Alexandrā, Alexandros 83, 85, 89
Alpheios 59, 64, 248
Amári 75
Amarynthos 135
Amnisos 71, 73, 135
Amphimedes (A-pi-me-de) 98, 155, 176
Anáphi 25
Anapodháris 75
Áno Englianós s. Pylos
Anógia 76
Aphrodite 117, 120
Apollon 117, 120, 122, 136
Aptara (Aptarwa) 80, 103
Ares 117, 121, 130, 136
Arkadien 68, 232
Arkalochóri 127
A r m e e 99, 230, 236
Artemis 117, 135 f.
Asiatia 91
Asien 109, 202
Asine 61
Athen 16, 28, 182
Athena 117, 120, 130
Atlantis 24
A u f s e h e r 112 f.
A u s w a n d e r e r 60, 238
Axos 76

B a d e w ä r t e r i n n e n 108, 201
B a d e w a n n e n 189
B a u w e s e n 181–184
B e f e s t i g u n g s a n l a g e n 26, 58, 182, 232
Bennett, E. L. 8, 37, 39, 41
B e t t z e u g 51
B e v ö l k e r u n g 90–92
B i e n e n z u c h t 170
B i n s e 165
Blegen, C. W. 37, 93, 183
B l e i 184, 191
Böotien 28
B o g e n 178
B r o n z e 100, 139, 184–191, 208, 213, 224, 247, 256
B r o n z e s c h m i e d e 91, 98, 107, 186 f., 206
B r u s t p a n z e r 214
B ü g e l k a n n e 146, 208

Carpenter, R. 256
Caskey, J. L. 142
Catling, H. 80 f.
Chaniá 78, 81, 94
C h a r a d r o s (k a - r a - d o - r o) 61, 67 f., 207
c h o i n i x 143
Chóra 66, 124, 195
C h r o n o l o g i e 9, 27, 29
c h t h o n i s c h e G o t t h e i t e n 117
C y p e r u s 165

Daidalos 134
d ā m o k o r o s (d a - m o - k o - r o) 95, 104, 192
d ā m o s 96, 104, 155, 160
D a t i e r u n g s. C h r o n o l o g i e
Dawos (Da-wo) 75, 107, 161, 168
Delos 188
Demeter (Damater) 117, 119, 127
Dendrá 190, 213

D i e n e r   d e r   G o t t h e i t   114, 136, 155
Dikte-Gebirge 27, 73, 133
Dionysos 117, 120, 136
D o l c h e 228
D o m e s d a y   B o o k 152, 156–158
D o r e r 16, 18, 77, 257
D u f t ö l e 163 f.

E i n l e g e a r b e i t 197
E i s e n 184, 247
E-ke-ra₂-wo 96 f., 160, 170
Eleusis 80
Eleuthia (Eileithyia) 135, 170
E l f e n b e i n 196 f., 208, 222, 227 f., 240
Elis 28
Enualios (e-nu-wa-ri-jo) 121, 130, 136
e - q e - t a   (h e q u e t a i)   (s. auch G e f o l g s l e u t e) 89, 98, 248
Erchomenos 59
E r d b e b e n 22, 252 f.
E r d g o t t h e i t e n 117, 127
Erinus 134
Eritha 104, 156
Erymanthos 59
E t i k e t t e n 35, 42
E t y m o l o g i e 117–120, 196
Evans, Sir A. 36, 39, 42, 93, 141, 178, 251

F e i g e n 110, 137 f., 147, 150, 160, 168, 210
F e n c h e l 164
F e s t e 133
F l e i s c h 179
F e u d a l o r d n u n g 151
F l a c h s 49, 90, 203–207
F l a c h s a r b e i t e r i n n e n 108
F r o n d i e n s t 105, 108
F u ß b e k l e i d u n g 180

G e f a n g e n e 85, 109
G e f o l g s l e u t e , » G r a f e n « 88, 98 f., 102, 106, 156, 158, 227, 235–237
G e o g r a p h i e 55–82, 248
G e r s t e 105, 137, 147, 149
G e t r e i d e 148–163
G e w e r b e t r e i b e n d e 158, 195

G e w i c h t e 11, 52, 139–148
G e w ü r z e 163–166
Gla 94, 182, 232
Godart, L. 37
G o l d 101, 184, 191–195, 208 f., 240, 256
G o t t h e i t e n 115–138
Gourniá 25, 94
G r i f f e l 34, 41
G r u n d b e s i t z 43, 96, 101, 150, 152–161
G r u n d b e s i t z e r 153–155

H ä u t e 46, 97, 172, 177–180, 218 f.
Hagiá 58
Hágia Triáda 74 f., 88, 94, 140, 179
Hágios Christóphoros 66
H a l b g ö t t e r 129
Halikarnassos 109
H a n d e l 187, 208–211
H a n d s c h r i f t e n 41, 122, 225
H a n d w e r k 28, 182–187
Hankey, H. 35
H a u s r a t 195–199
Heezen, B. C. 26
h e i l ō t e s 85
Hektor 89, 249
H e l m e 213, 244
Helos 61, 248
Hephaistos 117, 120, 127, 136
h e q u e t a i   (e - q e - t a)   (s. auch G e f o l g s l e u t e) 89, 98, 248
Hera 117, 120, 122, 130
Hermes 117, 120, 122, 130
H e t h i t e r 71, 88, 109, 219
H o c k e r 196 f.
H ö r n e r 177, 193
H o h l m a ß 143–148
H o l z 138, 183 f., 196
H o l z f ä l l e r 66
Homer 58, 78, 86–90, 95, 118, 125, 130, 209, 228, 231, 240–249
H o n i g 97, 137 f., 170
Hope Simpson, R. 91
H u n d e 180

Ida-Gebirge 73
I d e o g r a m m e 11, 48 f., 53, 149, 172

I l i a s s. *Homer*
i n d o g e r m a n i s c h 17, 117
I n d u s t r i e 181–211
I n i t i a t i o n s r i t u s 137
I n s c h r i f t e n a u f V a s e n 32 f.,
    80, 254
I o n i e r 16, 257
Ithómi 65, 68

J ä g e r 180, 206

K ä s e 97, 179
Kalamata 55, 61, 68 f., 221, 223
Kali Liménes 74
K a m i n 183
K a r e r 19
Katákolon 59
Káto Zákros 94
K a u f l e u t e 208–211
Keos 19, 142 f.
Killen, J. T. 8, 12, 37, 172–174, 200–202
Kiparissía 56–58, 61, 65 f., 195, 233,
    236
Kiparissía-Fluß 56, 65, 176
k l ā w i p h o r o s 100
K l e i d u n g 98, 199
Knidos 109
Knossos 16, 22, 36, 39, 42, 70–73, 81,
    93, 141, 214, 219, 230, 239, 250–255
K ö n i g 88, 89, 95–98, 103, 132, 159,
    175, 206, 211, 248
k o r e t ē r (K o - r e - t e) 99–101,
    104 f., 192
K o r i a n d e r 164
Korinth 28, 59, 182
Korinthos 59, 88
Koróni 61, 66, 69, 237
k o t y l ē 143
Krakatau 24 f.
K r e s s e 165
Kreta 18, 20, 22, 28, 33 f., 70–82, 141,
    148, 166, 174, 177, 189 f., 212
Kretschmer, P. 16
K r i e g 212–239
K r i t z e l e i e n 42
K ü m m e l 164, 191
K ü s t e n w a c h t 49, 65, 90, 101,
    158, 233–237
K u p f e r 184

Kydōniā 78, 253
Kytaion 77
Kythera 19

L a b y r i n t h 42, 126, 134
Lakonien 28, 85
L a n d p a r z e l l e n 101, 147, 150 f.,
    155
L a n d w i r t s c h a f t 139–180
Lang, M. 146 f.
Lātō 77, 161
l ā w ā g e t ā s 97, 103, 158–160, 176,
    192, 213, 248
L e b e n s m i t t e l z u t e i l u n g
    107, 111–113, 147, 149, 162 f., 200
L e d e r 180, 213
L e i b e i g e n e 85
L e i n e n 203–207, 213
Lejeune, M. 98
Lemnos 109
Leuktron 59, 68, 111, 207
Likódimos 55
Lindgren, M. 97
L i n e a r A 9, 11, 19, 78 f., 82 f., 94,
    139, 143, 149, 203
Lousoi 62, 133
Lyktos 161

McDonald, W. A. 66, 69, 91
Mália 73 f.
Máni 59
Marathon 164, 197
Marinátos, S. 19, 22, 127, 143, 145
Marineus 135
M a ß e 11, 52, 139–148
Mátala 74
M a u r e r 105, 182
Mavrozoúmenos 69
M e h l 137 f.
Melena, J. L. 166, 179
Melos 19
Messará 74 f., 161, 175
Messenien 55–70
messenische Mulde 58, 61, 63 f., 68, 176,
    233
Messenischer Golf 58, 61, 64, 234, 237
M e t a l l e 184–195
Metapa 62, 64, 66
Methóni 56, 67, 233

Milet 109
Millett, A. 81
M i n e 139 f.
M i n o e r 19–22, 27, 71, 75, 116, 139
   bis 143, 254
M i n z e 165
Mirabéllo, Golf von 77
Mírtos 27
M o n a t e 46, 124, 133, 251, 255 f.
M ü h l e n a r b e i t e r i n n e n 108,
   201
Murray, C. 12
Mykene 11, 16, 28–30, 94, 96, 106, 127,
   181, 200, 208 f., 232, 249
M y t h e n 115 f.

Navaríno, Bucht von 55 f., 58, 65 f.,
   133, 233, 236 f.
Néda 58, 65, 234, 248
Nedon (Nedwōn) 61, 69
Nestor 58, 93, 248
N e u n - S t ä d t e - L i s t e 26 f., 104
Nichória 25, 69 f.
Ninkovich, D. 26

O c h s e n 171 f.
O c h s e n h ä u t e 172, 180, 218 f.
O d y s s e e s. *Homer*
Odysseus 89, 126, 249
O l i v e n 137, 161, 166–168
O l i v e n ö l 95, 138, 146, 208 f.
Olivier, J.-P. 8, 37, 41, 179
Olympia 59, 64
o l y m p i s c h e   G ö t t e r 117, 119,
   122
O p f e r 125, 155, 179
Orchomenos 59
Orestes 89
O r t s n a m e n 11 f., 33, 39, 58–61,
   76–80, 91
Ota, H. 112

P ä c h t e r 151–155
Page, Sir D. L. 20
Paiān (Paiāwōn) 122, 136
Pa-ki-ja-ne s. Sphagiānes
P a l ä s t e 93, 183, 186, 240
Palmer, L. R. 112, 124, 146, 171, 195,
   206, 216, 255

Pámisos 69 f.
P a n z e r h e m d 213, 222
Papapostólou, I. 78
Parry, M. 241
Paulus (Apostel) 74
p e r i o i k o i 85
Peristéri 65
Peristeriá 195
Persephone 127, 130
P e r s o n e n n a m e n 33, 51, 83–90,
   192
P f e i l e 229
P f e r d e 19, 126 f., 171, 197, 220
Phaistos 22, 48, 74 f., 107, 175, 200, 254
Pheiai 59
Philiatrá 61, 66
P h i l i s t e r 238
Phinikoús 67, 207, 233, 237
P h ö n i z i e r 166, 192
Pílos 55 f., 58, 221
Pisa (Piswa) 59 f., 64, 66
P i s t a z i e n 166
Platon 24
Pleuron 62, 231
Poseidon 96, 104, 117–119, 122, 129 bis
   133, 159
Potnia 121, 125–129, 132, 135, 175, 187
P r i e s t e r (i n n e n) 102, 104, 156
p r o k o r e t ē r (p o - r o - k o - r e -
   t e) 99 f., 192
pylische Provinzen 62–70, 91, 99, 105,
   110, 176, 202, 204 f., 248
Pylos (Áno Englianós) 28, 30, 55, 58,
   64, 90, 93, 108–114, 122, 124, 176,
   182, 231, 255 f.

Ranke-Graves, R. v. 115
R e b e n 96, 150, 160, 168–170
R e l i g i o n 115–138
Rhéthymnon 75 f., 78, 82
Rhion (Ri-jo) 61, 64 f., 67
Rhodos 19
R i n d e r 78
R u d e r e r 97, 108, 231
R ü s t u n g 190, 213–219

S a a t g u t 150 f.
S a f r a n ,   w i l d e r 165
S a l b e n 95, 158

Schäfer 48, 86, 175, 226
Schafe 48, 76, 78, 97, 127, 137, 172 bis 176
Schaffelle 97, 180
Scheuklappen 180, 222
Schiffe 231
Schilde 218 f., 244
Schliemann, H. 246
Schmiede s. Bronze-schmiede
Schreiber 35, 41 f., 44–46, 106
Schreibfehler 44, 53, 178
Schreibtafeln 30–54
Schreibübungen 225
Schrift 10, 21 f., 46, 51, 85
Schweine 78, 104, 137, 179
Sellerie 165
semitisch 191
Sesam 164 f., 191
Sexagesimalsystem 52, 140, 192
Shelmerdine, C. W. 12, 69
Sieben-Städte-Liste 63 f., 101
Silber 184, 191, 197, 209
Sinopoulos, P. A. 13
Sitía 78, 81
Skála 70
Sklaven 91, 98, 105–114, 147, 201, 203
Soúdabucht 80
Soúlima-Tal 65
Sozialgefüge 93–114
Sparta 28
Speere 187, 229 f.
Sphagiänes (Pa-ki-ja-ne) 64, 66, 103 f., 124–127, 129, 133, 137, 151, 153, 160, 255
Sphaktería 55, 233
Sprachen, nicht-griechi-sche 84 f.
Stände, niedere 105–114
Stammesgruppen 90, 207, 235
Statthalter 74, 99, 187, 192, 204
Stellmacher 97, 158
Stierspiele 20, 244
Stoffe 43, 98, 107, 175, 199–208
Straßen 221
Stühle 196–198

Summenangaben 45, 205, 227
Sybrita 75

Talent 139–142, 145
Taygetos 68
Taylour, Lord W. 128
telestai 96 f., 103 f., 153 f., 159, 248
Tempel 187, 193
Tetrázi-Berge 65
Theben 28–30, 33, 80, 96, 130, 135, 191
Thera 19, 22–25, 27, 143, 145, 212, 231
Thessalien 18, 28
Tholos-Gräber 56, 195
Thomas, C. G. 12
Thrónos 75
Thukydides 19, 203
Tierhaltung 171–179
Tiryns 28 f., 94, 160, 182, 249
Tische 196–199
Töpfer 96, 195
Ton-Analysen 80
Transkription 11 f., 51
Troja 29, 116, 240, 246, 249
Tsóutsouros 78
Tuch (s. auch Stoffe) 43, 210
Tuchwalker 64, 96
Tylissos (Tulisos) 73, 76, 88, 161, 255
Tymbáki 74

Überschriften 49, 105, 183
Unterpächter 151, 153
Utanos (U-ta-no) 105, 134

Ventris, M. 5 f., 30, 121, 146
Verwaltung 56, 82, 93–105, 148, 174 f., 253
Voïdokiliá 55, 233, 236
Volimídia 66
Vulkanausbruch 22–27

Wace, A. J. B. 209
Waffen 178, 228–230
Wagen, Streitwagen 47, 99, 191, 219–227, 235
Wagenräder 42, 46, 98, 190, 220 bis 222, 226 f., 235
wanax 95 f., 248
Weber(innen) 108, 201, 210

Wedaneus 97, 176
W e i n 97, 137 f., 168–170
W e i z e n 75, 147, 149–151, 161 f.
W o l l e 43, 125, 138, 173–178, 199 bis
  202
W u r f s p i e ß e 187, 229 f.
Wyatt, W. F. 69

Z a h l e n 11, 45, 49, 52
Zephyros 109
Zeus 117 f., 122, 130–133
Z i e g e n 71, 78, 137, 176–179
Z i n n 184
Z ü g e l 221
Zypern 46, 185, 197, 210, 239
Z y p r e s s e 17 f., 227